逻辑化智能交易

趋势追踪与攻防策略

黄怡中 著

四川人民出版社

图书在版编目（CIP）数据

逻辑化智能交易：趋势追踪与攻防策略 / 黄怡中著.
—成都：四川人民出版社，2018.4
ISBN 978－7－220－10720－7

Ⅰ.①逻…　Ⅱ.①黄…　Ⅲ.①股票交易－基本知识
Ⅳ.①F830.91

中国版本图书馆 CIP 数据核字（2018）第 046924 号

LUOJIHUA ZHINENG JIAOYI QUSHI ZHUIZONG YU GONGFANG CELUE
逻辑化智能交易：趋势追踪与攻防策略
黄怡中　著

责任编辑	江　风　张东升
封面设计	张　科
版式设计	戴雨虹
责任校对	涂怡媛　申婷婷
责任印制	王　俊
出版发行	四川人民出版社（成都槐树街 2 号）
网　　址	http://www.scpph.com
E-mail	scrmcbs@sina.com
新浪微博	@四川人民出版社
微信公众号	四川人民出版社
发行部业务电话	（028）86259624　86259453
防盗版举报电话	（028）86259624
照　　排	四川胜翔数码印务设计有限公司
印　　刷	成都蜀通印务有限责任公司
成品尺寸	185mm×260mm
印　　张	20
字　　数	320 千
版　　次	2018 年 5 月第 1 版
印　　次	2018 年 5 月第 1 次印刷
书　　号	ISBN 978－7－220－10720－7
定　　价	58.00 元

前言

笔者一直认为投资人（读者）是极其聪明的、有智慧的，所以，从来没有掉以轻心地思考与撰写有关金融投资类的书籍。但是，不能离开赌桌的赌徒是最失败的赌徒，同理，没有止损能力的交易员是最失败的交易员。更遑论在市场价格不确定性变动中，把赚到的钱放到自己口袋是多么困难的一件事情。

本书便是在如此的态度下，期待与投资人交流。笔者在台北出版了《逻辑化操作+选择权策略》之后，再次把相同的思维与策略，转换为A股市场投资人可以接受的内容，才有这本书的出版。在思考本书期间，知道了有人总想把别人的技术完全学会，然后可以依此在市场上赚到大钱，笔者认为这是不合理的。因为没有一个人可以完全复制另一个人的交易能力，我们只能不断去学习别人有效的交易策略，并且纳入自己的交易系统之中，提升自己交易系统的完整性，达到稳定获利的目的。当然这个过程是辛苦的，也很少人能够不断做这样的努力。

本书是为在金融交易上还没有足够经验，或者是曾经失败的投资人，更是为准备进入资产管理市场的人所设计的交易工具。笔者寄望，投资人不再只是投资人，而是其交易的能力，在有一天能提升到操盘人实力，再有一天能进阶到投资经理的管理能力，不管读者您是管理自己的资金还是管理别人的资产。当此，经过培训也好，自我训练也好，投资人也可以发挥智能交易的优势。而我们做智能交易的，最大成功是具备失败的能力与自由。

如何在智能化模式下执行股票、期货与期权的交易？笔者一直以来利用逻辑化思维，也是智能交易模式，努力让自己更有智慧地进行操作。这不是跟人工智能（电脑、计算机）打对台，而是强调用正确有效的交易策略，并不断地练习再练习。在高强度自我训练之后，笔者相信投资人可以在智慧化、逻辑化交易的经历中，加上利用电脑计算能力，找到自己的获利答案，而笔者在此把自己的答案与投资人分享。

某天，笔者在思考本书是从何时开始构思的。好好地回想了一下，才发现没有17年也至少有15年了。大概是笔者从日本读完大学回到台北工作之后、2000年研究交易模型开始的，在这中间经历过许多事情，笔者在交易的过程中最值得纪念的，大概就是这一段时间。这段时间笔者陆续完成了九本书的撰写，积累到2008年正式接触避险基金工作，才完完全全确认什么是交易的根本——趋势形态与斜率陡峭度。从解决这个根本问题出发，把逻辑化操作（智能应用）作为自己交易模型的主轴。

曾听到有人说，每个交易员都认为自己的交易模式是最好的，不觉莞尔一笑。当这句话是表肯定时，那是正确认知；而当表否定时，那是一种对交易系统的不认识、不尊重的态度。因此，投资人也好，交易员也好，操盘人也好，投资经理也好，散户也好，法人机构也好，每个交易人都应有专属自己的交易系统。没有这一层底气，那么，重仓之后，财富就是浮云，或者变成投资人的人生灾难。

如何建构一个专属自己的“圣杯”呢？在2003年拙作《交易，简单最好》一书中，已经提到交易系统、模型要越简单越好！那么，什么程度的简单化才是最好的呢？有人把大道至简称为简单化，但笔者不认为极端的简化是一种交易模式，而应该是把交易过程中所有需要环节精致化，才是真正有效益的交易系统。那么，只要具备了所谓赔小赚大、高盈亏比的获利模式（日内交易者需要考虑胜率），这种模式的交易系统都应该被高举起来，在交易的世界中游刃有余。这样的交易系统可以让交易者品尝快乐交易、交易快乐的喜悦。笔者在台湾经历20年以上的国际交易经验，交易范围遍及亚洲和欧美市场，交易品种涉及股票、期货与期权。个人认为，资产管理不是虚拟经济，没有资产管理能力，实体经济不是真正的实体经济。试想一下，一家公司的资产管理能力不好，能不能做好财务管理与资金调度？资金链断裂，对实体经济的生产力影响是可想而知的。强调资产管理就是这个道理。

再从人工智能方面思考，资产管理工作最需要的是科学与艺术，科学部分是人工智能的天下，但艺术部分投资人是不可取代的。对人工智能有相当经验的人曾经表示，人工智能技术发展到如今，对部分简单工作、底层工作是有影响的，但也因此而催生出其他更多不同形式的、更需要人类判断力与创造力的工作类型。如设计师、架构师、建筑师、流程设计和管理者、艺术家、文学家等的工作，非但不会被取代，反而会成为未来市场的稀缺资源，会吸引更多在社会转型中喜欢尝试新事物、新领域的人从事这类工作。

笔者认为这个说法比较靠谱，因为人类如果设计对自己有害的发明，那必然是属于短暂性的，透过政府的监管手段可以改善过来。就长期来说，人类还是会为了生存而制造适合于人类需求的东西。退一万步想，真有毁灭人类的机器人出现，那也是人类自找的，没有讨价还价的空间。投资人在思考这些问题时，是否也想到在资产管理中如何让自己站在有利位置，得到有效益的操作结果？

再从现实面来说，近几年资产管理市场发生很大变化，2017年有许多事件发生，深深影响A股市场往后的发展。其中之一就是2017年6月21日笔者正撰写此书当头，获悉MSCI把中国A股纳入新兴市场指数。这是一个很重要的转折点，表示A股市场将会展开迈向法人市场的起点。这或许还有很久、很长的路要走，但是这个趋势一旦启动，笔者相信这趟列车将不会停止下来，更会不断地优化A股市场的品质，让原本以博弈为主的市场环境，变成以上市公司业绩表现为依归的价值投资。公司业绩好即可享有高股价，公司业绩不好股价就要受到投资人的唾弃，这才是市场经济的真谛。从基本面出发，有着非常深度与广度的研究，才是投资的根本，这种有凭有据、有底气的操作才是资产管理中重要的基因成分。

因此，本书提到核心问题是趋势与斜率的应用。投资人应该记得，在2017年7月底时，中国银行业协会首席经济学家、香港交易所首席中国经济学家巴曙松表示：杠杆率水平和风险（金融风暴）的触发并无直接关系，更重要的是正在上升的斜率（意指负面经济数据不断升高、变大），政府能够稳住杠杆率的上升斜率，是更为现实的政策取向。

那时候，央行旗下的《金融时报》刊发巴曙松的文章称，杠杆率斜率陡峭是美国金融危机前显著的预警信号，2000年至2007年的年均增速达到6%；危机后，事实上，美国的总体杠杆率也没有真正去化，只是通过内部杠杆腾挪基本稳定在248%附近。对于中国而言，短期更为现实的目标就是将年均15%左右的杠杆率攀升速度降至10%以下，长期要推进实质的杠杆去化则需要进行主动的结构性改革。

从以上的新闻评论，投资人可以清楚知道在金融市场中，价格的波动率是重要的因子，而波动率的变动速度，就是斜率的陡峭程度，才是重中之重。本书所提的斜率操作法就是在这个逻辑下衍生出来的，从逻辑化操作到驾驭这个斜率概念，进而能够做到智能操盘模式，就是笔者所孜孜追求的，更是笔者想在本书中与投资人分享的。

笔者承蒙华西期货胡小泉董事长的抬爱，能到成都继续在资产管理市场中拥有一份机会，加上熊佳斌总经理、盛莉副总经理、关斌副总经理与其他几位领导的多方照顾与安排，让我与妻子，甚至是家中老狗咪噜，能够安心工作、生活，还有四川长江职业学院韩瑾董事长在价值投资等方面的指导，在此特献上感激之意。更有很多华西期货、华期梧桐、华期创一的同人在许多方面的照料，平时不知道如何一一答谢，在此也一并致谢，谢谢你们的接纳与包容，我们夫妻感恩在心。同时，感谢妻子携爱犬在成都一路陪伴，使本书顺利完成。

成都，2017年多有高温炎热，但仍然是一个让人来了之后就舍不得走的城市，即便有人离开也必是不得已的结果。

也愿此书献给所有爱好资产管理的同好，如果本书能给予大家一点点的帮助，那么笔者这二十几年的一路行走也就有了价值。最后更祝福所有努力向上工作、生活的人。

黄怡中
2018年4月12日

目录

导读

从追求投资技术那刻开始，投资人就像是苏格拉底所说的，我只知道一件事，那就是我一无所知。投资人如果不能打破砂锅问到底，不能在浩瀚的知识库里行大道至简之路，那么投资人可能永远也不知道如何交易、如何获利。自觉无知与追求交易真理不是悖论，而是必要的链接。没有不断的追求，就得不到真相，也就是说，只有敲了门，才有开门的机会。金融交易就是这样的世界。

如果投资人是很有经验的，心理素质程度也很高，那么请直接看第二篇的核心逻辑技术部分，直到最后的全球交易中心运行架构部分，有兴趣的话，再倒回来看第一篇的交易心理养成，这是体现交易艺术的部分。如果投资人没有交易经验，笔者还是建议从交易心理部分，也就是第一篇开始细读，或许如此，比较能吸收笔者想要传达给投资人的交易经验或说是交易心法精髓。

一直以来，笔者写给投资人的新书信息都是以可操作性模式为主，意思是说，如果投资人深刻理解书中交易逻辑与策略模式，并持续地学习与应用，一段时间之后，笔者以为必可由投资人建构专属自己的交易“圣杯”，而且是不可被模仿的，就算别人知道了投资人的交易模式，也没有威胁性，甚至可以成为一种彼此一起成就获利目标的助益者、同行者。

所以，非常期待投资人可以有相同感受。事实上，在笔者不断与大家分享和交流的过程中，得到助益最多的是笔者自己。因此，这本书也是一样，笔者将再如同之前拙作一样，使用多个例子，来说明逻辑化思维下的智能操盘模式，并分享笔者自身二十几年的操盘应用经验。

就价格趋势变化来说，笔者认为没有所谓“唯有趋势”这样的绝对因子，虽然很多人有这样的认知，并且在所谓概率中寻找获利模式，这种数学概率思维令人不敢苟同，要不然所有数学家与统计学家甚至物理学家应该早就赚得盆满钵满了。笔者不否认数学、统计与物理学知识在交易模型建构上的助益与必要性，但那只要普遍性的科学技术与基本学识就可以了。在交易艺术部分，投资人更多要学习的是政治学、心理学、哲学、社会学等，投资人看到“全球交易中心的理念”内容时，将会理解投资人需要学习的是什么。

很多市场投资人常常认为，抓住从A点到B点的趋势就代表一切，就表示可以稳定赚钱，但事实并非如此，一个成功交易者或一笔成功交易，不只是投资人抓住趋势就可以的，还有必须同时刻画完成的组成部分，这是很关键的要素。矛盾的是，本书为何在不断讲趋势追踪，并在接下来用实例说明趋势重要性的同时，又否认了追求趋势绝对性（辨识拐点）呢？在任何信息平台，人们口中所谈论的也都是趋势、趋势、趋势……那么，为何笔者如此断定地说，市场趋势不是唯一的呢？

投资人想想，以市场机制、市场策略而言，投资人可以做多赚钱或赔钱；同时，也可以做空赚钱或赔钱。因此，重要的不是趋势，趋势识别应该是重要因子之一，但不是唯一，趋势只是一个工具。核心问题是，在上升趋势与下降趋势，甚至是震荡格局时，投资人你持有“仓位方向”是什么，投资人的“策略思维”是什么，投资人的“操作模式”是什么，投资人你想要得到的“报酬与风险”是什么，趋势看对了，不赚钱的投资人很多；趋势看错了，还可以赚钱的投资人也存在。一手好牌打到烂，还是一手烂牌打得好，取决于投资人的交易智慧。这个智慧体现在想法（思维）的正确有效性，加上行为（执行）的正确有效性，两者合二为一，就是所谓的知行合一。

做法比想法重要太多了。如同玩德州扑克的过程，把一手好牌打成烂牌，才是最糟糕的；不知道同桌的“韭菜”在哪里，你可能就是那个“韭菜”。不能离开赌桌的赌徒是最失败的赌徒，不能止损的投资人是最失败的投资人，笔者希望自己不是那样的资产管理者。索罗斯说得好，如何处理赔钱的单子与如何处理赚钱的单子才是最重要的。交易能力是磨炼出来的，天赋也是可以被训练出来的！笔者意思是说，投资人原来的个性不会改变，但是生活习惯与行为准则是可以被改变的。只是过程很痛苦，导致无人愿意接受训练。

否则，法人机构靠什么吃饭？法人机构里的交易员不是每一个人都有赚钱天赋，只是他们具备了赚钱的行为能力，乃至于正确的交易习惯，这些都是被训练出来的能力。如果不能具有长期合理有效的获利能力，他们早早就被市场淘汰了。投资人或不能相信，但笔者如此愚拙之人，都可以在理性训练下做到，没有道理各位投资人（读者）会做不到。或许每一个人需要的训练时间长度不同，但为达到逻辑化智能操作的目的，笔者相信只要投资人的意志力强到一个程度，必然实现逻辑化智能操作的优势能力与状态。而那些具有理性优势的投资人，或许是因为赔多了，或许是自身具备理性人格，或许在求生之路上自我严厉要求，等等，各种因素能缩短时间达到稳定获利状态，无疑是幸运的。

笔者相信，交易能力有先天性的部分，但是更多内涵、更重要的是后天磨炼出来的正确行为能力，爱迪生所谓“一分天赋、九十九分努力”，这个努力是要不限次数去淬炼出来的，而不是仅靠一分天赋就可以完成这世上一切事情。

“努力得先要有做法”，本书内容就是在这样的意念下完成的。

第一篇第一章，笔者把逻辑化操作的意义做了说明，因为人工智能与逻辑化交易有相似之处，也有互补之处，更重要的是在人工智能把金融市场工作占据一大半以后，金融人对人工智能的威胁是相当敏感的。但是笔者相信事情不是那么难，一个时代的结束与兴起是我们无法掌控的，透过观察市场趋势的脉动，尽早理解与思考未来的变化，思虑周密而且看得长远是资产管理者的重要特征之一。

第一篇第二章，笔者把逻辑化交易是解决人工智能威胁的道理做了解释，因为人工智能威胁论会因人而异，有人乐观以对，就有人悲观以待，这是一项重大发明初期阶段必然的过程。就像航海技术、工业革命、电力发现、信息革命等，人工智能也会是影响人类生活的一项重大发明，而作为金融工作者的笔者亦或是投资人，在创造财富时，应该知道思维与行为匹配的行为模式才是正确的。笔者一直相信巴菲特把总部放到远离纽约、华盛顿的原因，在于离开华尔街才能正确思考华尔街，在那纷乱的街道上，投资人如何正确思考、如何正确行为？都是要静下心来做的，思维与行为要严密匹配实在不容易，但非成就它不可。就因为投资讲究的是方法，笔者把投资根本——斜率，是来自什么原理或是逻辑做了说明。本书几乎都是围绕着斜率这个逻辑在阐释，不认识这个根本中的根本逻辑，甚至就可以说没有择时能力这个技术，笔者所提出核心逻辑不是笔者独创的东西，把各项逻辑拆开就再平凡不过了，但组合起来形成的核心逻辑却非常不同。

第一篇第三章，笔者以逻辑化交易的核心智慧为中心思考一些东西，并希望投资人在理解这些核心逻辑的内涵后，能把这七个要素（核心逻辑）牢牢记住，并且可以运用自如，把它们驾驭好，等于把一部车子从生产到开车上路，都一手包办的感觉。这七个因子的第一个是投资人有无持股，如果持有股票，如同投资人开着车子在高速公路上，这时投资人应该如何思考，这是第一步，如果投资人没有车子（持股），就不需要继续使用本书后面的所有思维与技术了，因为投资人与市场价格变化没有任何关系。

第二篇第一章里，笔者对如何确认价格形态，也就是判断价格趋势的有效辨认模式做了说明。其中包括收敛形态的思考模式、矩形形态的操作、圆形形态的操作、钻石形态的操作、三重底与三重顶形态的操作、V形形态的操作、M形与W形形态的操作等。有经验的投资人可能觉得这些形态学的东西都已经学过了，没有再看的必要，但是笔者只能说，本书所谈的部分，是以笔者的交易经验来分析与说明如何应用形态。所以在本章最后，笔者又再度浅谈了一下形态学的重要性问题，这也是形态这个工具被笔者放在核心逻辑的第二顺位的原因，其分量之重可想而知。

第二篇第二章是趋势追踪策略中最为重要的部分，就是在价格形态中找到趋势的确认方法。首先，投资人要知道交易策略在运行过程中，如何不当别人或错误策略的“小白鼠”。投资人常常由于自己的交易能力与交易经验不足，导致任何一种方法对他（她）而言都是错误无效的东西。虽然一个人要把另一个人的交易策略完全学到是不可能的，但只要是基础性的训练，没有人是可以规避的，没有足够的练习，是难以学好一种技术的。因此，本书的绝对基本理论就是斜率，而且斜率在追踪明显趋势时非常好用，但是对它的模式与操作必须相当熟练。本章最后，笔者清楚说明了判断上升趋势的三个绝对条件、判断下降趋势的三个绝对条件。更重要的是，笔者把如何判断震荡格局模式也提供给投资人参考。意思是说，当投资人知道如何判断并确认上涨、下跌与盘整行情时，投资人应该离赢家的获利模式已经很近了。

第二篇第三章以乖离为起点说明在趋势确认中，如何发现市场价格在变动中的极端情景，又如何攫取极端情景？首先要知道什么是乖离。事实上，乖离就是市场情绪过度反应的表征。那么乖离与智能操作的作用是什么？在抓到极端情景后就是进行试单操作，如何做？本章做了说明。本章最后把笔者认为攫取极端情景时应该如何发挥养成赢家的习惯的简要说明提供给投资人参考。

第二篇第四章可以说是本书的重中之重，笔者利用了接近五十只股票作为实例把趋势盘与震荡盘攻防策略做了说明。在实盘交易上，操盘攻防策略需要投资人的稳定性思维与良好的心理素质，笔者提供了一些建议。之后，把如何加减码，也就是仓位调整时机原则说明了一下，其中比较难的是如何处理震荡格局。再就是把选股模式也举了个例子，其采选的对象是以证金、汇金与MSCI共同持有的股票为标的进行筛选。

在投资人看到实例之前，笔者也解释了使用核心逻辑时，结合交易员智慧的智能交易思维模式是什么，在投资人持续要看那么多实例之前，提供给投资人参考。当投资人看完所有例子后，在资金管理与初始仓位建构方式上，笔者做了一些说明，然后把专业操盘人的资金管理，总共八种模式提供给投资人参考。

第三篇第一章，从交易员、操盘人到基金经理人的自我训练模式中，笔者整理了一些想法与做法。第一就是不断地拿例子练习，因此，笔者列举了十个核心逻辑练习题，并且在后面附上笔者自己的解答。对输家的特征，笔者也说明了自己的看法，然后把交易的基本心理素质条件、智者与愚者的选择、交易思维的界定、实际操盘时机的一些原则问题，也有一个厘清。本章的最后笔者整理了一些题目，测验投资人的交易个性，投资人可以尝试做做看。

第三篇第二章，笔者把多年来念念不忘的全球交易中心理念做了一些整理，因为笔者确认，未来中国市场终究还是要让年轻人去闯荡才行。因此把能说的部分一次性讲完，能体会的投资人不妨参考一下，不能理解的投资人，在几年后可以重新再翻一次看看，能有所得就是缘分，不能有感，就当作是曾经的阅读。

在结语之后，附录A到H是笔者把能提供给投资人的交易心理要素，以及期权交易上需要注意的要项与策略做的整理，算是补足逻辑化操作的一环。其内容包含交易心理状态要点、期权交易策略选集、法人机构如何利用期权、选择权策略应用表、期权操作建立起始仓位建议表、期权后续策略表、选择权双向与多重组合策略、衍生性商品市场格局分析。

第一篇
智能交易心法篇

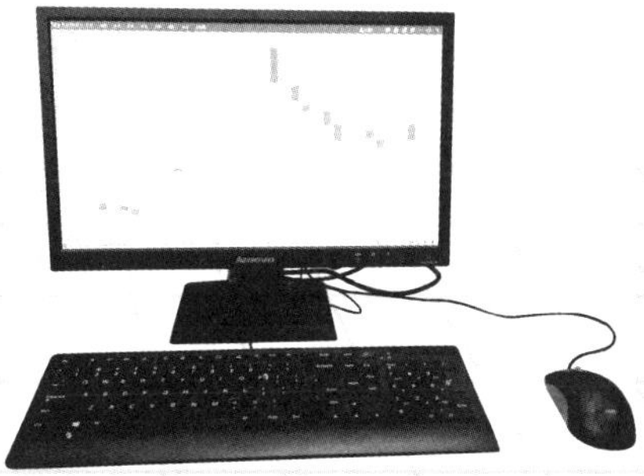

“不思八九，常想一二。”

无法理性行为的人常说，人生不如意十之八九，故“不思八九”；又有人说，不思八九，那就“常想一二”。

笔者认为：

一个交易员，要能想八九，又要思一二，谓之交易智慧。

第一章

为何非要逻辑化操作

一、人工智能与逻辑化交易

在2016年初看过一个报道，据称全球最大对冲基金美国桥水联合基金在筹备一支人工智能团队。这个团队的目标是，创造一个基于历史资料和统计概率交易算法，让人工智能系统学习和适应市场变化，以区别于传统投资只接受静态指令的交易模式。

从文章中知道美国桥水联合基金试图让机器人取代股票分析师，在资本市场中寻求最佳的投资组合，以提升公司的投资效益。这个议题在2016年很有营销效果，也吸引许多媒体的注意。于是很多欧美投资机构都在运用人工智能进行股票投资，这些人工智能系统建构机器学习机制和数据库，被认为具备学习、推理以及决策能力，但真的如此吗？如果是，那么人工智能也该学习投资艺术，而不是只用投资科学来交易，或是进行资产配置，笔者期待投资人能深入思考。

例如，投资人都知道也认为，想要选对一只持续上涨的股票有多么的难，到最后大家就喜欢内线交易，但却要付出牢狱之灾。也有人认为，华尔街股票分析师从来不知道如何从自己所犯的错误中吸取教训，或许程序交易能有一些不一样的结果？在这种疑问与期待下，或有越来越多的投资人，希望人工智能科学能帮助他们进行投资决策。

但是真正的人工智能，由现在的弱人工智能到强人工智能，再到超人工智能，其实现时间会耗费多久，无人可以下定论。在还没出现强人工智能之前，超人工智能还需要更多时间发展并由政府制定相关的规范，所以至少目前为止并没有机器完全替代人类智慧交易的情况，这是肯定的，笔者认为未来50年，甚至是100年，人工智能都是人类的好帮手。而要完全取代人类那是没有意义的，因为人工智能没有食欲饱满、休息睡觉、休憩取乐等人类特有的需要。这样，人工智能在金融市场上的意义就大打折扣了。

同时，我们想要直接把一个无机物，赋予一堆连人类自己都觉得还不成熟的人工智慧，逻辑何在？就像文章也提到的，一只蚂蚁可以趋利避害，独立在自然界生存，而现阶段的人工智能是否做得到？笔者态度是保留的，当然也不能完全否认它的功能。

另外，笔者也相当认同的部分是，由于人工智能行为完全可以自主执行交易，或大量交易，如同高频交易，因此如何监管可能产生的违法违规行为？目前看来，监管机构的新课题还没有得到解决，尤其如何让机器人进行交易这个环节。

投资人想想看，因为大量投资人使用同一个表现优异的人工智能系统，并且管理他们的不同账户，这代表账户虽然法律上是各自独立、无关联的，但实际操作结果，可能变成一个具备影响市场的力量，而这个力量势必不被主管机关认同，或者如何确定对与错？这是个大议题。这个议题已经发酵到经济、政治、文化、科学、哲学等领域，都在讨论人工智能。这几乎到了，如果你不懂如何利用人工智能，就极有可能找不到足以维持生计的工作，更别想要有事业发展的窘地。这样的极端现象令人胆战心惊，人工智能威胁论也就经常被提出来讨论一番了。

然而，阿里巴巴的马云说得好，人工智能打败围棋手，只是一时的侮辱人类。笔者也认为人工智能应该是造福人类的工具，而不是奴役人类的新发明。如何应用好人工智能，能够与人工智能一起创造更好、更优的生活环境？对交易员来说，对我们进行资产管理来说，人工智能都应该是协助我们前进，迈向更为有效益的交易结果才是。

1. 人工智能是交易员的威胁?

人工智能在过去10年中，的确在很多媒体上占据大部分版面、时间，但这还不够表明人们对人工智能的期待与忧虑。但是做资产管理的、做投资银行的、做股票期货的、做一般银行业务的、做政府工作的、做会计师与律师的许多人都在讨论人工智能。

凯文·凯利，《连线》（Wired）杂志创始主编，对互联网的发展有独到见解，从他的看法便可以知道地球上的精英们对人工智能有多么关注。人工智能到底会把我们带到哪里去？以下是他演讲的主要内容，笔者试着从资产管理的角度来解读他的见解：

第一个趋势：形成（Becoming）。从层级化结构到网络化结构，这是一个变化趋势。从资产管理来说，市场价格变化不曾停止过，在“形成”这点上，人工智能已经开始影响这个世界，也影响着金融市场的每一个人，但投资人与笔者并没有因为人工智能而改变低买高卖的模式。

第二个趋势：认知（Cognitive）。对人工智能有正确认知，实际上就是我们应该如何变得更聪明。利用人工智能是未来的交易趋势，这个是在帮助投资人做出更加正确的决策，而不是替代投资人做出决策，这种不可替代性，就是投资人以本书所提的逻辑化操作、高度理性化的执行能力，完成科学与艺术统合的操盘需要。

第三个趋势：互动（Interacting）。未来创造的人工智能将会和人类进行互动。在交易上，我们与价格、市场、其他投资人、人工智能等相关人和事物都有互动，这种互动关系只会让人们更加怀念人与人之间的温暖。在交易上，人类与机器的互动更加频繁与具有更高的及时性。

第四个趋势：使用（Accessing）。拥有物品的性质将会转变，使用者不是拥有它，而是拥有这个物品的使用权利。在交易上我们使用的是工具，获得的是报酬，因此谁能好好地利用人工智能，那么他便可以得到更大的报酬。

第五个趋势：分享（Sharing）。分享的趋势是硬件软件化。通过人工智能的加入，它可以与你交流，知道你的日程表，知道你什么时候会到家，然后提前开启空调。当你到家的时候，气温就非常适宜。在做不同事情的时候，它也能帮我们做预测，进而给我们提供帮助。在交易上，人工智能的意义在于让我们可以更加容易分享理财机会与资源，在实盘交易上，需要的是人工智能大量数据处理后的决策建议。如果有效，表示人工智能分析是有用的；如果无效，表示人工智能与设计者同样聪明。

第六个趋势：屏读（Screening）。在过去，我们通常通过屏幕来读取信息。但屏幕的问题在于，它们是一个固化的、精确的形式，不会变化。从过去固化、精确、权威的屏幕，朝着一种更加流动的形式变化。未来进行交易时，投资人可以在最短时间内，从屏幕上得到更多、更准确的信息。如果想象力再丰富一些，未来投资人可否以意志力或意识力进行操盘或下单动作？

第七个趋势：流动（Flowing）。物体会从本身固有的状态变成流动的状态，甚至变成流动的数据。不管处于什么行业，都和数据相关。由于人工智能具有较高的依附性，在任何行情变化时可以及时提供信息，让投资人进行决策。当然，投资人当时的判断、决策速度也很重要。

第八个趋势：重混（Remixing）。把现有的东西重新解开，再混合起来。我们可以看到，过去创造的大部分财富，有一部分得益于将有价值的东西重组，把不同的新想法混合重组起来。在交易上，这个概念指的是投资人的判断材料是多维度的，投资人只用需要的信息进行交易。

第九个趋势：跟踪（Tracking）。跟踪一个关键要素形成的数据。跟踪我们自己的各种行为，记录每天的事情和思想，这些技术变得越来越便宜。在原本的交易、理财过程中，投资人原本就在追踪价格变化，这个追踪技术是否能够帮助投资人在市场上赚钱，会因人而异。

第十个趋势：过滤（Filtering）。我们可以从中选择我们喜好的，放弃厌恶的。这会影响到我们经济运行的方式，因为拥有丰富资源的世界，会极大地影响经济领域。过滤就像一个原本被认为是模糊的趋势，在几层过滤后，趋势会更加清晰起来。

第十一个趋势：提问（Questioning）。“答案”是免费的，而“问题”更有价值。当你提出一个问题的时候，你得到一个答案，这是科学。在科学当中你有一个问题，但是从这个问题，我们又会引发出很多新的问题。随着未知领域的扩展，我们会发现，我们会面临越来越多的问题。问题解答是人工智能的最大用处，那么，我们如何与之相处？这也成为一个课题。

第十二个趋势：开始（Beginning）。“开始”是一个过程。我们现在所创造的新东西，实质上只是处于开始的阶段。初始阶段不一定能有什么明显变化，反而是在投资人不知不觉中，有许多的投资行为已经在改变了。例如，在浩瀚的股票池中，如何选择未来会上涨的股票是投资人梦寐以求的，但是，有没有可能？事实上，投资人是不需要选股的，在不选股的情况下如何操盘获利？这是一个可能的开始。

目前在金融界，很多人受困于人工智能的威胁论中，但事实如此吗？笔者不会认为这是假的，但投资人也不必过于担心。**投资科学化是人工智能的长项，但投资艺术化是投资人的长项。因此，没有威胁问题，只有如何强强结合的问题。**

2. 逻辑化交易是必要的

在交易领域中，为了避免人性的恐惧与贪婪，我们需要程序化、逻辑化交易过程；但同时为了让交易具备灵活性，我们也无法抛弃人类的智慧与经验结合起来的应用能力。因此，人工高频交易模式就被开创出来。

近几年在全球金融市场流行的高频交易，同时在北京、上海、深圳金融市场更有以高频交易为金融交易市场主流的趋势，让许多私募公司趋之若鹜，提到私募似乎非要量化交易、高频交易不可。投资人或该知道，所谓高频交易就是借由计算机程序运算能力，在极高的速度下，进行百万分之一秒的交易，甚至更快，这个速度感是人类无法辨识的。然而，真正的高频交易是造市者工作，因为在交易所合并风潮下，场内交易员出来开了公司，进而兴起高频交易。

同时，在高频交易门槛越来越高的情况下，华尔街也好，中国台北也好，中国大陆也好，就兴起了以量化交易、人工高频操作马首是瞻，市场追逐力道之大，可以说是一窝蜂的散户盲从效应。当然，这不仅是符合人们胃口，更是以业务为主的期货商、证券商的最爱，也进一步培养了许多所谓人工高频交易人才。

那么，人工高频的基本含义是什么？简单讲，就是在价格上利用市场价格的来回波动，形成一个可以自动回归的高速运行状态，再利用这个运动循环进行价差操作。更简单地说，就是利用价格快速来回运动现象，博取价差收益。

其中，又可分为两种形式，一种是以秒为单位的K线操作，这属于几近以随机性操作的“随机高频交易”；另外一种是以分钟K线为单位的交易操作，这属于较为短线操作的“微趋势交易”。

而随机高频交易与微趋势交易的特征差异是什么？直觉和速度。

两种交易模式都是“主动建仓位、主动做止损”的交易模式。而随机高频交易会在两个跳动点止损，再加上1～3秒的时间忍耐，方向与行情状态不对就主动操作止损。获利上，顺势建立仓位之后，如果方向对了，就持有仓位直到判断趋势可能结束为止，就算出场后趋势继续也不后悔，只是再积极寻找下一个机会，然后进行相同模式操作。高度“积沙成塔”模式，极小成本换取更多机会，是随机高频交易策略的最佳说明。

微趋势交易是以交易员为主体，将比较像程序化操作的交易模式，让交易员到市场去发挥，他们学习后以赚取到“大鱼身”的次数彰显操盘能力。见图1-1-1。

这就是要得到更加注重与更好发挥交易员本身的逻辑化运作、驾驭能力的结果。如同计算机一样，越是理性的交易员，越能悠游自在。这类交易员不在乎小赔小赚的机会，因为这些机会可以把损益互相抵减，如果能够操作成无损益情况，而只是浪费了一些手续费，那么，在应该逮到“大鱼身”时，交易员皆能有

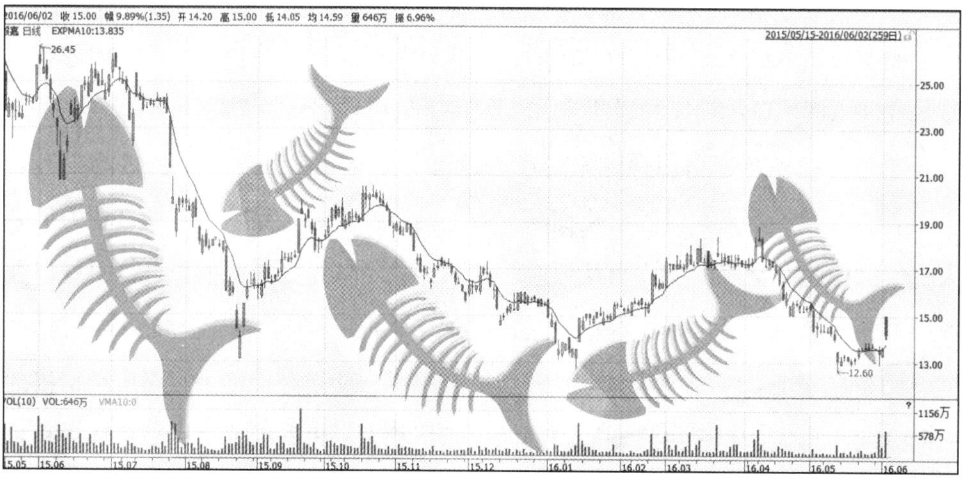

图1-1-1 趋势追踪——“吃鱼身”的技巧

效地抓到赚大钱机会，定能覆盖手续费的损失，甚至有些交易员可以做到震荡期间扣除手续费后几无损益，那就是交易员在交易技术上的实力了。

两者比较如下：

第一，微趋势交易的止损空间比随机高频交易大，但也不是随意设定，而是更加逻辑化、模式化地进行止损操作。这部分内容会在后续的章节里用核心逻辑的模式说明。

第二，微趋势交易比较在意进场后仓位方向与市场方向的一致性与否，当然，随机高频交易也是注重的，但微趋势交易可以进行加减码操作，而随机高频交易就比较不容易，随机模式在乎胜率，因此，只要方向不对会即刻止损，在获利目标达到时也会即刻获利出场。同时，微趋势交易的交易规模可以有一定程度的放大，但是随机高频交易的交易规模通常比较小，因此随机高频交易需要大量的交易员才能扩大交易规模，一度在上海、深圳流行的T+0工厂就是这种概念，当然T+0工厂也会进化到微趋势交易模式。所以相对来说，微趋势交易的人员生产力较高，少数交易精英可以在交易团队中发挥一定的效益。

第三，随机高频交易比较像是区间突破策略，只有在突破区间上缘做多、突破区间下缘做空的追价模式。逻辑化交易注重进场点的选择，通常在极端位置、极端情景产生时，才是微趋势交易的必要进场点，而这个极端情景的判断当然要符合先前所设定的交易逻辑，然后才能进场操作。

第四，微趋势交易可以在各种交易策略中产生互补作用。例如微趋势交易策略可以应用在双向锁单策略、风险套利与价差交易模型上，同时在趋势追踪策略上也有一定的效果，进一步理解的话，可以看到微趋势交易策略在不同时间周期也可以有相对应的应用技术。

如果人工逻辑化交易策略与计算机程序交易相结合，其所能发挥的资产管理效益会很大，这是一个国际避险基金的实际应用结论，在笔者的经验中已经得到证实，至于其他交易者、操盘人甚至是基金经理人是否看到，或者体会到这样的结果，那就因人而异了。这几年在台湾与成都两地的实验结果，让笔者理解到英国人花了那么大的力气做到的模式，现阶段在内地市场是难以做到的，如果20年内笔者能看到，那也是一种幸运。

有点题外话得说，马云能正确地看待人工智能不是没有道理的，因为淘宝不能离开人的操作，网络虚拟经济也离不开实体经济，必须两者结合起来才是最佳的现代化经济发展模式。就结论而言，人工智能也好，量化系统也好，都必须与人类结合才是未来发展道路，这是笔者看到的趋势，不仅是世界趋势，更是中国资产管理市场未来的趋势，如此思考模式先不论对或错，至少笔者是这样相信的。

在微趋势交易策略要求下，不管是短线操作，还是中长线投资策略，微趋势就是以逻辑化操作为基础核心思维的交易系统，在本章之后，笔者会慢慢揭开其面纱，进一步详细说明，但接下来就其大体上的交易逻辑架构，以简单方式让投资人初步了解一下，也算是热身运动。下面将其主要使用的交易逻辑内容——逻辑化操作的基本架构说明如下。

二、逻辑化操作的基本架构

1. 核心逻辑的基本思维

第一，投资人手上是否持有仓位，应有的思维是什么？建立仓位前与建立后的操作模式肯定不同，投资人常常没意识到这个问题。对于投资人、交易员而言，持有头寸与否，直接影响到他们的心态。如未持有，则市场一切上涨或是下跌皆与自己无关；但是，当持有任何一点点头寸，就会非常神经过敏地进行严密关注，恨不得时时盯着屏幕看，好似要把屏幕吃掉一样。

第二，投资人要考虑的是，在趋势形态上，如何做才是正确的思考与行动？不同价格形态中，多空力量碰撞形成机会；如果市场价格没有趋势可言，那么这个势头必在一定的狭小幅度中进行波动；反之，市场已经出现该有的趋势形态，例如上升趋势的上涨三绝条件、下跌趋势的下降三绝条件，那么，很明显，投资人一定要沿着价格趋势的走向进行操作，否则必会自找苦吃。

形态的分类有很多细项，但是笔者认为好用的就是几种大类形态，例如趋势形态、收敛形态等。投资人不能考虑太细，那会失去看到大森林的乐趣，如果太粗糙了，有可能像是落入大海之中，永远找不到方向，等投资人游到体力不济的时候，就是投资人要止损也无法挽救的状态了。

第三，当然，投资人在形态中发现趋势方向，还得要有能力进一步考虑微趋势的斜率变化到底为何，这个思考是很重要的。笔者在本书建议使用10日EMA走势表达斜率的运动模式。其实“10”这个参数不是绝对的，这是笔者使用习惯的方式，而且事实上，投资人把这个逻辑使用在9日EMA、11日EMA上都是可以的。甚至投资人还可以在加减码操作上使用5条EMA或是7条EMA，进而把市场与自我交易模式结合起来，让自己可以完成一个专属于自己的交易系统。

然而笔者必须说明，在大型法人机构的操作模式上，肯定是更加细致的，在交易策略、交易标的、时间周期、交易员人数、资金规模、风险管控等方面，都有一定的规范，那才是真正的资产管理。斜率的用法也是交易策略中的一部分，但这已经足够投资人使用，尤其是股票投资人选好股票后，常常是一条平均线指明市场趋势方向与走势力道，就可以有不错的绩效表现。这种细腻的操作模式，更加适合大资金、大市场的法人机构使用。

第四，知道形态通道，了解斜率趋势细节后，投资人要思考的是过度交易——乖离过大问题。

投资人经常不知道市场目前所处位置如何，该如何解读市场心理。而价格与斜率之间的差距所代表的，等于市场是否过度反应的结果，也是市场情绪表征最为明显的模式。这个以价格和代表价格趋势的均线之间所呈现的距离，会伸缩、变化，会有多重不同形式的变化，投资人看似不容易掌握它，事实上，是自己的过度主观臆测，笔者遇到过这样的年轻人，很为他可惜。

还有些年轻人想要精准掌握市场买卖点，受那种散户心态所干扰，结果完全无法高度执行知行合一，就是无法接受客观事实、利用客观事实的投资人。

第五，从核心逻辑发现极端情景时，就要有试单思考。一套交易系统，在看到机会后，操作以最低风险方式进行，是最基本的交易策略思维，没有一个投资经理会在看到交易机会时，就把自己的资金筹码全部重仓进场。但是偏偏地，市场需要投机者的存在，才能带给市场流动性，这个流动性对交易员、操盘人与投资经理的工作非常重要，有些吊诡的是，市场如果没有肆意妄为的投资人（“韭菜”），那么专业交易者工作难度就会增加，这也是法人机构交易员不乐见到的。这种矛盾现象，实际上一点也不矛盾，不论是“韭菜”或是自认非“韭菜”的市场参与者，都是各取所需而已，最后要盈亏自负。赔了钱就怪别人，只是“韭菜”才会有的行为。

第六，进场后发现错了，就要有止损的思考，这是个再简单不过的道理，因为趋利避害是交易的重要原则，而为何许多投资人都做不到呢？因为大多数刚投入交易市场，不论是股票、期货投资与操作，投资人误解了趋利避害的根本是赔小赚大，以为不卖股票、不止损就可以趋利避害。这个毛病在连续亏损，投资人得到严重教训后，或许才能够做到真正的趋利避害。笔者常常比喻市场有三种人：第一种是缴了学费却学不到技术，还不断重复这种错误，是典型的“韭菜”；第二种是缴了学费能学到技术，每一次都是一步一个脚印的，直到某天领悟了，才会高速进入成熟状态；第三种是不用缴学费，就从别人的过错里学到许多技术，并且加以整合，还能发扬光大的人。改错就是止损能力，在交易上，可以分为逻辑止损与量化止损两种。

第七，前六个逻辑通了，就要对过去与未来的支撑与压力思考应用方式。从道琼斯理论来说，过去的压力与支撑，是未来支撑与压力的来源。那么在形态学中所提到的震荡形态、收敛形态等许多被投资人所理解的市场价格突破模式，皆可以在投资人的思考中得到答案。什么答案？就是现在价格波动的客观事实为何，价格位置在哪里，如何结合形态与支撑、压力去追踪价格方向，如何辨识价格的推动速度。很多人喜欢在价格向上突破某个压力区，或是向下跌破某个支撑区时，就直接去做追价的操作，那是合宜的吗？不同策略有不同思维，但相同的是利用市场各种因子变动，赚取每个投资人所想要赚的钱，如此而已。

投资人已经知道七个核心逻辑的基本思维，尤其是切分开七个逻辑，每个单一逻辑应该都是投资人熟悉的应用工具，但对整体结合起来加以应用的经验，或许还没有什么感觉。不急着一下子就能让投资人马上掌握获利技术，投资人看到的不是赌场，笔者也不是在赌盘里，希望投资人多一些耐心，理解笔者如此安排的用意，这就令人感激了。

最重要的就是，期待投资人要在每天实际操盘过程中，领悟笔者为何选择了这七个逻辑，而其他投资人所知道的技术指标为何不用？这七个逻辑整合起来是在赚什么钱、会赔什么钱。投资人如果能够弄明白了，那么，财务自由之路，应该不会偏差到哪里去。

这些核心逻辑应在何种市场进行操作呢？基本上在股票与期货市场都是可以使用的，甚至在期权市场也可以是很好的应用模式。就期权市场而言，期权策略应用是非常灵活的，如果与核心逻辑结合应用，会相得益彰。

2. 让交易智慧变成投资人的智能

在金融市场中，尤其是做交易的人，几乎没有不玩德州扑克的，甚至有一种说法，就是不玩德州扑克就不是操盘人，可见玩德州扑克在操盘人心中的训练价值。**在玩德州扑克时，当投资人不知道牌桌上谁是“韭菜”，那么，投资人就是“韭菜”；在交易世界里也是相同道理，让我们就从避免成为“韭菜”开始吧！**

持续赔钱的投资人是“韭菜”，量化交易员也可能是“韭菜”，任何一个现在还没有稳定获利，或是曾经、目前都还没有成为系统化、逻辑化的交易员，都可能沦为“韭菜”，如果巴菲特与索罗斯最后类似杰西·利弗摩尔一样的失败，那么他们曾经战功赫赫，也是枉然。

当一个交易员或投资人，使用两条高度极端的平均线，形成一个价格波动通道，就可以在此通道内进行操作。例如，在长期的平均线附近找机会做空，又在短期平均线附近找机会做多，这样的策略还是可以构建成功交易模式，但是如何达到稳定获利，这是如何逻辑化、系统化的问题。

又或量化交易员根据过去10年以上的历史数据回测，发现使用过去233（斐波那契系数）根tick（K线）进行价格趋势追逐，同时，在成交量也同步放大时，就使市场加快速度上涨，那么，交易员就透过计算机程序下单。之后，在市场上升力道开始衰竭，价格没有持续出现“强者恒强”格局，成交量也开始递减甚至是巨减或巨增，就可以说是很好的减码点、出场点。

这些操作策略是完美的交易模式吗？当然不是，但在不同投资人的运用智慧下，必定有不同的操盘结果。

例如，在短暂休憩后，价格再继续上涨，而且上涨幅度与速度更加迅猛，这时候，量化交易员的交易系统（交易逻辑）是开始回补仓位，接受继续上涨的客观存在事实，还是开始放空操作，并且加大仓位，准备大赚一笔？因此，投资人不要忘记，**一个量化交易系统的厉害程度，跟设计者的聪明能力是一样的**。

我们知道，价值投资与仓位交易最后都要回归到交易者对市场目前是“动”或“不动”，提出接近精确趋势变化判断的拿捏技术，才能完成贴近价格趋势的“判断、推断、果断”流程。这个方面来说，“韭菜”有其可议之处吗？笔者不断对这个问题进行深入的理解，从操盘面、研究面、心理面尽量完善后才知道，赔钱者有其必然条件，成功者也有其必要条件。

逻辑化的智能操作是本书主轴，交易策略是控制工具，例如如何进场？如何加码？如何减码？如何出场？这跟“韭菜”的联系是什么？有点唐突，却是每天在股票、期货与期权市场发生的事情。套用一句时下的流行语，穷人有其可叹之处，而“韭菜”有其可输钱之处，这是交易世界最残酷的事实。前面提到，当投资人坐在德州扑克的桌上，不能尽快地辨识出谁是“韭菜”，那么，投资人就是德州扑克高手们的“韭菜”了！所以笔者相信，投资人当了高手的“韭菜”是技不如人，但是没有人愿意当赌徒们的盘中肉吧？

那么，为何交易跟“韭菜”有关呢？请投资人给我一些时间，理解投资人过去或未来应该会是赚什么样的钱、谁的钱。“韭菜”是一种可以不断被收割的菜种，割了这次它还会继续生长出来，投资人的情绪化错误不断发生，一直让别人从他们身上获利，就像“韭菜”一样！所以，我们可以说赔钱的投资人就是“韭菜”。这里所说的“韭菜”指的是不能赚钱，又老是待在股票、期货、期权市场的投资人，就像离不开赌桌的赌徒一样。

赔钱让人难过，但很多人还是离不开市场。除了不甘心之外，就是相信自己可以把赔掉的钱再赚回来，这种投资自信可以分为三类：

第一类，自己不断犯错，直到身家败尽，这是“韭菜”。

第二类，从自己的错误中学习，少走弯路，最终能够获利。

第三类，以他人的错误为戒，不轻易犯错，走在获利道路上。

“韭菜”一说中，在A股市场，赚取输家所赔的钱，叫作“割韭菜”。过去在台湾，投资人也想象一下，外资到台北股票市场、期货市场进行股票、期货还有期权等金融操作，将近30年时间里，获利相当于每年搬走几栋台北101大楼，不就是在割台湾投资人的“韭菜”吗？投资人对此的警戒心有多低，就显示了投资人的“韭菜”成分（属性）有多高。

值得庆幸的是，台湾的这种情境已经在逐步改善当中，有一天台湾的投资人会长大，会变得成熟，加上喜欢努力赚钱的天性，在国际市场上，应该有一定的机会与发挥空间，这是笔者一直相信的。2017年，大部分大陆A股股民还在情绪性市场阶段，还在“股票就是博弈市场”的思维下，那些高市盈率（PE）的股票，尤其是创业板与中小板当中300倍、400倍PE的股票，还有人买卖并受到那么多投资人的追捧，就是“韭菜”行为的表现。

一个成熟市场，对理性强度很高的投资人来说，操作上虽有难度但机会很多。从大陆市场演变来说，A股股民的学习曲线较短，对于外来的投资人而言，未来的机会大约仅有几年空间，一旦A股市场开始偏向法人市场结构，偏向价值投资模式，一般经验不足的投资人的获利难度将会增加。当然，时间点变化不重要，机会就在那里了，看投资人获利能力而已。

以下是2016年期货市场发生的一件事，笔者非常感谢这位作者能把这样的数据提供给投资人参考。在经历2015年沸沸扬扬的股票市场大幅度波动后，有家大型期货公司的风控总监，由于平日接触客户交易资料较多也有一定的数据量，因此把客户操作结果做了分析（资料周期3年），有人把他的分析结果做了摘录，如下：

第一，在盈利客户中，有85.2%获利来自于5口以内的交易，扣除掉这5口单，这部分客户中，大多数交易都是亏损。同时5口单的特点是，持有期间基本上都在2个月左右，而且都是单边市场。

第二，每日平均交易次数分析：

（1）交易10次以上的客户，3年平均收益率是−79.2%。

（2）交易5次以上的客户，3年平均收益率是−55%。

（3）交易1次以上的客户，3年平均收益率是−31.5%。

（4）交易0.3次以上的客户，3年平均收益率是12%。

（5）交易0.1次的客户，3年平均收益率是59%。

第三，所有止损单子，如果不平，有98.8%的概率在未来2周内扭亏为赢。

第四，所有止赢单子，如果不平，有91.3%的概率在未来2周内实现更大赢利。

第五，所有客户收益率呈现接近正态分布，很遗憾，这个正态分布均值是−14%。

所以，那位总监的结论对大多数人而言是残酷的（笔者：先不论对与错）：

第一，一般人进入这个市场都是错误的。

第二，频繁的交易，基本上判了死刑。

第三，不要盼望能在高抛低吸的短线交易中获胜，更不要靠直觉来炒期货，恐惧是亏损的最直接原因。

第四，想要获利，可以参考这个方法：耐心等个机会，一把砸进去，不止赢止损，长线持有，让利润奔跑或爆仓。

上面的统计表明：

交易绩效与交易次数成反比，这对任何人来说都不例外。长期来看，超短线交易者的最佳业绩就是与市场打平。金融交易应该采取“轻仓位、宽止损”的交易策略，避免“重仓位、窄止损”的交易策略。

根据文章结论，笔者的感受是：

第一，这个统计数据表示投资人以投机方式进行期货交易是非常辛苦的，并且这个辛苦来自自己的选择，而且没有经过非常慎重的思考过程。投资人以小仓量进行期货交易不是错误，而是应该使用系统化交易模式，绝不是博弈论的五五开逻辑，更不是在许许多多弯路上不断地耗损时间、精力、金钱。

第二，能有什么更好方法在股票、期货市场求得生存？因为投资人还是要交易，更多人喜欢操盘的感觉，更想要获利，如果看到这些数据资料而退缩，那投资人被情绪纠结程度，可就不是简单几句话可以描述的了。

第三，问题是他们的交易逻辑、操作方法、应用思维、交易心态等方方面面基础经验是否足够？进一步在不同资金下，市场广度、深度截然不同，更细腻的操作模式稳定度、交易技巧经验、仓位管控能力、战术战略运用能力等问题，能够正确到什么程度？还是他们所使用的方法原本就是错误的？既然是错误的，赔钱就变得理所当然。而如何学得正确思维、用得正确逻辑、获得正确结果呢？本书试图给出一个好的引导模式。

第四，笔者有一个深刻体悟，在台湾股票投资领域中，至少要20年以上经验的人，才有那个领域的基本话语权，他（她）的真实经验才最有价值，包括笔者的经验也只能是提供投资人参考，并不能代表绝对获利。然而，在网络发达至此的情况下，误导性特别大的内容到处肆虐，我们也受到这个致使人类生活形态改变的网络文化影响。一般没有一定智慧判断能力的年轻人，容易被情绪影响，他们思考的只有一个维度，顶多两个维度，意思是说，那些被牵着鼻子走的羊群效应会越来越明显。不只是股市，包括社会事件、政治问题、选举期间等，都可以看到投资人的情绪化表现。作为一个交易员，客观判断能力与获利能力是呈现正比关系的。

当然，笔者不是说日内交易、趋势交易等操作策略一定能稳定赚钱，要说明的是，任何交易模式都有获利机会，问题是有没有完整地做到“赔该赔的、赚该赚的”“小鱼身小赔、大鱼身大赚”的交易过程，而且要有持续性，有些投资人甚至是法人机构，也未必能做到。因此，所谓资产管理门槛高到一个程度，已经变成一种智能型产业，只是一点小聪明不能有长期获利能力，笔者20多年来所努力的，就是不希望被淘汰而已。笔者的经验是，如果投资人要去华尔街，只要带着小聪明便有机会赚钱，如果去上证A股操盘，没有带着大智慧，是很难存活下去的，至少目前为止是如此。

3. 驾驭风险，才能脱离“韭菜”命运

情绪化交易是赔钱策略，一直是市场共识。虽然笔者不是很认同，但也无法否认，当一个交易者没有章法地在市场横冲直撞，赔钱概率是很高的。那解决方案是什么？至于情绪化交易下的成功模式，以及如何去思考与实际运用，不在本书讨论范围之内，有机会再与投资人分享。

笔者相信，驾驭风险是成为赢家的基本能力。

笔者这些年来的体悟是，除了从更高的角度，不断更加严谨地执行逻辑化操作、系统化操作方式下的操盘训练与培养之外（期权交易还需要灵活性），一个成熟交易员要成为资产管理基金经理人，没有更好的方式。尤其对刚入股市的投资人。

从事交易一段时间后，笔者相信，一个交易者，其生活哲学的根底体现于交易模式；同时，其交易哲学的本质展现于生活形态。而且，笔者鼓励自己长年如

此生活着、交易着，年年如一日。交易可以是赌博，因为你认为市场是个赌场；交易可以是经济发展的过程，因为你把经济价值与市场价格的差异看得清楚；交易可以是一种人性的波动，因为你把价格波动的本质看得明白。

这是一个基金经理人应该有的基本交易态度，之后才发展出对自己有利的交易策略与操作模式。而作为投资人，应该如何自处呢？一方面有自己的工作，一方面要学习投资技术，结合起来实属不易，但是高投入、高回报是一开始的初心，如何不变成贪婪与恐惧的附庸，而是成为贪婪与恐惧的驾驭者，这是投资人的智慧选择问题。

曾经，台湾股票市场投资人完全是在情绪化的模式下买卖股票，但最近也有一些改变，因为法人机构整体的持股比重增加到60%～70%，相信未来比重会持续增加，这代表台湾股票市场改变了，真的走向稳定、成熟的投资市场。这是令人欣喜的，笔者也非常愿意相信，股市不应该是一个赌场，对于A股，笔者更是如此相信。未来A股市场的投资人，等开放为可以去国外交易投资时，会到国外股票市场发挥所长、赚投资钱。

这几年来，全球市场越来越成熟，但一些还在发展中的市场，仍然有些新的输家特征，大概可以分为冲动、侥幸、焦虑、任意、偏执、怕输、上瘾、赌气、自满、怀疑、恐慌、期待、兴奋、拒绝、乐观等，综合这些特征，又可以整理出七种情绪弱点。

情绪弱点一：盲目交易、操作无据。

情绪弱点二：过度交易、急于获利。

情绪弱点三：盲目自信、无视风险。

情绪弱点四：不断投机、侥幸心理。

情绪弱点五：错误认知、错误行动。

情绪弱点六：资金虚控、获利虚设。

情绪弱点七：耐力不足、持股错乱。

从投资人的情绪性脆弱，到交易操作时的三个错误行为，可以再归纳如下几点错误：

第一，认知错误。

（1）以为市场可以预测、效率持续。

（2）以为自己可以理性交易。

（3）追求每次交易的效益最大化。

（4）想要免费的午餐、一味地思考捷径。

第二，意识错误。

（1）假性风险意识高涨，贪婪与恐惧误导行为。

（2）认为市场波动率（Volatility）是一种恶意攻击。

（3）把可能性或概率（Probability）高当作实质确认。

（4）将机会（Opportunity）单纯视为概率的一种。

第三，条件错误。

（1）自己特殊到可以比他人成功。

（2）在短线交易上耗费手续费。

（3）以为交易时机可以量化出来。

（4）越复杂，越是代表专业能力。

事实上，笔者从经验得知，台湾部分法人机构、自营部也没有那么重视交易者经验与绩效稳定性，只追求短线极大利益，利用不断淘汰交易员的方式，企图从中获利，但是几十年实证下来，发现那是错误的模式。例如，在公司里有了两三年的研究经历，就成为重要交易员，只因为他近期绩效傲人；或是在基金公司里，一堆年轻的基金经理人，被赋予过大的资金与责任，年轻的他们勇于负责任，但他们负得起那样的责任吗？

人才荒是最大问题，也是金融业短视操作结果之一，投资人要正视这个现象，才能把资金委托给合宜的操盘人。当然，包括执行投资、交易、操盘的投资人，也应合宜地要求自己。再者，情绪化与操作灵活性上的矛盾问题，法人机构也好，程序交易设计者也罢，他们都有相类似的问题，为何这么说？因为他们对趋势变化的认知度不够，导致在有限的能力下，做了可能会有无限风险的操作。

投资人试想，在欧美股市我们有多少优势可以去赚人家股票市场的钱？以他们几百年的经验传承，21世纪的现在，是他们来台湾股市、来A股市场“割韭菜”，收割资产管理好处。在资产管理中，有些散户是持续赔钱的，在台湾，连法人机构也因为经验不足而长期赔钱，赔给谁？第一个当然是外资，每年正搬走几栋台北101大楼，获利能力之强，令人望之兴叹。如果台湾的部分投资人还在把上市公司股票当作投机、赌博市场的话，这种现状是不会得到改变的。只要投资人还在把股票市场、期货市场当作赌场，那么，外资在中国市场的“韭菜”就割不完了；相反地，如果投资人明白如何在股票市场价值投资，懂得如何在期货市场操盘交易，那么，谁割谁的“韭菜”就难说了，不是吗？

三、输家都有明确特征

我们再用图表方式来说明“韭菜”心态在实际股价波动中的变化，这个变化是隐形的，没有办法知道每一个投资人的实际心理变化过程，笔者只能依据自己的经验来推论整体市场的相似性，如有不同之处，请投资人做一下差异分析，便可以理解其过程的应用根据了。

图1-1-2是笔者训练基金经理人所用的资料，也举例给投资人参考。从图上可以清楚看出输家的多空心态变化，如果投资人您也有相同问题，一定要记得修

图1-1-2 多头输家情绪对照

正自己。交易，本身不难，难的是你不知道所使用的方法是否正确。求得获利可行，求得稳定获利更难，再求得持续稳定获利就是能力问题。投资人如何解决这些问题，是极其关键的。

随着市场上涨，输家心态从怀疑开始，到兴奋结束，也可能完全没有动作。或者有投资人是在激动之后，才开始进场，这个位置进场的投资人就是失败型的追涨杀跌模式，成功的追涨杀跌刚好是相反的操作模式。一般，前者是市场上大家所唾弃的追高杀低做法。

事实上，追高杀低模式本身既是输家也是赢家们的操盘模式，只是两者之间的差别就是逆反操作，也是巴菲特所说的，“在恐惧中贪婪，在贪婪中恐惧”的具体表现。

例如，输家在兴奋情境进场，怀疑情境出场；相反地，赢家会在怀疑情境进场，兴奋情境出场。在持有仓位途中，有一段获利的美好时光，但是输家在自满与焦虑中，最后可能是赔钱出场，这种被“割韭菜”的行为，在A股是如此，在过去台湾市场也屡见不鲜。当然，投资人也不要怀疑，在其他欧美国家，也包括日本、韩国、东南亚国家的股市投资人都有一样的经历，这种过程没有人可以避免，但是我们如何早日脱离这种被“割韭菜”的日子？可以从不抱怨赔钱开始。记得有人说过，有时间抱怨的人，不是真正的穷人；同理，有时间抱怨的投资人，表示他花太少时间思考如何稳定赚钱。

再从另外一个方向思考，一段空头走势之后，市场开始了上涨机会，以空单操作的赔钱投资人，也是大约相反情境。如图1-1-3，从上一段下跌趋势中得到信心而自满，直到屈服于市场脉动的无法掌握，却在市场要开始向下波动时，又因为受伤心灵的忏悔所产生的矛盾，引发了错误操作，当然，结论是亏损出场。很正常地，这些空单持有者，他们常常在愤怒、屈服、希望与怀疑这四种情绪纠结中做出错误的交易判断，笔者也在这种过程中屡犯错误。图中可以看见过程的痛苦，却也反省到最后的关键变化常常是自己的错误选择，所以付出了必要的代价。

图1-1-3 空头输家情绪对照

以多空之间的情绪对照来说，谁能早日清楚这样的输家模式，就可以知道如何脱离输家行为，整理有效解决方案，成为赢家也养成赚钱习惯。当然，在这养成过程中操作技巧上就是要学习如何进行逻辑化操作，这部分也是本书的核心思考，是要传达给投资人的重要操盘技术。

图1-1-4把多空双方的情绪变化做了一个对比，这个对比不一定精准，但却是常常发生的事情。其实，在每一个交易员的心中，永远藏着一个秘密，就是永远说不清楚的投资心理。如果说，本书有无法逻辑化的东西，就是心理变化部分了，真的，笔者曾经尝试过把交易心理做成量化模式，但是在设计阶段就放弃了，因为一个无法量化的突破口是“情绪比例”的数量化问题，在不同时间（周期）、不同交易环境、不同市场关注点、不同资金与风险考量等问题上，笔者做不到情绪数量化的模式设计，所以放弃了。也因此，笔者知道要在量化模型上做到纯量化程序是不可能的。每一市场可量化的因子中，都有投资人的情绪在里面，这个部分需要交易策略使用者自己不断地摸索、精进才行。这需要时间来对错误教训进行学习积累，才能有机会完善，一如前面提到的投资自信，不同级别的领悟能力与试错次数，会改变投资人心理情绪自我校正所需要的时间。

图1-1-4 多头与空头输家情绪对照

到此为止，图1-1-4总结了本章所谈到的交易心态与正确思维的培养，相信投资人在网络上可以找到很多类似这方面的资料，笔者主要也是把认为交易上最重要的部分与投资人分享。我们在执行交易操作时，只要思维不正确、心态不稳，操作仓位的调整能力就下降，也就导致交易行为不到位、不精准，若是市场价格波动稍微快一些、大一些，就可能让投资人做出错误决策，这种连续性错误模式，就是散户赔钱的最真实写照。

交易思维正确，操作行为才能正确；操作行为正确，才有正确的结果。这种知行合一的结果，是我们做交易的人一生磨一剑的追求。期待投资人不断精进自己的交易心态，让对金融市场的成熟理解变成投资人的行为纲领，让统计学上谬误的概率思维不会使投资人变得狭隘无知，好像统计学的概率猜测能力可以解决所有投资问题一样。笔者因为曾经深受其害，在交易意识上笔者对于风险的警戒心高于追求利润，意思是说，除非是风险可控前提下，否则追求最大利益是赌博，也是灾难的开始。

以沃伦·巴菲特与文艺复兴科技公司的吉姆·西蒙斯为例，最有钱的不是他们手下各个数学、统计、物理专业领域博士，或者是各个上市公司的CEO、董事会成员，而是知道如何整合他们的巴菲特与西蒙斯两人。在交易上，是相同的道理，如何使用所有具备功能效益的工具，才是投资人要思考的重要事情。

四、交易，已是一种企业经营

进一步讲，做交易的人，必须把自己当作老板，思考所有跟交易有关的事。交易，不仅是集科学与艺术于一身，更是一种企业经营技术。没有这种思维，投资人常常在一段时间的运气用完了之后，便进入容易失败的循环不能自拔。而成为一个经营者，需要具备更多能力，再从投资哲学基本原则要求中，我们可以一定程度相信赢家是真实存在的，并且得到什么是成熟交易者的答案。

在基金投资时，如果那些理财产品的交易策略设计者、程序开发者或是投资决策者，在这些条件上没有一定程度满足到位，我们作为投资人，怎么会把自有财富交付给我们并不了解的一个人或一群人去经营？我们如何能够安心？

另外，目前在美国华尔街或是各一线、二线甚至是三线城市的金融街都有许多机会，也有太多的庞氏骗局，我们要如何知道他们的交易策略、实践能力是足够让我们信任的？笔者认为这些基本原则是极其重要的，能满足这些条件，基本上我们可以相信他们的管理技术、情绪化控制、策略操作能力，都至少可以值得托付。

学习成为一个成熟交易者是如此重要，那么他们的基础标准是什么？

先理解相反例子。最值得警惕且有历史意义的，除了最后举枪自杀的杰西·利弗摩尔之外，还有一个人也就是大家熟悉的理查德·丹尼斯。他是“海龟”训练的创始人，早期台湾期货市场的交易训练课程，也大多是打着他的“海龟”名号。但最后他失败了，跟利弗摩尔一样，差别是丹尼斯没有破产也没有自杀。

丹尼斯在1978年、1988年各失败过一次，两次失败原因可以说都是由于自己没有遵守自己定下的交易规则，这种自我悖逆行为值得我们警戒再警戒。或许如同市场说的，他可能失败在过度创新，纵然如此，之前所设计的策略，应该有效地被执行，那么还是有获利性的，但他为何没有能够弥补在创新策略部分的失败？这是笔者好奇之处。

笔者不认为那是意想不到的失败，有点像利弗摩尔后期的过度自信，屡屡重仓出击，却逆向操作，显示无纪律操作的严重性，前辈的痛苦是我们晚辈们警惕的经验。当然，我们也可能失败，但我们必须清楚自己在做什么，告诉投资我们的人，我们在做什么。虽然大部分投资人只想知道损益结果，不喜欢讨论损益可能来源，但我们还是要努力去说明，这是我们应尽的责任。如果有一天你可以自主交易了，脱离依赖资产管理市场时，对那些甚至不能深明就里的投资人，就应该放弃他们，不要为他们管理资产。购买基金产品的投资人应该知道，他们买进的是他们所相信可以获利的策略，而不是某个操盘人、基金经理人，但大多数人不像欧美国家的人那么成熟地知道，没有赚钱策略，谁来当基金经理人都是一样要赔钱的。

尤其你是一个基金经理人，你要为投资人负起你能负担的责任，如果是你付不起的责任，最好不要自告奋勇。

笔者把一些选择标准列出供投资人思考：

第一，从市场赚钱是条件，但不能有内线操作行为。同时，金钱由有能力的人驾驭，会赚钱不是能力，会赚钱又会使用钱的投资人、经营者，才有资格拥有财富。

第二，不只是生活上有规律，交易上更要严守纪律，承受合理报酬与合理风险，负起正确责任，保持向前迈进脚步，与他人一起谋事时先利人后才能利己，需要这样的能力。

第三，当一个企业的发展能被清楚理解时才算是好公司，一个拥有看清楚这种发展的投资智慧的人，才是真正的投资专业人士。同时，这样的模式要能够持续产出才行。自我训练还要跨领域学习（在本书第三篇第二章有讨论）。

第四，在交易过程中，投资人会发现财富会不断地淬炼自身的思维，到达一定程度时，投资人就感受到财务自由的新鲜空气，这样决定投资人财富满足度，有这种领受会让人喜欢赚钱，也不会去冒着不该承受的风险。

第五，价值投资有几个主要定义，投资人必须清楚而且不模糊，公司管理层的道德特质是什么？公司的产品经营历史、价值变化如何？公司在新产品开发所投入的未来价值高低如何？能够认识清楚这些问题的投资人是成熟的，因为它们所要求的专业高度非平常人可以达到。

第六，交易专业技术有几种类型（尤其是股票市场）：一种是逻辑化（量化）智能交易模式，一种是主观式基本面投资模式。

第一种在市场不断变化中，在大数据范围下，持续提高市场辨识技术，并且比较偏向固定化但不失灵活能力的操作逻辑，进行资金管理，在交易多空方向转化过程中没有失去逻辑性与灵活性。说是固定化逻辑操作，却是非常与时俱进的逻辑化应用模式。

第二种是在长期交易经验中累积并筛选成功因子，同时转化为自有内在思维，并且是可以被量化模式运作的一种策略。它的有效性在于使用者的失败经验价值，如果这种经验因为监管政策改变而失效，那么表示这种策略是因市场政策漏洞产生，不是真正由市场机会变化而来。非正式做市商高频报价，所衍生出来的高频率报价又撤单的交易方式就是一个很好的例子，在2015年到2016年全球股票监管单位规范下，那种高频交易基本上已经不存在了，如果还有以欺骗式高频交易方式操作的公司，肯定是他们又找到目前的监管漏洞。

第七，对于预测市场没有那么大兴趣，反而是在高度的安全边际前提下，对于市场波动结果进行追踪，达到与市场波动同步、共振的要求，虽然这样做并不容易，但却是最为扎实的操作模式。因为这种模式不会过度受到市场多头与空头变化影响。

第八，这个成熟的投资人，甚至是基金经理人必须对宏观经济学、微观经济学、数学、统计学、计量学、程序编写、逻辑学、行为金融学、金融市场学、哲学、艺术学、自然科学、法律学、伦理学、生物学、历史学、心理学、政治学、社会学等大格局思维，有一定程度专业知识或应用能力，并用自己全部时间和心血去培养较为完整的、系统的交易技巧和资金管理等综合能力。为何需要如此？因为分析趋势是我们的工作，借由这个分析能力，投资人才能有正确判断，进而做出正确的推断。最后，果断地建立、调整自己的仓位，才能得到正确的结果。

第九，当交易资金到一定程度时，分散投资、分散风险已经是必须的配置技术。但如何做到最佳分散、最佳配置呢？这涉及每一个交易者的技术能力问题。

笔者常常自问，什么是最佳报酬？答案是依据资金属性做到最小合宜风险、最大合宜报酬，也就是至少保持夏普比率、索提诺比率、信息比率三者皆为最高状态，至于多高才是最佳标准，就见仁见智了。

第十，任何事情在达到极致时，已经是个人使命问题，我们交易是为了增加财富，如果是私利，倒是简单不过，但如果是为一个群体，或是自己的后代，那么他的操作基础就是为荣耀他人，这种利他行为最能够得到别人认同，却也是难度较高的模式。到底一个交易者该如何看待财富呢？从精神文化层次上来说，不只金钱是带不来也带不走的东西，交易策略与交易技术留给别人使用也会比自己人无端浪费掉更有价值些。聪明的投资人会读得懂笔者的意思与期待了。

第十一，成熟交易者的思维模式。我们常常可以看到的是多层次模式的结合，例如效率式思维（追求最佳效益）、费米式思维（简单化才是最好）、复眼式思维、基准概率思维、多米诺思维（量变引起质变）、孙子兵法思维等整合化的交易、操作模式，不是一种单纯的概率问题。笔者相信交易简单最好，但交易思维的细腻判断能力，还是很重要的，因为影响因子在变，价格驱动模式在变，价格行情也跟着在不断变动。

第十二，对于下一代基金经理人的培养责任，不能轻易抛弃。坚持交易体系的永续经营是一个资产管理者的基本态度，如果连这样的态度都没有，那么他（她）就是一代赌徒。巴菲特对于接班人的选择是谨慎再谨慎，可见其接班人必能持续为投资人带来合理的报酬，当然，也要承当一定的风险！我们不会一厢情愿地只看报酬而不看风险，是吧？然而在亚洲市场上的投资人，很多都不能看清风险，尤其现在A股市场充满着博弈论调，他们把股市当作了赌场。

上述成熟的赢家思维，投资人也可以把它们理解为交易心法之中如何持有正确态度的标准，当然这也是智能交易的基本能力。

第二章

为何逻辑化智能交易可以解决人工智能威胁

一、人工智能威胁论会因人而异

讲到逻辑化智能操作，一定要提到程序交易，但我们对程序交易的认知足够吗？正确吗？这是没有人可以独断的问题，然而从笔者的经验来说，就有许多体悟，在一般交易过程中，或在思考获利模式经验中，在应用逻辑化思维实践中，知道了程序交易是必备的，但不是绝对的。

因为，我们几乎可以确定，计算机程序到人工智能应用是人类进一步提升生产效率与范围的绝佳利器，但也几乎可以肯定，计算机无法取代人类的智慧升华、高度灵活性、过度贪婪与不断产生恐惧等看似简单却又复杂多变的天性。

在台湾，程序交易流行了一段时间，从17年前，也就是2000年开始，在笔者经历十几年的程序编写后，体悟到撰写程序的问题点，虽然笔者念念不忘检测这个思维的正确性，直到2017年6月撰写本书之时，笔者仍然认为，计算机程序已经比以前进步很多，但还是没有达到完全替代人类的地步。

这一问题来自编写者、数据环境与使用软件等条件让程序交易变得诡异，连现在流行的人工智能也在摸索投资模块的应用方式。但是，人工智能可以控制、取代人类的贪婪与恐惧吗？那些号称人工智能的APP，应该要先解决这个问题，或在没有确认人工智能可以控制人类的贪婪与恐惧之前，不要太在乎机器人在投资领域的应用能力。

有一天，笔者在APP上呼叫某公司的快车服务，没多久车子的师傅回应了，笔者以为车子很快将到来，结果，笔者在手机地图上，眼睁睁地看着车子往笔者要回家的反方向驶去。等了许久，车子一直不来，但从地图上可以看到车子在什么位置。

之后，笔者向该公司反映，不久来了一则短信，告知笔者这个未上车产生费用的问题，他们将会尽快处理，也表示歉意。当时笔者认为这是偶有的错误，也就没有当作一回事。但是，之后笔者在使用该公司快车服务时，不停地被要求支付该笔叫车服务的行驶费用。

后来笔者虽没有使用该叫车服务，但还是支付了费用，原因是笔者在与该公司的人工智能语音交流过程中，不断地产生时间误差，也不断地产生意思表达落差、错误，在这不断的阴差阳错之后，笔者想想，算了，还是给钱吧！就当作与人工智能交流的一次经验，为了十几块钱不断消耗笔者的时间，才是更大损失。

这个经验告诉笔者，人工智能与人类智慧之间的距离有多大。

这是笔者思考后的结论，或许有一天电脑程序可以控制人类，像电影描写的那样。要应对人工智能的威胁，凭借人类个人智慧是办不到的，那么，集体领导的群体智慧可以吗？或许吧。但是只要有人类群体出现，贪婪与恐惧就不会消失，就像电影的结局，当幸存的人类找出计算机漏洞，事件也就结束了。

到底是什么问题，导致金融程序交易不能完全自主独立于人类智能操作之外呢？从编写者角度可以归纳以下几种可能性：

（1）对硬件效能应用不熟悉，程序编写能力不足。

（2）程序逻辑无法体现人类面对面的及时经验。

（3）编写程序中，无法完整实现人类交易思维。

（4）使用错误的交易策略与操作逻辑，执行不力或方式错误。

（5）程序修改过程中把正确逻辑换成错误逻辑。

（6）计算机运行持续能力不佳，如持有较大仓位却发生断电。

（7）程序无法完全取代人类优缺点，如灵活性与贪婪、恐惧。

这些因素还只是其中一些简短的说法，如果严格地细化与扩充，则计算机程序能做的范围其实是有限的。不是吗？德国投资名人安德烈·科斯托拉尼曾说：任何一个软件顶多只和它的程序设计者一样聪明。

那么，程序交易就完全无用吗？当然不是，计算机还有很多用处，例如，计算机可以帮助我们处理非常多的数据，处理非常复杂的交易思维所形成的计量公式，还有市场参与者的细微价格行为变化分析等，但到目前为止还不能做到绝对分析与绝对决策，也无法完完全全描述人类贪婪与恐惧、理性与感性、向恶与向善、人性与神性等问题。

包括文艺复兴科技公司的吉姆·西蒙斯也仅能在监管单位未有政策管理之时，利用高频交易在金融市场上纵横十几年，但近年来，监管单位已经大力整顿那些利用交易速度，压迫或是误导市场的主动引导交易手段。笔者认为高频交易者要继续操作还是有些方法，例如：

（1）要回归到造市者被动报价功能，才能继续使用高频交易。

（2）可以牺牲大部分获利幅度，让交易得以继续执行。

（3）高频交易原本使用资金不大，在减少他们的交易规模前提下，还是可以让高频程序执行下去。

（4）把超级高频率放慢，变成极微趋势操作策略，放大风险取得市场部分利益。

笔者要说的是，如何利用计算机与人类智慧，是未来交易员的时代趋势，如何结合成为智能化操作就是更大的挑战，而笔者相信，以中国人的智慧是可以办到的。

二、创造财富由思维与行为匹配而成

一般而言，非专业投资人有许多日常工作要做，应该没有时间去编写程序、管理程序，那么，投资人如何把自己的交易策略转化为计算机语言，这是一个高难度的事情，将不同策略编写成电脑语言的难度也不可一概而论。

笔者整理了多位称得上伟大投资者的金玉良言与交易思维，有人喜欢说那是交易心法，的确，他们最重视的是如何严格遵循正确交易纪律，如何不断改善任何交易策略的疏漏，如何管理未来任何可能的已知或未知大小风险。

他们这些人没有那么依赖计算机，而是依靠自己的管理能力、分析能力、操盘能力来获取市场财富。他们看似不用计算机进行交易，可他们的交易逻辑是相当强烈的，而且是明显的，更重要的是他们是长期使用同一个逻辑获利，例如巴菲特的买进持有，就是一种具有编程能力的智能操盘模式。

有人曾拒绝以投资作为职业。

事实上资产管理可以成为一种事业来做，小到一人公司，大到几百号员工。能成为逻辑化智能交易者，表示他在投资过程中得到自由，最后他也享受了投资的愉悦生活。还有人说，我已经和自己的公司日夜形影不离，我害怕失去它，同时也担心操作失败，这是一种悲惨的生活。在这当中我们也看到他的矛盾来自自我的选择，不然他早该离开市场，因为他不快乐，还待在市场之内，这是现在许多无法获利的投资人的矛盾。投资人可以想一下，那么厉害的人都会有这样的日子，更何况是我们呢?

接下来，透过网络资料笔者整理了大师们的思维，并尽量以自己语言来说明，期待投资人与笔者一样，随时谨记在心才好。但是如何把这些赚钱思维逻辑化，并且转化为程序性的交易模式，是笔者努力的部分，这部分能否成功，几乎可以说已经会影响到投资人在逻辑化操作过程中，能否在不断自我完善的正确道路上开启一扇门。在这扇门里面，一定具有定性与定量的东西，如何做最好的组合，就看投资人的能力。

称得上世界级别的投资大师有沃伦·巴菲特、乔治·索罗斯、威廉·江恩、菲利普·费舍、彼得·林奇、罗伊·纽伯格、伯纳德·巴鲁克、安德烈·科斯托拉尼、是川银藏等，时间横跨了100年。他们的一些智慧之语如果是交易上的真理，就不会随时间的改变而影响我们对其中智慧的学习意愿，他们的交易智慧也不会失去效益，如何学习与决断，就看投资人的智慧之举。他们的智言慧语如下（括号里是笔者的感言）：

（1）当别人贪婪时恐惧，当别人恐惧时贪婪。（道理简单易懂，也是绝句）

（2）只有退潮时，你才知道谁是在裸泳。（犀利之语）

（3）愿意持有一只股票在10年以上，这只股票才值得持有。

（4）投资过程是运动也是娱乐，所以投资纵有亏损也是快乐的一部分。（从结果论来说是如此）

（5）赢得好声誉要20年，毁掉它5分钟就足够。明白了这一点，投资就会不同。（交易员亦如是）

（6）这家公司遇到巨大但可化解危机时，就代表绝好投资机会出现。（时时观察，时时准备）

（7）投资于决策者而不是买他的股票。（买郭台铭，买马云，买董明珠）

（8）拥有一档股票，期待它明天就上涨是十分愚蠢的。

（9）如果FED主席告诉我未来两年货币政策，我也不会改变任何投资作为。

（10）我喜欢简单的东西。（交易，简单最好）

（11）风险来自你的无知。（逻辑化智能操作的根本思维）

（12）公司产品和服务优越性持久而深厚，这才是得到优厚回报的秘诀。

（13）成功投资是不断阅读购入公司的资料，也要阅读其他竞争者的资料。（深入研究才有话语权）

（14）就算有钱，你也买不到完全的健康与友情。

（15）如果你频繁交易可以致富，成为你的股票经纪人是件好事。（有人喜欢，有人不喜欢）

（16）判断的错对不重要，正确时如何发挥最大力量才是关键！（趋势不变论、“吃大鱼身”定位论）

（17）市场总是错的。（价格过度反应后的均值回归现象）

（18）为了决策规则的成功，我必须否认我已经成功。（归零态度）

（19）不知道未来会发生什么不可怕，不知道如何应对风险才可怕。（风险管理）

（20）要想获得成功，必须要有充足的自由时间。（我选择成都作为交易基地，如果机会不变的话）

（21）在股票市场上，寻求别人还没有意识到的突变。（极端情景）

（22）身在市场，你就得准备忍受痛苦。（止损才能获利）

（23）如果投资方向对了，那么跟着感觉走，把你所有资产投入进去。（加码条件）

（24）我会犯错，但我不断尝试洞察人类思想内在的错误。（寻找极端情景）

（25）我不愿花时间和股票市场的人们在一起，我觉得他们讨厌。（独立思考，离开华尔街才能看清楚华尔街）

（26）我如果做出错误决策，我得忍受非常巨大的精神折磨。

（27）世界经济史是一部基于假象和谎言的连续剧，要及时参与、及时退出。（攻击时攻击，防守时防守）

（28）流行的偏见和主导的潮流互相强化，才极可能发生暴涨暴跌现象。

（29）数学不能控制金融市场，而心理因素才是控制市场的关键。（价格来自买卖，买卖来自人性）

（30）阳光之下，没有新鲜事。（波动是永远的议题）

（31）一旦你完全掌握趋势（前提），你就能够解决许多问题，并决定股票仓位。

（32）仅介入交易流动性高的股票，避免介入那些运动缓慢、成交稀少的股票。（绝对条件）

（33）市场趋势不明显时，宁可在场外观望。（等待极端情景是重要的自由）

（34）只有业绩好的个股，才会有较强的抗跌性。（好股遇到坏市，也要风控）

（35）图表能反映一切，包括股市或公司股民的总体心理状况。（基本理念）

（36）调整只会让股市更加健康。（回调有撑强化趋势的坚定性）

（37）不要一次性买进，傲慢就是罪过。（试单操作的重要性，不言而喻）

（38）买卖遭损失时，切忌赌徒式加码，以谋求摊低成本。（唯巴菲特之类的投资人可以左侧进场，右侧出场，同时必须特定在成长价值型股票上才能有效，在期货与期权市场不能同等应用）

（39）抱牢成长股，如果它的股价也存在强者恒强走势。（最是期待的价格形态）

（40）最惹人发笑的是：买进和卖出的人都会自认为自己比对方聪明。

（41）你永远也不可能做到了解自己或市场的方方面面。（我们只能尝试去做）

（42）现金流是任何公司的重要健康指标。（绝对条件）

（43）即使公司产品或服务十分出色，如果不善于营销，公司也难以生存。

（44）不要任意随着市场投资人起舞。（让仓位与价格走势具有共振性）

（45）投资股票要切实了解公司经营模式，不可被一些不实数字所蒙骗。

（46）买进真正优秀成长股时，除价格外，还不能忘了时机因素。（择时能力在逻辑化智能操作中体现）

（47）长期而言，好运与倒霉会相抵，想要持续成功，必须靠技能和优异有效的投资原则。（绝对条件）

（48）公司的状况与股票的状况有100%的相关性。（超长周期是如此）

（49）周期性行业股票要在市盈率由低转高时买进，市盈率由高转低时卖出。（切记）

（50）买进有盈利能力企业的股票，在没有极好理由时不要抛掉。（价值投资）

（51）只要用心研究，普通投资者在选股方面的成绩能像华尔街专家一样出色。

（52）不进行研究的投资，就像打扑克从不看牌一样，必然失败。（“韭菜”模型）

（53）最终决定投资者命运的不是市场，而是投资者自己。（笔者所相信的）

（54）炒股要有自信，没有自信就会失败。（能进能退、能攻能守，是为逻辑化智能操作的自信）

（55）机会总在绝望中诞生，在怀疑中成长，在憧憬中成熟，在希望中毁灭。（价值回归模型）

（56）股市赢家法则是：不买落后股，不买平庸股，全心全力锁定领先股。（成长价值领先）

（57）让趋势成为你的朋友。（笔者所用核心逻辑的根本思维）

（58）投资的成功是建立在已有的知识和经验基础上。（前提是策略的有效性）

（59）别人的鞋子不合自己的脚。（核心逻辑的结构化模式）

（60）时机或许无法决定所有事情，但时机可以决定许多事情。（笔者所相信的）

（61）赢家不会赌博，他只会投放于有足够可能获取利润的机会上。（绝对条件）

（62）股票显然是所有追求长期资产增长投资者的首选资产。（懂得利用ETF与套保技术是未来的趋势）

（63）技术指标千变万化，成交量才是真金白银。（短线应用能有最大价值，长线来说就不用）

（64）投资人或许不在乎CEO看小说或醉酒驾车，但他们在乎CEO的欺诈。（酒驾行为就是欺诈）

（65）热爱一只股票原因是股价合理时，还是让别人去热爱它吧。（形态合理）

（66）如果某股票能长期站稳于某价区，那一价区即为合理价位。（极端情景，但仍需趋势确认）

（67）我能躲过灾难，是因为我每次都抛得过早。（逻辑止损）

（68）人们为股市欢呼时果断卖出就是；当没人想要时敢于买进就对了。（贪婪与恐惧的应用技术）

（69）谁要是说自己总能够买在最低、卖在最高，那准是在撒谎。（极端情景也做不到）

（70）别希望自己每次都正确，如果犯了错，越快止损越好。（逻辑止损、量化止损）

（71）谁活得最久，才活得最逍遥，才赚得最自在。（逻辑化的客观能力）

（72）他们不是被市场打败的，是被自己打败的。（逻辑化智能交易的重要性）

（73）作为投资者，肯定有些股票会让人赔得刻骨铭心。

（74）一个人必须理解理性和感性在交替影响市场时的相互作用。（理性必须远远大于感性）

（75）崩盘通常以暴涨为前导，而暴涨都以崩盘收尾，一再重复。（趋势不变论，相对地，暴跌也常以暴涨收尾）

（76）病人不是死于疾病，而是死于人们给他的药。（其实风险不可怕）

（77）当价格开始上扬时，这档股票的交易额越小，情况越乐观。（强者恒强）

（78）任何一个软件顶多只和它的程序设计者一样聪明。（逻辑化操作也

是，但是智能能力不同，就会产生不同结果）

（79）货币之于证券市场，就像氧气之于呼吸，汽油之于引擎。（资金流向）

（80）价格密集盘整之后的突破，通常是值得冒险的交易机会。（极端情景）

（81）股票价格不会高到让你不能买进，也不会低到不能卖出。（逻辑化操作）

（82）在长达80年的交易中，我至少学到一点：投机是一种艺术，而不是科学。

（83）股市谣言最多，每听谣言就买进或卖出，那么钱再多，也不够赔。（前提是重仓操作）

（84）每日盯牢经济与股市行情的变动，必须是自己下功夫研究。

（85）投资心境必须和乌龟一样，慢慢观察，谨慎买卖。（耐心、耐力、耐性）

（86）不要以为股市会永远涨个不停，而且要以自有资金操作。

（87）每一次机会只吃八分饱。（吃“鱼身”，能有八分也是厉害）

（88）股票应是高买，更高卖。是强者更强，也是弱者更弱。（斜率陡峭度）

（89）在我买入之前，我就知道该何时退出了。（逻辑止损与量化止损）

（90）不要一看到报纸、杂志刊出什么利多题材，就一头栽进去。（趋势确认）

（91）意外随时会发生，风险永远会存在。（波动就是机会）

能够牢记并且实践这9个人的91条智慧，投资人应该就有保护自己、长期理财的能力，笔者也是一样。

三、离开纽约，才能看清楚纽约

从股票、期货与期权交易来说，如果投资人做好趋势判断、资金管理、风险配置这三部分的交易策略设定，并且严格执行，就是做到知行合一的最高地步，那么投资绩效就不应该变差才对。本书也是着重在解决趋势判断系统、资金管理系统与风险配置系统的基本问题上做些努力，让三者合而为一。在投资人学习这些能力时，照理说应该到最负盛名的地方，例如上海、伦敦、法兰克福，甚至是纽约华尔街那些地方，但是笔者却不这么想，在网络通信不发达时代或该如此，但是现在网络信息传递如此快速，到纽约去学交易的意义已经不大，有的只是热闹气氛。笔者不是否定这些金融重镇，而是期待投资人能重新思考一些投资人没有注意到的细节。

笔者认为最有趣的事情是，巴菲特、索罗斯、达利欧（桥水基金）三个当今金融市场最值得学习的人，都不是长年住在纽约，索罗斯可能有较多时间待在纽约。意思是说，从他们的角度看，与纽约保持距离才能看清纽约，就像是离上海远一点才能看清上海，在这个信息如此发达的时代中，信息落差不会太多，也不会太久，许多网站随时可以看到行业新闻报道，例如华尔街见闻、CTA基金网、和讯网、七禾网、私募排排网、期货日报网、期货资管网、期货实战排排网、新浪微博、腾讯、金融界、中国证券网、雪球、东方财富网（上市公司财务报表）、百度、新浪、第一财经、证券时报、央视网、新华网、万得资讯、凤凰网等，至于国外部分例如华尔街日报中文网、FT中文网、BBC中文网、CNBC、CNN、Barclay Hedge、Altegris、Fin Alternatives、Market Watch、Yahoo、商业周刊、日本经济新闻，还有各类型APP资讯信息量相当庞大，足够投资人收集资料并且加以研究。因此巴菲特他们的选择是正确的，笔者如此认为。

这些人都值得我们从其逻辑化智能操作经验中得到有用智慧，先加以模仿，再从中超越，也就是先模仿、后超越。投资人每天进行自我训练与自我超越，才是我们作为交易者快乐交易、交易快乐的意义吧？期待投资人能够多加思考与应用。笔者认为靠交易生活是可行的，在全世界各地已经有很多独立操盘人，在中国市场未来也应该会有许多这种人出现的，只是要具备资产管理能力与愿意付出辛劳，以中国人的智慧，没有不成的道理，除非投资人是个懒惰之人，因此，可能不是所有想成为独立操盘人的投资人都愿意付出比别人辛苦的努力，但那是一个基本条件。

就笔者在股票市场的认知与失败经验，很清楚地理解到，要能长期稳定获利，尤其是股票的IPO市场、二级市场交易，劳力与脑力的付出是辛苦的。期货市场的门槛更高，虽然看似只要低买高卖的操作，但期货市场的心理素质要求比股票市场高许多，技术能力更是不在话下，在期货市场以团体战才是硬道理。

在股票市场必须收集更多的市场公开讯息，并且巨细靡遗地合理解读，同时对资金做好风险控制，例如有效率地分散投资组合等，就是股票基金经理人重要的工作。这个程序是逻辑化操作的一环，它可以整理出“判断、推断、果断”的流程。这个也是程序交易模式，一如把自己变成计算机一样进行该有的、应有的交易流程，那么，从人类而来的程序化交易就有了执行效益，再加上智能操作，如虎添翼般增加求生能力。

与此同时，笔者对2017年以后人工智能发展的未来趋势（VR——Virtual Reality，即虚拟现实）的理解，交易员应该利用人类长期且丰富的市场经验，多层次智慧展现灵活跨度，视听感三觉理性化兼容并蓄，并结合计算机量化处埋能力，交易员的逻辑化智能交易将更加高效化。当交易员具备逻辑化操作能力，才有机会在市场上生存下来，才能与人工智能共享市场机会，而不至于被打败或是被取代，这是交易员的生存问题，也是机会问题，笔者对这点是非常确认的，要不然华尔街高盛投行为何要开除600多名交易员？

那600多名交易员是初级交易员，不是具备决策能力的交易员，也就是说，交易员手上有仓位跟无仓位，持有赚钱仓位与持有赔钱仓位，在操作与心理上差别很大，但对人工智能的机器来说，完全没有差别，只有程序命令的执行与不执行。

对投资人（人类）来说，有了仓位，第一要务是考虑价格的形态、格局，而各种形态有着不同面貌，却都在趋势变化的环节中。其次，以判断趋势的方法来说，笔者这20多年来，经过许多模型的测试，一直感受到斜率就是最有效率的趋势判断工具。它最原本是利用微分与积分的算法，可以得到趋势判断解答，后来使用坐标定位追踪方式，作为跟踪斜率的方式，也是很好用。在量化应用上，微积分与坐标定位两个系统算法，值得量化趋势追踪的投资人、交易员、投资经理思考研究，尤其在把本书所讲述的核心逻辑进行量化编程时，就要用微积分与坐标定位模式来编写代码，当然了，在对形态编程时，图像识别技术也是必要的。

四、斜率来自什么原理或是逻辑

斜率是什么？逻辑上，投资人只要在本书所提基础上，再进一步了解斜率在数学、物理上的基本意义即可，不需要像数学家或物理学家那样运用斜率原理。数学可能会有些无聊，但其实它真的很有趣，而且对操盘人而言，可以说是大补丸。如果投资人对微积分有兴趣，请参考看看，它跟斜率操作法有直接关系。

斜率的用意是什么？先看图1-2-1，A点与B点告诉投资人，若从A点移动到B点，需要一段长度的距离，所花的力气就会是斜率大小，从图上说明，需要0.667的力气。这个数字越大，市场所要花的力量就越大，从价量分析角度来说，市场主力控盘所要花的资金、买进筹码拉抬价格的金额就越大。当筹码被锁住时，主力要花的力气就越小，当然为了锁住停板，也要有更大的力量支持才是，这也是为何投资人对筹码计算那么在意的原因。

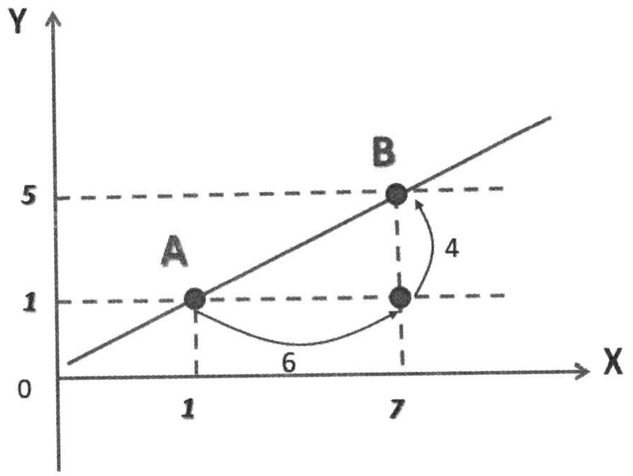

A与B的斜率
=（5-1）/（7-1）=4/6=2/3≈0.667

图1-2-1　斜率表示从点到点的变化

价格的变化是曲线关系，它不会是单一直线状态，因此需要理解的是，在价格变化过程中，微积分告诉投资人，可以使用切线把价格变化曲线切成一小块、一小块，这样就可以计算这个曲线的面积与体积了。在高频交易方面，微积分绝对是重要的狠角色，文艺复兴公司的西蒙斯肯定使用着微积分计算价格的微波运动形态与力道变化，在极高速度中赚取差价。但听说近年来西蒙斯已经不再靠高频交易赚钱，不知是真是假。在高频交易被禁止后，这个可能性是有的，只是私募市场的获利策略一向神秘，所以只能是投资经理们茶余饭后的话题罢了。

如果以微分方式解读价格变化，尤其是股票价格，牵涉到多数财务报表参数，如EPS成长、毛利率成长、营收成长、股本大小、话题性等，所以计算价格变化的函数次方就会跟着增加。

例如图1-2-2，价格斜率变化等于a、b、c、d、e、f、g这七个点的变化，由图像的斜率演变过程，投资人可以看到，不论是股票价格，或是期货价格，在上涨或是下跌时，其实从微积分的面积，或是体积的计算都可以发现细微变化。从这里，投资人可以看到交易机会与获利模式，尤其是理解市场价格变动模式、价格切换过程与高低演化，这两张图至为重要。

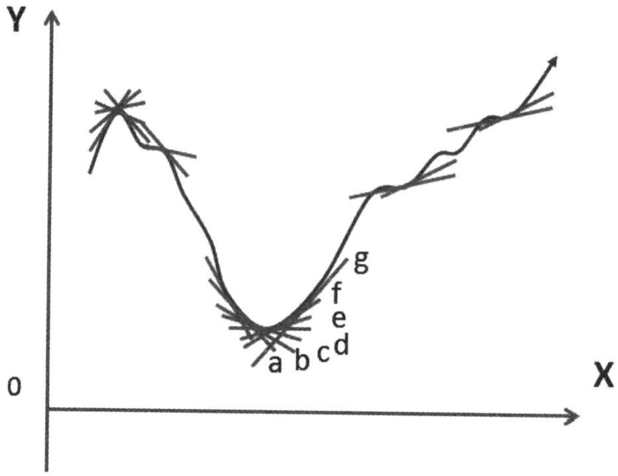

图1-2-2　斜率对方向进行切割

再从市场价格变化来看斜率操作法的应用原理。概括讲，判断市场价格涨跌的模式有很多种，投资人可以使用基本分析法、技术分析法、市场心理分析法、资产配置法等模式，但其根本问题在于，投资人需要了解目前市场的趋势在哪里。趋势的判断通常以价格为基础，换句话说，上述的分析法绝大多数都是以价格为主，甚至基本分析法也脱离不了使用到数字（价格）分析。

投资人应该非常清楚，市场价格变化来自所有市场投资人的进场与出场操作结果，意思是说，价格本身极大地带有投资人交易情绪，而且这个情绪的变化会因时、因地、因人、因环境、因其他，等等变因而有所变化。归结而言，投资人的操作行为就是买进与卖出两种结果。

在市场情绪过度反应后，经常性地出现价值回归现象，这表明乖离代表的投资人情绪回转到平均线后，才会重新寻找新的方向，这个回归模式因此就显得重

要许多。

如果投资人要认识清楚价格的基本模式，可以看图1-2-3市场情绪归结点。中间位置的粗黑线，代表市场价格走势，一般来说，投资人大都习惯于K线图，然而市场价格每天在收盘时呈现的趋势变化就像中间位置的线图走势，事实上，以中间价，也就是（最高价+最低价）/2来看市场趋势是最好的。也就是说，市场上投资人买进与卖出操作，从结果论来说，就是循着这线图的走法在波动。如果价格在短时间内向上波动过大，就会来到空方压境位置，这时已经获利的卖压将会出笼，原本空手、在寻找做空机会的投资人也可能会在这个位置上放空；相对地，市场价格来到多方撑盘位置，那些准备买进的投资人可能会进场做多。

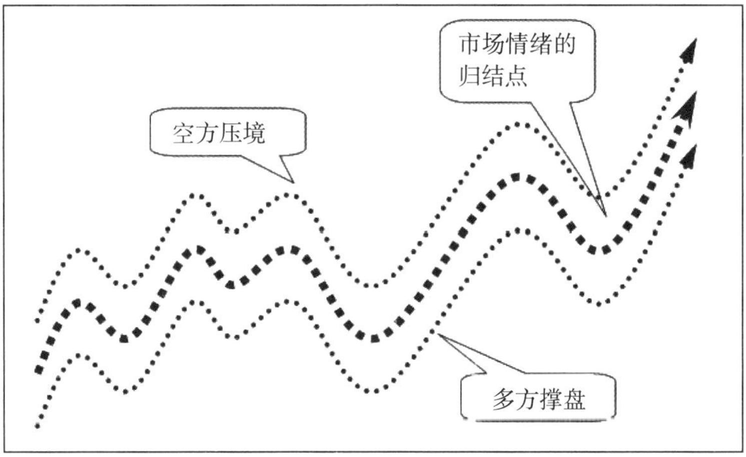

图1-2-3　市场情绪归结点

这是市场基本原理，投资人必须承认这个结果（价格走向）不容易被改变。万一这个均值回归模式（现象）被打破，轻则全球金融市场的交易逻辑将要完全改观，这是相当可怕的事情，那些在市场上赚取价差维生的交易员将会失业；重则大家都要重新学习，过去的经验已经不再适用。总之，价格波动随着趋势上涨或是下跌产生价差是市场的根本。

再从图1-2-4与图1-2-5布林通道解释市场在1个标准差到2个标准差之间波动，这个通道一直是持续有效的，当然，投资人偶尔也会看到价格会出现高于2个标准差或是低于2个标准差的现象，但基本上维持不了太久，如果真的在2个标准差之上或之下移动的话，那便是一个趋势性非常强烈的走势，投资人不能忽视这样的机会，那将有一个令人难忘的结果。

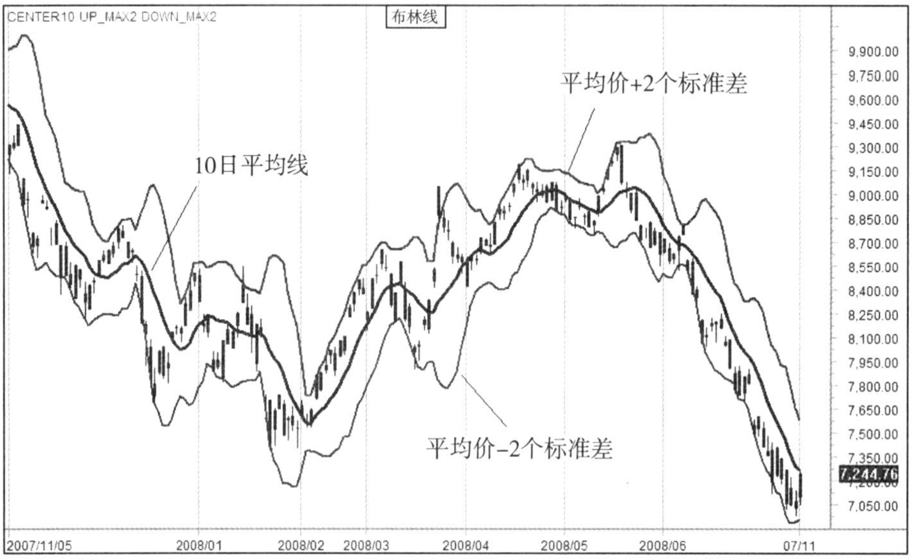

图1-2-4　布林通道（某一股价指数走势）

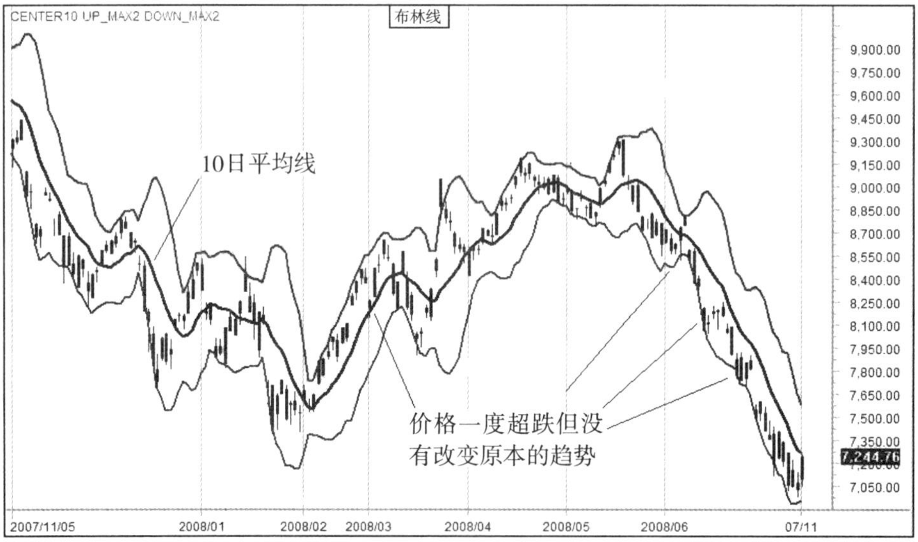

图1-2-5　布林通道——过度反应之后再循原来趋势前进

在图1-2-6中，投资人可以看到价格上涨与下跌过程没有脱离它原有的轨道，这个轨道以10日平均线为中心轴，沿着10日平均线的运行，让人清楚看到趋势，但在笔者认识的交易员当中，能享受到趋势跟踪乐趣的，并没有几个人。主要是他们相信复杂的逻辑，他们非常自信于自己的聪明，同时，他们对别人的经验是看过去就好而漠视不管，只想看、只想用、只会做他们自己想要的、想用的、想做的，不是真心地想要赚钱。简单讲，就是说一套、做一套，这个跟他们生活在什么环境下长大成人并没有关系。所以，在投资人要认识清楚趋势走向时，必须放弃自我，接受市场价格所展示出来的客观事实。笔者认为，这是对交易员的一种能力要求。

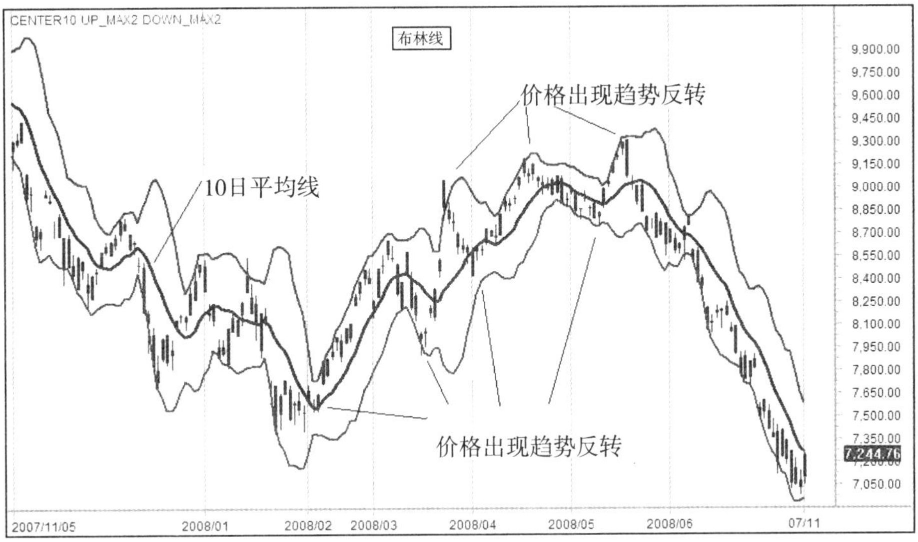

图1-2-6　布林通道——过度反应之后产生趋势反转

五、斜率呈现方向与速度（强弱度）

从上述结果，再从交易获利目的的角度观察，斜率代表市场趋势变化的方向性与速度性，它由一条平均线（可以是任何一条5日到20日的平均线，或者投资人所喜好的参数线也可以）量测所形成。若使用更多参数或是指标，可以形成一种交易系统，但可能不适用资金量较小的投资人。投资人务必理解，资金量大与小，交易操作模式是不一样的，尤其在加码与减码的布局上，更有不同的思维与模式。但可以放心的是，外资或法人机构也要遵循低买高卖这一条无人可以改变的真理。

接下来，笔者讲一下斜率操作模式的定义与使用。

1. 方向性

（1）正斜率。代表市场偏多格局，或许价格有回调现象，但向上波动趋势没有改变。如果趋势改变，向上斜率也将随后依循趋势改变的幅度而改变，这时正斜率将变成负斜率。搭配趋势线观察斜率变化，如果仍然在底部垫高状态，投资人甚至可以判断目前的负斜率其实只是向上趋势的调整浪而已。

（2）负斜率。代表市场偏空格局，或许价格有反弹现象，但向下波动趋势没有改变，而当趋势改变，向下斜率也将随后依循趋势改变的幅度而改变，这时负斜率将变成正斜率。相对地，若搭配趋势线观察斜率变化，仍然在头部降低状态的话，投资人甚至可以判断目前的正斜率其实只是向下趋势的反弹而已。

价格上涨与下跌的循环在不断的行进过程中，慢慢呈现市场原本该有的，或说是市场的趋势所要行进的方向。笔者经常听到一种声音，就是市场波动的声音，这个声音可能因为投资人不想听到而显得很微弱，但是只要投资人愿意倾听，必然可以寻求得到，投资人会发现那个声音很大，也不断地在投资人耳边诉说着市场的趋势（声音）。倾听市场的声音，让我们知道如何面对市场永远不停止的波动。

2. 速度性

斜率陡峭：如图1-2-7斜率在45度向上波动，这是斜率陡峭现象。陡峭的斜

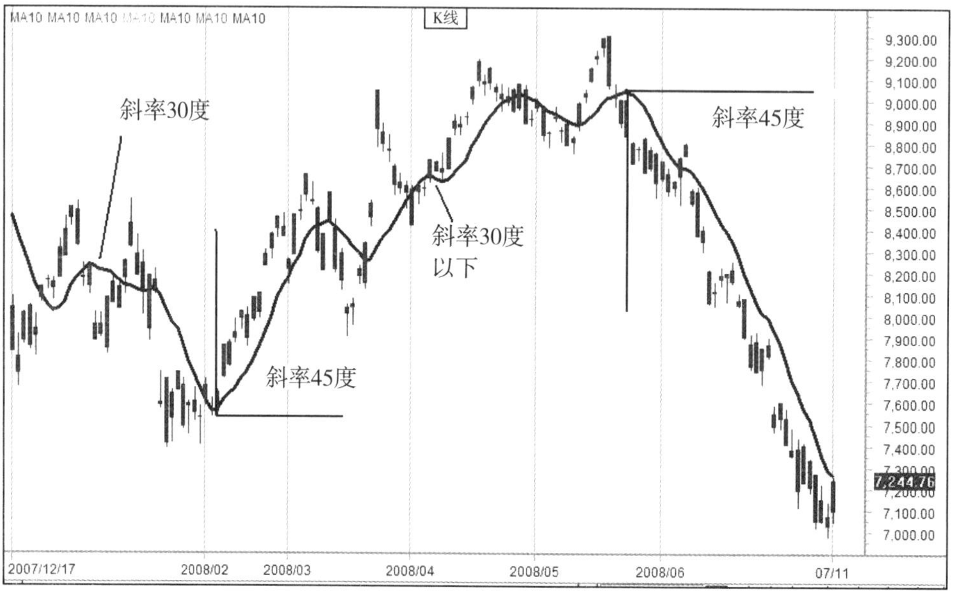

图1-2-7　市场趋势——斜率的原理

率表示市场出现较为急速的上涨声音，就在投资人听到此声音同时，应该是持续保着多单的时候。相对地，如果是45度向下波动，就应该持有空单，或是不做多，直到斜率改变方向，也就是趋势有了改变。

3. 斜率变平坦

同样逻辑下，当斜率不再陡峭，而是以较为平坦的方式进行波动，或是说出现箱形整理，显示市场价格已经出现疲乏，没有大幅波动的动能，因此不管是上涨或是下跌，只要市场价格呈现大幅波动，那么你就有得到更大获利的机会（当然，也可能赔钱）。在斜率偏向平坦格局时，投资人必须了解操作的策略要如何因应。对此的解答有：第一是短线操作，因为平坦，所以波动频率（次数）会增加，有赚就跑是最好策略；第二要减码操作，通常大仓位不容易移动，这是缺点。如果发现斜率走平了，在没有持股的时候，就不要急着进场操作，等待市场出现机会（极端情景），也是来得及的。若是频繁操作，在价格来回快速波动中容易产生亏损，减码操作才能让投资人在兼顾获利与风险管理上得到优化的机会。

到此处，投资人应该可以理解，斜率上勾代表趋势向上，而斜率向下也就代表趋势走弱，同时，其斜率的陡峭程度就代表趋势的强弱程度，以及具有什么样的市场意义。这是非常重要的趋势定义与客观存在。斜率可以同时表达或是同步描述市场价格的方向与速度，这样的工具是其他变化因子所没有的。

再说一次，**斜率同步表达任何价格、数字统计的方向与速度**。**就是说，斜率偏向是价格趋势方向，斜率角度是价格强弱程度**。

不知道正在阅读本书的投资人，是否理解到价格趋势的辨识模式？当投资人对趋势有所理解之后，必须寻找极端情景，进行交易，建立仓位，而乖离程度便是判断极端情景的重要工具。这个极端情景的截取能力是趋势追踪的重中之重，但许多初级交易员不敢建仓，显示他们在学校里逻辑训练的先天不足，加上在学习交易时的不够努力（交易时间太短、次数太少），导致无法正确应用本书所提的核心逻辑中极端情景的截取能力。

在图1-2-8中，乖离持续扩大，同时出现不创新低价（或新高价），而且乖离由扩大转为收敛模式，是判断极端情景的基础。

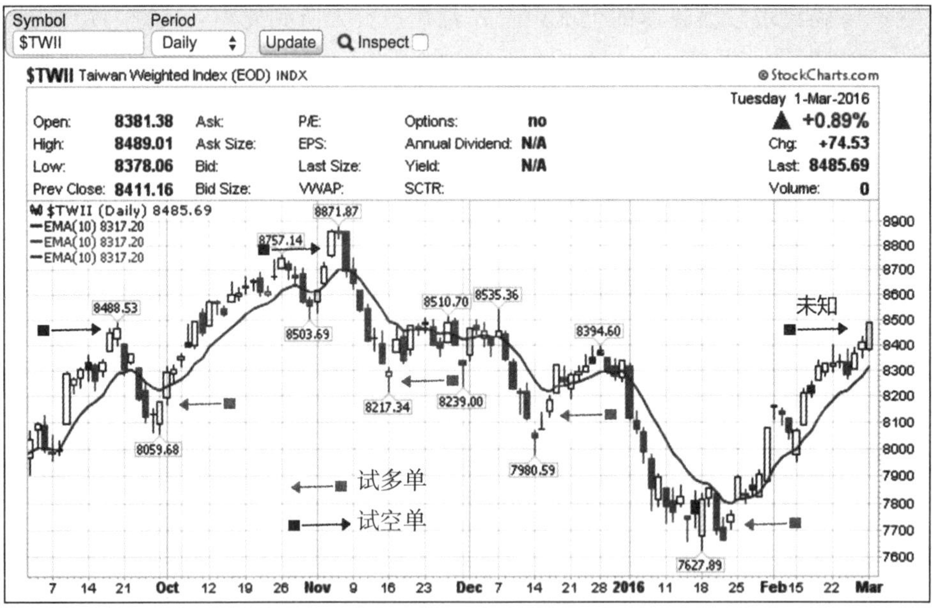

图1-2-8　极端情景：台湾加权股价指数

当投资人看到出现这种现象，即极端情景时，就可以进行试单动作。所谓试单，重点在于建立初始仓位，如果方向对了就继续加码，如果错了，理所当然要执行止损，而止损操作方式因人而异，但离不开获利止损与亏钱止损，后续文章会说明。

另外，在执行交易时，一般投资人会去注意支撑与压力位置，因为投资人可以从支撑与压力变化看到市场心理变化。例如在市场价格来到某整数关卡时，常常会有一定程度的支撑现象，或者是压力现象，同时投资人会发现，过去的压力会是未来的支撑，而过去的支撑会是未来的压力。

然而投资人必须注意一点，很多交易员因为学了支撑与压力知识，想知道市场情绪的突破点，但常有的情况是，市场情绪在过度反应下完成一段走势后，才会出现转折。因此，所谓的支撑与压力是相对的，当市场出现强者恒强时，所有的压力几乎都没有意义；同时当市场呈现弱者恒弱时，所有的支撑也常常不具有意义，笔者把这个工具放在核心逻辑的第七位，就是这个道理。这样的认知，建议投资人严肃看待。

以上笔者说明的是一个交易在初始阶段，投资人将会面对之情景分析。这个过程就是逻辑化操作、智能化操作的基础，强烈建议投资人要完全领会，从判断极端情景的出现开始建立仓位。而这些逻辑是由笔者这么多年的交易经验汇集而成的。从20世纪90年代开始，到2017年，外资每年还是赚走大把银子，笔者也曾是其中的被收割者，同时是受惠者，多年来的经验对笔者而言实属有趣，更可以说，每写一本书都是“分享就是收获”的结果，笔者怀着感谢的心，希望投资人都能吸收，并且对在市场上买卖股票、交易期货、操作期权交易都能有功效、有助益。还是那个期待，希望投资人能够快乐交易、交易快乐。

接下来，更详细地说明七个核心逻辑设计的思维所在。而当笔者在书中提及核心逻辑这四个字，通常就是指这七个逻辑结合起来的交易策略，或称为交易模式，是一种比量化交易黑箱更透明、更贴近人性的交易思维与技巧。虽然这七个核心逻辑看似每一个都很简单，容易被理解，但是就核心逻辑的量化部分，笔者已经可以完全地做到，之所以能做到，不是把七个逻辑写到程序里面就可以的，而是还有其他的配套策略，这部分不是本书的目的，因此省略不讲了。

六、核心逻辑：正确认识、程序思考、完全驾驭

（1）仓位。建立仓位前与建立后的操作，是从零到多数仓位的过程，从一般投资人的角度来说，就是买进与卖出；资金多一点的，会运用加码与减码进行操作，难度较高些。建立仓位后没有强势格局（不论多空），形成有利的优势赚钱仓位，此时投资人应该要考虑如何控制风险，只有获利状态的仓位才是投资人追求的，唯此无他。

（2）形态。不同价格形态中，多空力量压缩结果形成进场机会，这个机会在于价格波动不断挤压结果，当一方力量大到一定程度，市场趋势就比较容易出现，让投资人有操作可能。不同形态的价格走势都有其趋势收敛的模式，尤其在收敛格局之时，再加上对成交量（日内交易操作才使用）的配合判断，会加强趋势的可能性。

（3）斜率。以10日EMA作为价格走势方向，斜率向上偏多，斜率向下偏空，并且斜率的陡峭程度，表示价格运动模式的强弱，如果越陡峭表示越强势向下或向上。一条EMA是简单的，但是它所代表的是市场多空方向辨识能力，并可以彰显市场当前趋势的强弱度，这是每个投资人梦寐以求的极佳交易工具，投资人岂可不加以应用？请投资人再观察图1-2-9，从加权指数、上证指数与恒生指数波动率比较来看，投资人应该可以看到2014年5月之后，上证指数、深证指数、创业板指数、中小板指数的斜率，出现比恒生指数、加权指数还要陡峭的状态，这就是信号。

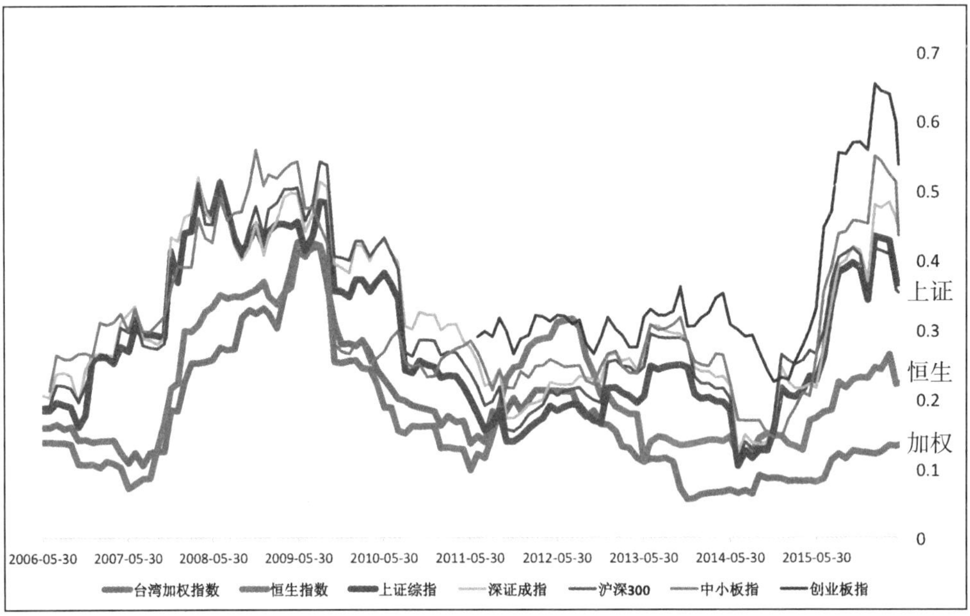

图1-2-9　加权指数、上证指数与恒生指数波动率比较图

（4）乖离。是市场过度反应的结果，在斜率之下代表做多机会，在斜率之上代表做空机会。乖离收敛则进一步显示价格方向的转变，因此，在各个条件（形态、斜率、乖离）越来越完整偏向试多单机会，则应立即建立仓位，并且跟踪价格变化是否有利。相反地，试空单也是一样的操作逻辑，只是方向相反而已。

（5）试单。看到机会后，建立仓位的操作进程，以风险最低方式进行，通常是1手股票、1手期货，或是1手期权仓位。这个仓位决定了投资人未来一段时间的交易模式，越能建立好的仓位、优势仓位，投资人的交易优势就越大。投资人一定要记住，试单就是以最少的风险去获取机会，许多交易员一开始都怕赔钱，而无法在适当位置下单，也就失去了机会，从事后来看，常常是错失了大好机会。有些交易员为了面子，始终不愿承认自己的失误，绕了好久的弯路。期待投资人不要常态性地犯相同的错误，所谓“愚者不认错、明者能识错、智者少犯错”，笔者愿和投资人一起努力。

（6）止损。概括说，可以分为逻辑止损与量化止损两种。也可以使用本波低点止损（试多单）、高点止损（试空单），或是前一波低点止损、前一波高点止损，如果本波低点或高点止损幅度太大，投资人无法接受，可以把本波低点与前波低点相加除以2，就是取其平均值。也可以把进场点与相应低点（本波或前波）相加除以2取平均值。在获利前提下，可以使用移动止损，这个模式在2003年笔者出版的拙作《交易，简单最好》中已经提出，投资人有兴趣可以参考看看。逻辑止损部分，投资人可以理解为：当建立多头仓位后，没有持续强者恒强走势，就是进场逻辑可能已经改变了，这是逻辑止损的必要条件。相对地，如果持有空单仓位时，在出现空单逻辑不再持续的情况，应该作为减码或出场的理由，这就是逻辑止损的核心思维。

（7）撑压。过去的压力与支撑，是未来的支撑与压力来源，这个逻辑是道琼斯理论的根本思维，也是许多投资人经常使用的，纳入本书的核心逻辑中，主要是支撑与压力在价格形态辨识上也有很好的作用；同时，在强者恒强过程中，所有压力点（线）都不是压力，相对地，在弱者恒弱过程中，所有支撑点（线）都不是支撑。这个模式在价格趋势辨识上也有很重要的意义。请投资人看一下图1-2-9，A股、香港、台湾的股票市场，其趋势性相当的明显，在投资人判断支撑与压力时，应该可以理解什么是在强者恒强过程中，所有压力点（线）都不是压力，相对地，在弱者恒弱过程中，所有支撑点（线）都不是支撑的景象。

以上，投资人看到的（1）到（7）是笔者把实盘交易上的重点整理出来的部分，也是投资人逻辑化交易的必要知识。投资人一定要不厌其烦地在每一个节点上，做到完全理解，才能正确认识、程序思考、完全驾驭这些看似可以分别使用的逻辑。事实上，只有正确地整合运用每一个逻辑，完全驾驭逻辑之间的关系、功能时，处理好价格与投资人之间的智能关系，利用逻辑的有效性，加上交易者的智慧力，投资人才真正体会到交易的快乐。笔者是这么想的，也是这么在交易，由此，才感觉到交易对财务自由的意义。

七、操作上的反向机会

在这个核心逻辑的结构中，投资人利用核心逻辑进行日内交易、隔日交易时，常常会遇到以做多逻辑进场，等到这个多头趋势完成了，再去看下一个做空逻辑的时候，已经失去了最佳进场机会。例如，做多时市场也上涨了，在逻辑上，必须在上涨无力、没有持续出现强者恒强、在高位震荡一些时间（依据交易周期而定）等情景发生时，投资人才会把获利多单平掉，就是执行获利了结动作。此时，常常会遇到行情已经出现一段下跌走势，做空的试空单机会早就已经跑掉了，失去了最佳做空机会，等于投资人被逼着去做追空操作，这个被迫追空动作就容易在上涨趋势中，变成一种逆势操作的行为，而这种模式就会使得原本获利部分又吐回去。

如何解决这样的窘境？

在操作思维上：

（1）一段上涨行情之后，必然会出现另一种趋势，就是震荡与下跌。这是投资人在短线交易，或是长线价值投资时遇到的基本情景。因此在平掉多单时，能否反向做空，就考验投资人的敏感度，以及建立空单仓位的胆识。这需要投资人经过许多磨炼后，才会有的体会与能力。当然，不是一定要去做反向操作，因为机会常常有，没有必要每一次的趋势都要参与，等待下一个机会就是。

（2）波动率的大小决定操作的难易度。例如过去3年当中，上证指数年化波动率在10%～45%，而台湾在5%～15%，想当然地，投资人会喜欢交易A股市场股票，而不希望看到没有趋势性的台湾市场。当然，不是每一个人都有机会去台湾交易股票，而在A股交易的投资人，看住波动率大小，有助于投资人拿捏机会。

（3）长线对待波动是如此，短线操作更加需要短线大幅波动，才有机会进行操作，也才有利可图。因此在选择交易标的时，除了波动率之外，还要注意波动幅度大小。例如高价股容易覆盖交易成本，也最适合短线操作。

（4）不得不承认，在散户市场波动率比较大，而在法人市场，例如东京市场、香港恒生市场比较容易出现跳空现象而不易操作，但是有时候法人市场的趋势性明显，也是一种优势。

在实盘操作上：

（1）当多单形成优势仓位时，就是在获利状态下，投资人在没有获利出场前，就要思考如何进行反向操作。例如，做多获利，就要思考如何在做空机会出现时，能有效地建立做空仓位。

（2）在实际操作中，投资人可以放弃一部分多头利益，提早出场，准备应对下一个趋势的来临。最直接的方式就是锁单操作，很多投资人在双向操作策略上，操作结果并不好，就不断地去说双向策略是不赚钱的，而说的人多了，初学者看到这样的论述也就相信了，这是最坏的状态，对懂得双向操作（锁单）的交易员则是一大福音，因为这个市场的“韭菜”就多了。

（3）投资人可以使用的操作策略是进行获利锁单模式，就是多单获利状态下，在出现做空机会，但是又没有把多单获利出场，可以另外建立空单仓位进行所谓的获利锁单。但是，投资人绝对不要做亏损锁单，那是完全没有意义的操作，很多人对锁单的误解就是来自亏损锁单的愚昧行为。

（4）如果投资人懂得期权策略，可以更进一步利用期权来进行或者说把握反向机会，如上面提到的做多获利了，那么可以利用期权的买进看跌期权进行操作；相对地，做空获利则是利用买进看涨期权来操作反向机会，这在笔者的经验中是很好的机会模式。

（5）这些操作的问题点在于投资人是否可以专注地做交易，如果投资人是上班族，那么这种操作手法就要应用在日线模式上。这种较为长线的操作对于投资人策略能力、交易能力要求更高，所以股票市场的投资人大部分都是赔钱出场。

（6）一般人对于双向操作的驾驭能力较低，主要原因是没有逻辑化智能操作模式配搭。例如在主观上没有成熟策略协助时，投资人的交易能力相对低下，甚至没有交易优势，同时交易系统也比较混乱，当然更不容易执行双向操作。而本书的核心逻辑可以帮助投资人形成一套较为完整的交易模式，利用这个交易模式，投资人应该可以做到双向操作才是。如果加上期权的灵活策略，更是有利于投资人的策略性操作。

（7）投资人可以想象一下做市商双向仓位策略、外资仓位调整策略、CTA基金的多空策略等，都是一样的模式在运作。那么，投资人就会懂得为何法人机构可以做到比较稳定地获利，而散户就只能是永远被“割韭菜”的命运。其差别在于执行交易买卖时，是否具备逻辑化的、完整性较高的交易系统模式。

再次请投资人注意，在资产管理上，从股票投资角度是买进持有、加码、减码、出脱股票；从期货角度是开仓、加仓、减仓、平仓；从期权角度思考，是试单、加码、减码、轻仓。期权市场是轻仓操作，不同市场有微妙的差异，同时如果投资人的资金大，操作模式还要再努力精进。强烈建议投资人一定要融会贯通这七个逻辑，依照逻辑要求与条件成立与否，进行整体性、整合性的仓位交易、操作。

第三章

逻辑化交易的核心技巧

一、逻辑化交易的期权配搭模式

目前笔者在成都生活、工作。近年来古装电视剧的质感越来越好，可以说不输给日本的大河剧，而央视拍摄的各类节目如《舌尖上的中国》《航拍中国》等专题纪录片，内容也不输给探索频道、NHK电视台。2015年的电视剧《琅琊榜》，更是绝佳之作，值得一提的是它的剧本是由一个成都上班族撰写的，完全无法想象的联系，也是趣事一件。在剧中有段对话，很值得设计股票、期货交易策略或供使用期权策略的投资人深入思考。

梅长苏对靖王、蒙挚说道："如果我们把成功的机会，都压在对手的选择上，那便是下下之法。"靖王与蒙挚都点了点头。梅长苏微笑着继续说："只有无论对手做出何种选择，我们都有应对之道，那才算是掌控住大局。"蒙挚对此大赞。

这是电视剧《琅琊榜》中的一段对话。笔者把这个策略思维，称之为"梅长苏策略"，意思是说，不知各种情景的对策，如何立于不败之地?

把它用在交易策略设计、期权交易应用上，更是绝佳心法。梅长苏只是用白话文讲了一次，事实上，正所谓"毋恃敌之不来，恃吾有以待之"，在兵法上是如此，在交易上更是完全通用。严格地说，能够如此守正用奇的人，应该可以理解为何要如此思考。

金融市场瞬息万变，股票、期货价格波动有大有小，因此在价格趋势上、期权非线性波动的应用上，这种策略更是投资人必需的技术。当然，价格变动是分分钟钟有趋势，市场情景风云诡谲，期权策略应用使得投资人的交易策略符合成熟的交易思维，方能尽其功、得其利。能够利用期权进行交易，那是较高级别的操作能力。但是，在本书中，笔者想要分享的是以股票操作为主的逻辑化智能操作模式，当然，如果投资人把核心逻辑应用到期货市场也是可以的。

因此，建立仓位之前应充分了解股票、期货的基础知识和各种交易策略，最好是通过模拟交易熟悉市场交易规则和市场特性，并且明确设定交易目的。例如是避险，是投机，还是什么都不是的赌气式的买卖？同时，投资人更要根据自己的专业知识、持有仓位、预期报酬、风险承受能力、杠杆倍数等条件的组合，形成较高优势仓位，在此基础上制定出来的相对应的操作体系、操作逻辑，才是一个专业投资人该有的交易模式。

想成为一个全方位交易员，不仅股票、期货交易要懂，期权市场的交易经验也很重要。就交易策略能力而言，虽然本书没有讲到期权部分，但为了将来投资人学习期权交易做准备，笔者就利用以下几点说明期权操作经验，也是建议投资人要学习完成的期权交易能力：

（1）坚守纪律，如果想赔钱就让急躁、犹豫、迟钝、贪婪、恐惧等情绪干扰你的交易计划吧！笔者相信如此很快就会破产的。在自己拟定的交易策略上，要完全地坚守住，直到市场情景改变，那么，你的策略才随之改变。

（2）想清楚，买方怕低波动率造成时间流逝，最喜欢高波动率的快速行情；相对地，卖方怕高波动率带来快速行情，最喜欢低波动率造成的时间流逝。

（3）有人说在交易上要严守机密，不让别人知道你的交易策略，笔者认为这是弱者的交易模式。如果你的交易策略是随着市场趋势而变动的，那么你要害怕的是市场趋势已经转向，但你的仓位还在硬扛着，尤其期权卖方。

（4）我们必须在所有可以运用的时间内，好好利用模拟交易积累交易经验和赚钱习惯，这种免费又有效的工具，建议投资人好好利用，不然，赔了钱也不奇怪。有人认为模拟交易是浪费时间，但是，模拟交易都无法做好，又怎么能在市场交易中获利？如何能寄望一个没有任何训练的人可以上场打胜仗？这种努力都不愿意付出的人，实在难以相信他能做到稳定获利，更难以委托资金给他管理！

（5）期权策略是投资人依据市场变化所个别拟定的交易策略，并进行资金配置，每个交易标的资金在2%～3%，单一商品也不会超过5%才是最好。

（6）期权波动较大，需要一个合宜又果断的止损模式。这是很多人难以做到的，包括法人机构和笔者自己。但是，我们不会因此而放弃努力，成为这样的操盘人。

（7）如果投资人的仓位较大，在分批调整仓位上，必须下足功夫。尤其是法人机构可能只是以期权进行避险操作，但也不能轻忽仓位调整的重要性。相对于分批调整仓位，在下单方式上也不能一次性地建立大仓位，笔者知道有些大户会有爽快下单的优越感，然而不管是小资金，还是大资金，都应该慢慢建立仓位才是。

（8）交易策略再好，只要不是顺势单，那么再多的钱也是不够赔的。意思是说，交易仓位的获利性来自看对方向同时做对方向。

（9）在市场出现明显特定事件时，可以利用期权策略来抢得先机，又可控制风险。例如，台湾的大选期间就是最好的例子，因为不确定性太高，大涨或大跌可能性都有，这时候就是买方策略发挥战斗力的好机会。

（10）利用隐含波动率的高估与低估是法人机构的优势，而投资人不必太忧心，隐含波动率还是要服从价格的转折点，若时机点不对，高估与低估一样无效于仓位的获利性，这就是：时机+策略=获利。

（11）时机的应用除了在于趋势辨识（本书重点之一）之外，还有速度的认定（本书讲述的斜率），主要方法是从斜率的陡峭程度来看。例如正斜率10度角，肯定比正斜率60度角来得缓和，就是上涨速度慢，如果市场价格以60度角甚至更陡峭的角度上涨，那么，投资人的买方多单就会是很好的，时间价值递减效应弱，因为获利幅度可以完全抵销时间价值递减的负面部分。

（12）做期权交易员要有天生对数字的敏感性，但更需要大量训练，像钢琴家、运动员一样。白天做交易，晚上要看非常多的市场数字、K线图，如此周而复始很长一段时间，才会开始慢慢进入市场核心，才能建构自己的交易系统。

（13）具备抗失败能力，对任何领域（股票、期货、期权）的交易员来说，尤其是对期权交易员来说，这是难得的。最好不要在交易前想能赚多少钱，应该思考自己能赔掉多少钱，而且那笔钱是不会伤筋动骨的。然后，把愿意投入的资金与可接受的风险金额比例计算后，进入市场交易。当然，事先已经想好如何获利，将执行模式为何、可能的机会与损失都已经确定的话，就不会混乱、失控，这样的信心容易产生战斗力，获利能力也就是在此基础上不断完善的，投资人能够更进一步精进，成为一个有赚钱习惯的交易者。

以上13点，虽说是以期权交易策略为主，但是在核心逻辑的应用上，也是同样的道理。某种程度而言，笔者还期待投资人能够把期权交易也学会，再加上核心逻辑的驾驭能力，必能在交易的世界中悠游自在。

笔者也再次叮咛，逻辑化操作要有纪律性，但更需要灵活性，而期权策略就是弥补了灵活性的需要。期权策略的应用，笔者非常同意李小龙名言：**不怕敌人知道一万招功夫，就怕敌人一个招式练了一万次，因为那会是致命绝招**。各位投资人不要以为本书一开始到目前为止，所说的都是理论而已，那是投资人小看了，要当一个能够稳定执行交易的人，应该具备的条件还很多，大道至简，不是简单无脑，而是一种极简智慧的表现。**十年一剑不足用，一生一剑或成材**。

好了，前面所讲的核心逻辑的智能化操作思维，都还是对基础问题的解决，从现在开始，笔者要再进一步讲述的都是核心逻辑技术、技巧问题，也都是核心逻辑的应用问题，这里就是交易世界的大门了，首先，笔者欢迎各位，经过辛辛苦苦的阅读来到这里，请进吧！

二、持股，如同投资人持有一部车子

若是投资人没持有任何仓位、股票，那么，就像没有开过一辆车子，对于高速公路上的风险自然能够避免。

对投资人而言，股票市场中持有股票与未持有股票，在心态上非常不同。持有股票怕下跌，空手投资人却最希望股票市场跌得四脚朝天。而持有股票后，投资人就会更像是一位车主，把爱车开上路后，就怕有撞车风险，但又希望享受自由驾驶的乐趣。

1. 空手

市场涨跌与投资人无关。但此时，投资人要寻找市场机会，不论是试多单机会，还是试空单机会。在没有持股时，投资人的心态是轻松的，有时候还会希望股市能够多跌一点，好让投资人有低点可以接盘。但是，上升行情是不会等人的，此时投资人也只有望股价不断上涨而兴叹。

同时，如果股价真的跌下来了，投资人却又不想成为接盘侠。这种矛盾心理，是没有经过市场多头与空头循环训练的投资人可想而知的心态，如果现在投资人看着这本书也有相同感受的话，那么投资人要将这本书多读几遍才好。

2. 一单位

这是非常辛苦的操作模式，但也是训练交易逻辑的最好方法。如果一个单位（1股、1张、1手）能操作得好，能够常态性地逮到最大“鱼身”（趋势追踪策略最高境界），那么，在加减码过程中，会有比较好的基础，对资金效益也有极大帮助。建立优势仓位是逻辑化操作非常重要的仓位持有状态。在一个单位量上，投资人应该要用相同的方式处理，例如一个单位可以是1手，也可以是10手，依据投资人的资金量来考量。

3. N单位

例如，出现极端情景，让投资人一开始就有建立仓位机会，也就是复数单位，如2张以上的期权、股票。持有复数单位的仓位，另外一个好处是在市场价格出现不利于持仓方向时，可以灵活地减少仓位，除可以追踪趋势之外，还可以控制风险。如果在一段行情中被迫减码了，那么最后一定要持有一个沿着斜率进行操作的单位，这个仓位很可能就是让投资人吃到完整“鱼身”的机会，当然能够有多数仓位，那就更好了。

在大资金的操作上，我们要依据市场的风险变化，进行合理的风险配置动作，这个配置的比例可以很大，也可以很小，完全看投资人对市场的敏感度而定。一旦风险配比出来了，就不要改变，除非在事前设定好的周期下。例如每个季度做一次调整，或是每一个月进行调整，而那些短线交易的投资经理，可能每周都在调整风险。

还有一种情况，虽是大资金操作，但是在好股票出现下跌时，可以有加码的行为，但这必须是依附在交易逻辑对拐点的判断基础上才能有的操作行为，而且没有真实基本面支持，不能随便大额度加码。

那么，小资金的投资人如何面对市场呢？除了前面的要点外，还要做好风险分配的工作。小资金的风险分配不容易做，但要把握住一个大原则，就是只针对好股票进行操作，或是加码，最忌讳的是跌得越多买得越多，尤其是投资人的资金少，应该没有逢低承接股票的能力。笔者在前面也提到，只有类似巴菲特资金等级的投资人，才能使用左侧进场、右侧出场的模式，而且在期货与期权市场是不能那样操作的。

三、形态，就像一条高速公路

大型的高速公路，会有正向与反向两个车道，这一来一往的道路，构建了车辆的运行轨迹。就一个地区的发展而言，高速公路很重要，维系着经济发展命脉。而说起高速公路，如同市场中价格的形态，如图1–3–1，依据笔者的交易经验，价格的轨迹形态是趋势判断上的重中之重！

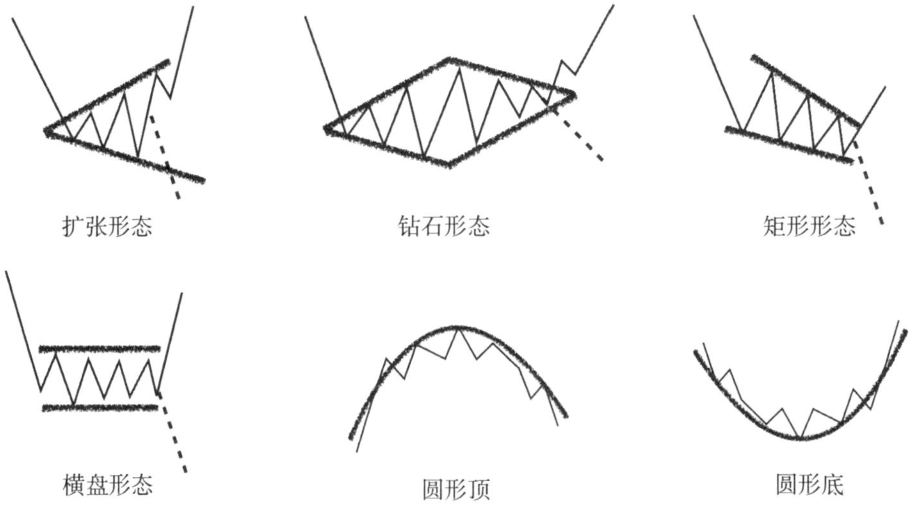

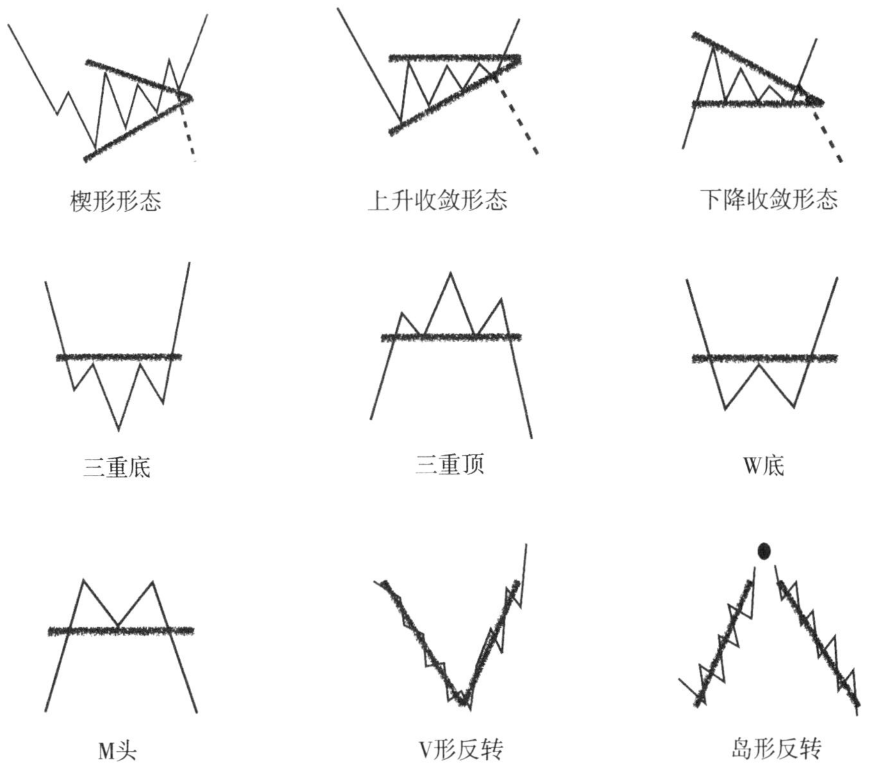

图1-3-1　各种样式的价格形态

形态可以描述市场是由多方还是空方掌控全局，又或是双方谁也没有占到便宜，等待的是哪一方先放弃，转而由另一方控制方向，之后，维持趋势，或是翻转趋势，让市场再次有所遵循，集中火力创造另一个资产重新分配机会。当然，在多空双方都没有积极攻击的态势下，最标准的模式就是斜率走平形成横盘调整格局，此时的策略应该是不动，或是以有赚就跑的模式操作。

当一个趋势形成时，是不会轻易改变的，除非市场自己想要转换目前的局势。也就是说，我们相信市场有一双我们好像看得到，又好像看不到的手，在支配着市场的波动，这个波动的结果就是我们经常看到的趋势。

如图1-3-1，投资人可以看到许多价格形态，这些形态表现了价格被规范在一个可视化的模式当中，对这个模式的绘制，目前不是很多人能做到，已经做到的前辈们都放弃维持这样的技术传承了，因为他们到最后发现，没有这些东西的帮助，一样可以做到如自己的预期。给后辈过多的方便，只会妨碍他们的成长。

但是笔者不这么认为，因为技术的传承不是讲一讲就结束了，电脑的程序编写也不是写好了就可以通用。在每一世代中，总有自以为聪明者，想要改变前人的努力结果，说好听一点是创新，但是，股票市场就是买低卖高在赚钱，哪有那么多创新可言。

形态学上有许多样态，主要有趋势形态（矩形：强势矩形、稳定矩形）、收敛形态（楔形、扩张形）、突破形态（M头/W底、三重顶／底、N形、钻石）、反转形态（V形、倒V形、岛形反转）等几种样式，这些样式足以说明市场的各种变化。形态判断的好处是让投资人可以从一定程度理解市场方向与时间（时机）并准备策略。

投资人务必要记住这些形态长相与如何描绘这些形态的技术，由于篇幅的关系，笔者就不详细介绍，但会在后续的实例中说明使用方式，而且会与其他逻辑紧密结合。投资人要特别留意价格形态的运用能力培养，多画形态图、多参考别人的思考模式，这些对自己都有好处。

需要注意的几个点是：

（1）不能画太多线条、形态，那样会搅乱投资人的判断力。

（2）不能把绘图周期拉得太长，除非在形态的延伸过程中出现相对于支撑与压力的自然位置。

（3）在画线时要利用现有的支撑与压力，寻找属于它自己未来的支撑与压力。

（4）不要刻意在过去的线图上找到未来的支撑与压力后，就认定接下来会必然地发生支撑与压力，投资人还是必须理解，在一个趋势的形成中，过去的支撑与压力不一定是现在的支撑与压力，过去的支撑与压力不一定是未来的支撑与压力。支撑与压力是用于确认，而不是用于认定，这一点需注意。

（5）趋势是自有、自在的，趋势不会因为投资人的不认同而不存在。

理想状态是投资人不需要透过画线，就可以在K线图上用思维直观地画出当下各种各样的价格形态图，并且依据这个形态的状况，随时准备出手操作。

投资人应该知道，在形态学中收敛模式才是合理的出手点。虽然它有些滞后性，但很多思维僵硬的投资人、交易员或是量化策略设计者认为，逻辑固定了，就要坚定地执行，可是他们没有理解到，策略的逻辑是由他们，也就是没有太多经验的人，加上很多人性想象的结果所形成的。笔者并不否认他们的作为，只是要提出一个交易策略或是交易模式，只在形态的应用上做文章是非常不够的，是不完整的。

四、斜率，如同大通道内的单向车道

任何高速公路必须有双向通道，才能构筑一个完整的交通体系。它们被细分为两个单向车道，之后，不论如何复杂，总能把打结的交通疏通开来。股票市场透过买家（正向）与卖家（反向）的撮合，让价格有所波动，进而走出一个有方向性的通道来，再细一点说，斜率就是价格的方向与速度的表征。

如前面笔者提到的，只研究形态是不够的，形态必须与斜率一起配搭，才能说对价格有了一个完整的描述，也才有一个好的开始，至于如何搭配使用，在后续的例子中投资人可以看到，目前先说到这里。所以，请投资人继续看一下笔者对斜率的说法。

对斜率的认知，除了前面以微分、积分方式说明过之外（请参考图1–2–1到图1–2–7），如图1–3–2所表现的根本思维，在于斜率可以清楚地解释市场价格如何形成趋势的问题，以及当斜率改变时，市场趋势又是如何改变的。

一条平均线代表的是方向与力道，它解释了呈现价格驱动的明确方向，同时明显地展现了运动方向的力道，即斜率下跌的角度大小。例如下弯角度越大，表示下跌力道越大；而上勾角度越大，则表明上涨力道越大。

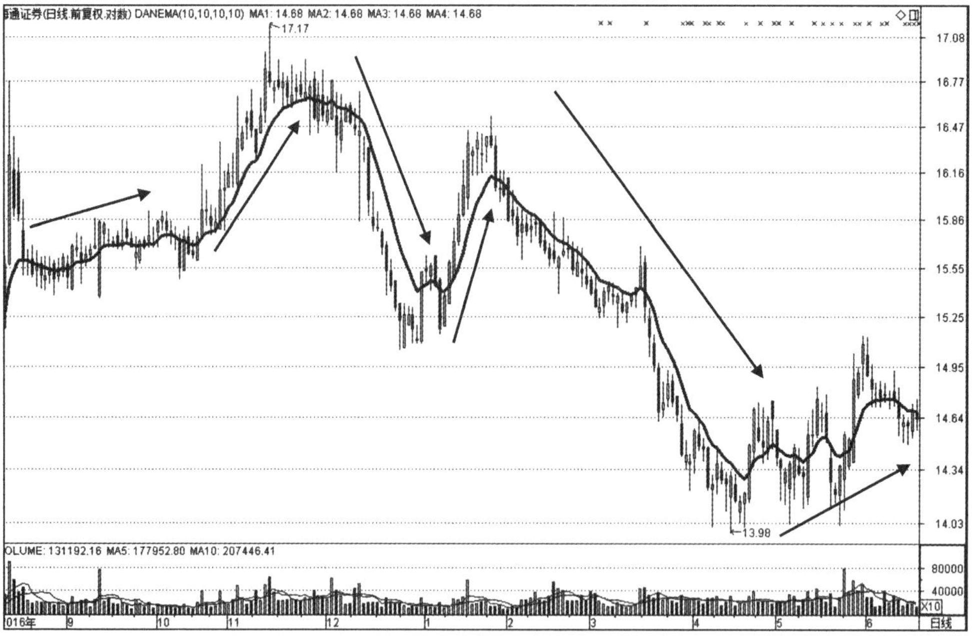

图1-3-2　斜率就是价格的方向与速度的表征

所以，以斜率走势为参考，投资人可以看到：

当斜率上勾时，就应该以做多思考；相对地，当斜率下弯时，就应该是以做空为思考；同时，在斜率走平时，表示市场没有趋势行情，也就应该以短线进出作为操作标准，或是说在震荡区间行情下，更要注意利用有赚就跑策略，不能恋战，尤其是新手投资人，因为经验不足，容易陷入多做多赔的困境。

事实上，形态与斜率一起配搭使用是一套思路，同时投资人从布林通道策略应用上，似乎也可以看到相同的应用逻辑，以表象来说的确如此，但在应用模式上却各有不同，那些差别就能够成就第二套交易系统，有兴趣的投资人可以自行研究、开发新的交易策略。

五、乖离大小，代表市场情绪失控程度

乖离所呈现的状态幅度大小，是核心逻辑用来表达市场情绪的一个标准工具，意思是说，乖离越大，市场情绪越是极端。因此，投资人可以理解，正乖离过大代表着市场多方出现过度反应，相对地，负乖离过大代表着市场空方出现过度反应了。

依据这样的理解，结合前面的逻辑，可以整理出来一种逻辑：

（1）负乖离扩大+不创新低+乖离由扩大变收敛=空头反转。

（2）正乖离扩大+不创新高+乖离由扩大变收敛=多头反转。

图1–3–3彰显了在极端情景下进场操作的机会，投资人是可以清楚看到的。如果还是不够，投资人可以再参考后续图例，期待投资人能够更加直观地理解。

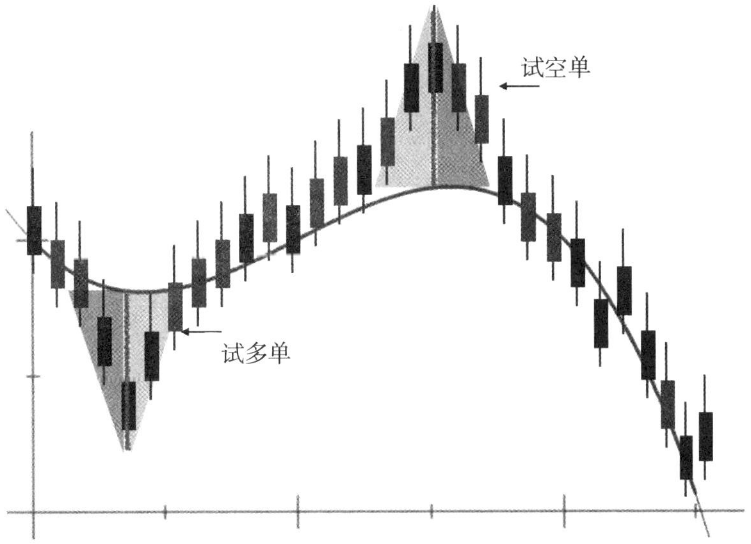

图1–3–3　寻找极端情景

（为凸显乖离状态，斜率与K线并不是很合乎实际价格走势）

重要说明：

形态、斜率与乖离之间，可以用“大处着眼、小处着手”来解析他们的关

系，形态是斜率的大处，相对来说，斜率就是形态的小处；同时，斜率是乖离的大处，而乖离是斜率的小处；另外，就其三者而言，形态是斜率与乖离的大处，而斜率与乖离是形态的小处。

就实际操作而言，形态看到大趋势，而斜率看到小趋势。同样地，斜率与乖离结合起来，刚好可以在形态这个大趋势中找到极端情景，进而找到买卖点。投资人甚至可以认为这就是拐点的截取模式，当然，笔者的核心逻辑没有可能一定做到买在最低点、卖在最高点，投资人不要有这种想法，如果那是可以做到的，所谓的数学家、统计学家、计量学家等理工科的大教授们，早就发大财了。如果投资人在资产管理行业里待久一点，也许会说，美国文艺复兴公司的吉姆·西蒙斯不就是发了大财吗？

然而，根据笔者的观察：

（1）西蒙斯在全球监管机构还未对高频交易做出法令规范前，是积累了许多财富，但是，目前他们的交易已经回归到做市商的交易模式，虽然还是在继续获利当中，但是已经没有那么大的暴利空间了。

（2）西蒙斯已经退出投资管理，真正在赚钱的另有其人。

（3）文艺复兴公司的交易策略已经不是只有高频交易，因应全球证券监管机构的严格规范，他们也发展了许多交易模式。

（4）目前全世界宣称能做到纯量化交易的公司，是无法考证的，只是以讹传讹的状态，在无法证实的时候，我们做交易的只能半信半疑，不能完全相信，除非投资人在主观意愿上希望相信他们，那么就另当别论了。

（5）笔者也使用量化交易策略，但是把量化策略神话化是不值得鼓励的，这是过去20多年来笔者的观察，若有不足还请投资人参考就好，不必太较真。

说到底，交易这种事情，看的是过程的安全性与最终结果的合理性，是吧？

六、要先试单——乖离扩大时

根据前面所说的核心逻辑，投资人应该已经知道，在执行试单动作前，必须先考虑市场是否出现极端情景，其在形式上有两种：

（1）试多单。负乖离持续扩大，但不再创新低，同时乖离转为收敛状态。

（2）试空单。正乖离持续扩大，但不再创新高，同时乖离转为收敛状态。

（请投资人与图1-3-4所示说明一起思考，可更清楚地理解何谓极端情景）

图1-3-4　乖离概念（2017年5月白马股行情）

图1-3-4圆圈处所示为乖离持续扩大后，出现的极端情景。当极端情景出现时，投资人第一个思考就是建立仓位，也可以说是试单操作。这个试单机会从期权的角度来说，便是要以买方策略为主，这里的买方策略主要是以一般投资人的资金为准。若再加上斜率非常陡峭，也就是市场呈现快速行情，那么投资人就更应该以买方策略来应对了。

2017年5月，50ETF基金开始上涨，当时白马股成为市场焦点，许多资金开始介入操作，投资人可以从斜率的方向与速度（角度）看到50ETF价格走势被明确地规范着，而其中也有些正乖离扩大、不创新高、正乖离收敛等三种现象慢慢呈现出来，这种情景就是减码操作的第一步。

另外，如果投资人是法人机构、自营部交易员，便要依据原本的操作策略，进行相应操作。例如造市商的卖方策略，在试多单机会下，应该要卖出看跌期权、收取权利金。

在行情持续有利时，投资人就可以思考加码策略。

当行情与斜率有不同趋向，投资人第一个思考是减码，或者是平仓。

而在市场直爽地向投资人的仓位方向奔跑，出现仓位与趋势共振现象，投资人当然是等待收割。而在等待中，当获利达到瓶颈，就是做多时不再创新高价，做空时不再创新低价，那么，投资人的绝对行为，当然是平仓、获利了结。

在这个逻辑中，或有投资人表示："我就是做不到啊！"这是投资人由于情绪受到市场价格波动影响而乱了方寸。如何有正确思维、正确行动，得到正确结果？就是投资人要不断练习交易，在不断超越贪婪与恐惧之后，或有机会做得更好。如果投资人在投资心理上有疑问，可以多多涉猎相关书籍，目前市场上这类书籍不少，而投资人也不要想只看一本书就可以读懂投资心理学，最好是多看几本，不同的作者有很大部分内容是相同的，但是我们要的是他们之间不同的部分，那才是最珍贵的。要知道他们之间的差异，就要多看多比较，就像统计学一样，数据整理与计算结果都不是难事，如何正确判断其呈现出来的事实现状，才是实力，这是笔者一直强调要学习应用统计学、应用数学、应用物理学、应用哲学、应用经济学等理论的原因，因为所有的理论学问，最后要在应用学问中实现才重要。

七、顺势操作、逆势调整

止损，是交易员、操盘人、基金经理人三者的终极课题。

止损可分为很多方式，在笔者拙作中已经有许多介绍，有兴趣的投资人可以参考一二。在本书这套交易系统中，笔者较为喜欢以逻辑止损方式操作（如图1-3-5）。逻辑止损可以说是在本书中所提出的七个交易逻辑范围内，出现相反行情时，所能使用的止损方式。例如，试多单进场持有仓位，经过一段时间，市场出现试空单走势时，可以依此相反逻辑而进行逻辑止损。

以格力电器为例，止损价位在28.76元，就是进场前两天，长下影线的最低价格，一旦跌破这个价位，表示下跌趋势还没有改变，当然要执行止损操作了。

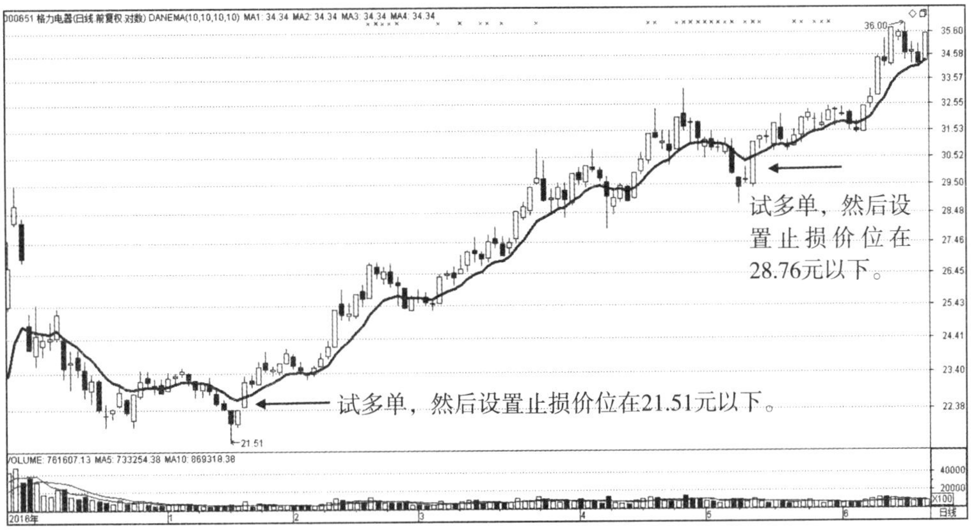

图1-3-5 逻辑止损

其他建议的止损模式汇整如下：

（1）获利止损。当投资人持有股票、期货、期权仓位产生获利时所执行的动作。

（2）亏钱止损。当投资人持有股票、期货、期权仓位产生亏损时所执行的动作。

（3）移动止损。依据持有期权仓位方向，行情持续出现有利状态，这时投资人可以随着越来越有利的获利幅度，设定一个获利了结位置。意思是说，当多单进场后，仓位获利扩大时，投资人的止损价位应该离目前价格越近，保住已经得到的利益；相对地，当持有空单获利扩大时，投资人的止损价位要与目前价格靠近才是。

（4）本波低／高点止损。如图1–3–6的说明。但是要注意止损幅度是否可以接受，或可以在两点间的二分之一处进行止损操作。

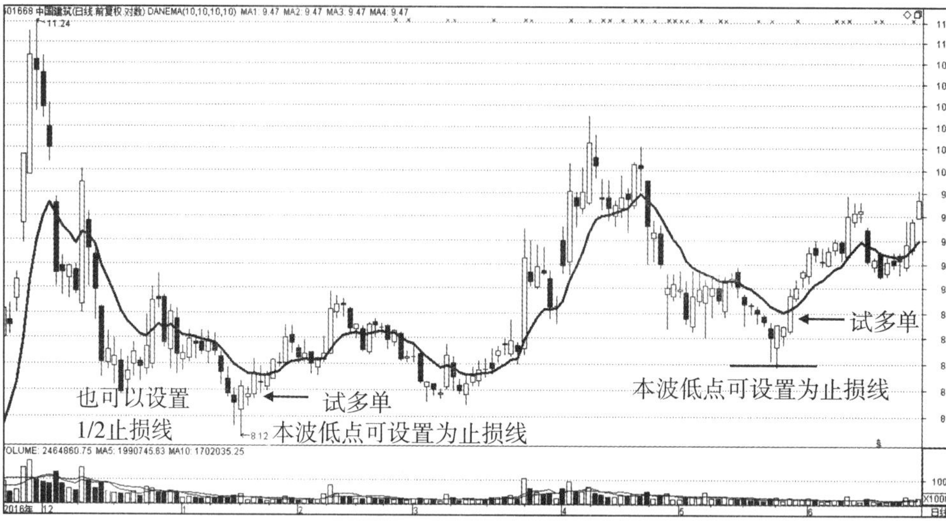

图1-3-6　本波低点止损

（5）前波低／高点止损。如果本波止损位置太小，或是太窄，可能很快被市场扫出去，那么可以将本波低／高点的前一波低／高点作为止损点。

（6）（本波+前波）/2位置止损。如果不论本波低点或前波低点都不是很适合的话，例如止损区间太宽、太大了，那么投资人可以把这两个点相加再除以二，就是取其中间值的意思。

以上止损模式投资人可以灵活运用，不能拘泥于任何固化思维，否则投资人是讨不到好处的。所谓灵活运用，就是可以单一逻辑操作，也可以组合式应用，投资人在不同情境下，做出对自己最有利的操作就是灵活应用。这就看投资人的驾驭能力了。

请投资人务必记住，逻辑化操作绝不是要求精准低点买进与高点卖出，而是在获利逻辑下，严格执行逻辑要求，在相应位置做出相应动作，这是执行逻辑化操作的核心问题。很多人在使用交易策略的时候，因为过度自信导致一个好好的赚钱方法没有办法落地，在自己的财富路上走弯路，这样的投资人的人生旅途，只能说是还没有到达享受财富的阶段，但笔者相信只要他继续努力，肯定会有那么一天。

股票买卖，一个是顺势，一个是逆势。顺势的时候要有攻击性的操作风格，也就是要持有或加仓，而遇到逆势时，投资人的第一个动作就是调整自己目前持有的仓位。那么，投资人要依据什么进行判断呢？这当然就是本书所说的核心逻辑。

八、支撑与压力

对于支撑与压力（撑压线）的问题，相信许多投资人已经有过学习，如果还没有，那么，投资人对交易就要多花些时间与心思才行。以撑压线来说，最基本的理解是道琼斯理论所提的部分，再加上市场中的一些看法，由笔者经验结合起来，可以归纳出几个重点。

（1）过去／未来。在道琼斯理论中，投资人可以知道“过去的压力会是未来的支撑，过去的支撑会是未来的压力”，这个逻辑是相当有效的，至少在笔者的经验里，常常会利用这个模式来参考，把市场的过去、现在、未来做一个统合性的理解，这个部分在笔者拙作《一目均衡表》中运用得最彻底。

（2）斐波那契系数。这是非常有趣的数字排列，投资人可以自行上网看其原理。在本书中，笔者想要说的是，例如0.382、0.5、0.618、1.0、1.382、1.5、1.618等，这些数字在交易上是可以参考的撑压线，其原因在于投资人的高度认同并且大量使用。就斐波那契系数而言，它是客观存在的，不会因为投资人的认同与否就会存在或消失，这一点是投资人要清楚认识的，如此才能正确使用这个逻辑。

（3）强者恒强／弱者恒弱。一个趋势的形成，投资人应该把它定义为不变的运动状态（物理学在交易上的相同逻辑）。那么，以图1–3–7而言，没有持续的运动状态，代表市场趋势的改变，更加重要的是，当一个趋势形成时（不论多空），都必须是沿着当前的趋势，循序地加大力度且不断向前推进才对。反之，趋势就将要被改变。

（4）市场心理分析。整数关卡，这是在一般市场上，不论一般投资人、法人机构，或是持有上亿元、百亿元的基金经理人都会去注意的价格位置。对于笔者而言，对于逻辑化交易而言，都是可以也应该列入参考的交易逻辑。但这是为要了解市场心理而为之，并不能把整数关卡当作绝对参考。另外，市场心理也在乎整体市场投资人目前的情绪，有些公司把市场情绪数量化、指数化，这是一种技术的表达方式，但是，透过市场价格、成交量与仓位持有成本等工具，也可以看到市场心理变化，在讲求灵活运用的策略上，这种分析能力是需要的。

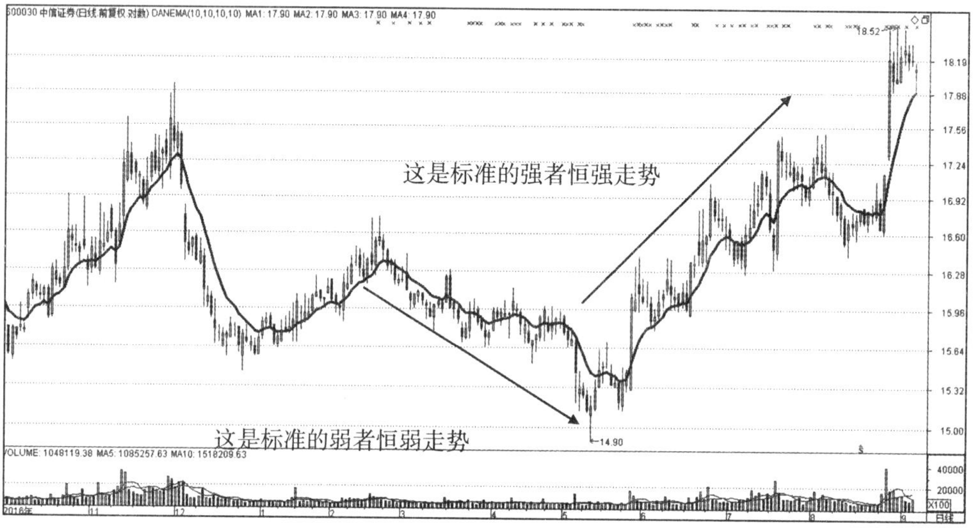

图1-3-7　强者恒强与弱者恒弱

投资人务必要理解仓位、形态、斜率、乖离、试单、止损、撑压这七个逻辑所建构的顺序性、意义性、功能性，三者不仅要结合起来使用，更要灵活运用，最终的条件反射就是在投资人持有仓位有利的前提下，能赚到“大鱼身”的钱，并且要以稳定操作为最高准则，因为机会常在、获利常有，但是操作躁进、混乱交易是最大的禁忌，这是逻辑化操作的最高原则。

从下一篇开始，笔者将举出各种例子，每一只股票都是以最佳流动性为基础的股票。流动性不好，获利机会再多、再高，都是不可为的交易，笔者如此设计的目的，是希望投资人在股票买卖操作过程中，不仅照顾到、控制到风险的变动，也能享受获利的快乐、增加财富后带给身边人的幸福感。笔者强烈建议的是快乐交易、交易快乐，不快乐的操盘，没有什么意义。

笔者就算尽可能把所有交易技巧告诉各位投资人，但还是不能帮投资人赚钱，因为必须是投资人花时间、花脑力去获得。这也是本书的最大价值与期待所在。

第二篇

逻辑化操作核心篇

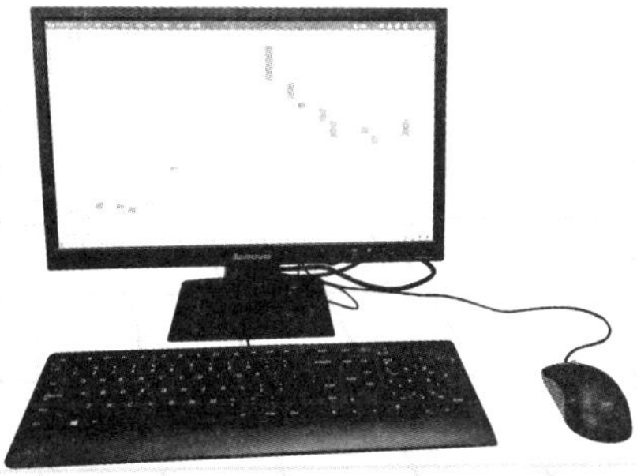

趋势分析的重点在于如何运用。交易指标不是“圣杯”，高度逻辑化的智能交易模式才带给投资人有章有法的战略战术。交易世界中，得以生存下来的，不是最强的人，也不是最聪明的人，而是最有智慧适应变化的人。

笔者认为：

一个交易员，不仅要有战术灵活性，更要有战略布局智慧。

第一章

形态确认——价格趋势的有效辨认模式

一、收敛形态的思考模式

相信投资人对于什么是收敛形态应该有所了解，如果投资人还没有一定程度的认识，那么，可能看本书的逻辑都会比较辛苦了。

价格走势为何会出现收敛？投资人可以想象一下，多方与空方在进行对决时，只有力量大的一方会胜出，因此，毋庸置疑，在市场价格出现收敛时，显示出多空双方都没有得到优势。

从图2-1-1中，投资人可以看到，启迪桑德（000826）在收敛1的位置有了明显的突破，在这个突破之前，多方的投资人在格局上虽然有些优势，但并不显著，反而是处处受制于空方的压力，这股压力在收敛1位置被突破之后，才有了明显上涨态势。同时投资人也可以看到，收敛1之后的斜率变化，是持续性地以接近45度角的走势往上攻坚。

在收敛2的位置又是重复收敛1的模式，这当中，投资人已经有一次暂时性获利了结操作。

图2-1-1　收敛形态——启迪桑德（000826）

再看一个例子，就是图2-1-2的模式。

图2-1-2是顺丰控股（002352）的价格走势图，当时顺丰公司以快递公司起家，并借壳上市，市场是极为看好的期待心态。同时在价格表现上也是以一个高角度的斜率往上喷发的格局，是足够令人印象深刻的。

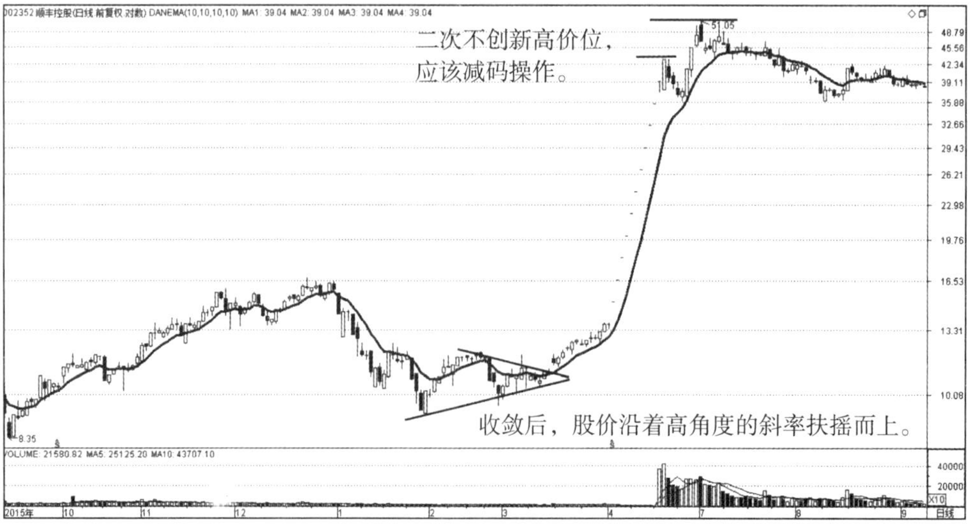

图2-1-2　收敛形态——顺丰控股（002352）

顺丰控股在11.5元左右开始上涨，等到一字形走势时，没有持股就没有机会，因此在收敛形态上的关注度，势必要大大提高才好。笔者也不知道何时还会出现像顺丰控股这种股票，但只要是市场的热点，只要是有基本面的股票，都值得投资人去花时间追踪。

当然也有可能是往下跌的走势。也当然地，在斜率往下跌破时，投资人的持股就要有止损的动作才行。如果做不到这一点，那么投资人可能要等着住进“套房”了，这一点请投资人务必要放在心上。

该股到了51元位置，已经出现二次不创新高的那种强者恒强走势了，这时候，投资人必须有个心思，要开始注意是否出现斜率向下反转的可能。

从11.5元到51元，这个机会不小。当然，这也不是一个斜率或是加上收敛形态就可以抓到的行情，在找到顺丰控股这只股票之前，投资人势必要做许多的功课，才能顺利地把握到顺丰控股的趋势。因此，投资人在使用核心逻辑时，必须要做足基本面的功课才好。

再多看一个例子，如图2-1-3，葛洲坝在每一个收敛走势之后，都有一段不错的上升行情，这是不是一个惯性，笔者不敢说就是如此，但是笔者可以肯定一件事情，就是在市场多空力道极度压缩到一种状态时，那么，价格方向就会启

图2-1-3　收敛形态——葛洲坝（600068）

动。这个启动也包括向下波动的可能，虽然笔者所举出的例子都是向上波动的股票，但在投资人心中仍然要引起注意。笔者也知道要做到并不容易，就如同笔者，每天也是为了要做到知行合一而一直努力着。

二、矩形形态的操作

矩形形态在市场上也是有着很多的趋势反转机会，如图2-1-4，从矩形A、B、C所在位置观察，投资人可以看到，在一个上升趋势中会有停顿、休息的时候，只有在上升趋势不变的情况下，才会有回调有撑的走势出现。

在上升通道不断延伸的过程中，投资人也可以看到斜率的变化，时而跟着上升通道往上走，时而在趋势上回调。在不同情景下，投资人针对矩形形态的认知，在于市场价格对矩形形态的向上突破还是向下跌破，哪个方向是现在的客观事实，投资人就要依据那个方向进行操作。这是必然的。

依据葛洲坝这个例子，在矩形A出现的是上升趋势的第一个回调，如果这个回调失败了，在后续波动上，可能就会变成震荡走势。当然这个情景发生时，投

图2-1-4　矩形的上涨模式——葛洲坝（600068）

资人的操作策略就应该改为短线操作模式，也就是在市场行情出现变化时，投资人的临机应变能力决定了投资人的损益状况。

再来看图2-1-5，葛洲坝在矩形形态中的另一种可能，与上升趋势刚好相反的下跌模式。意思是说，在相同形态下，市场的价格趋势决定了对矩形形态的判断价值，在上升趋势中，它会是回调有撑的解读，而在下跌趋势中，它又会变成反弹无力的解读。

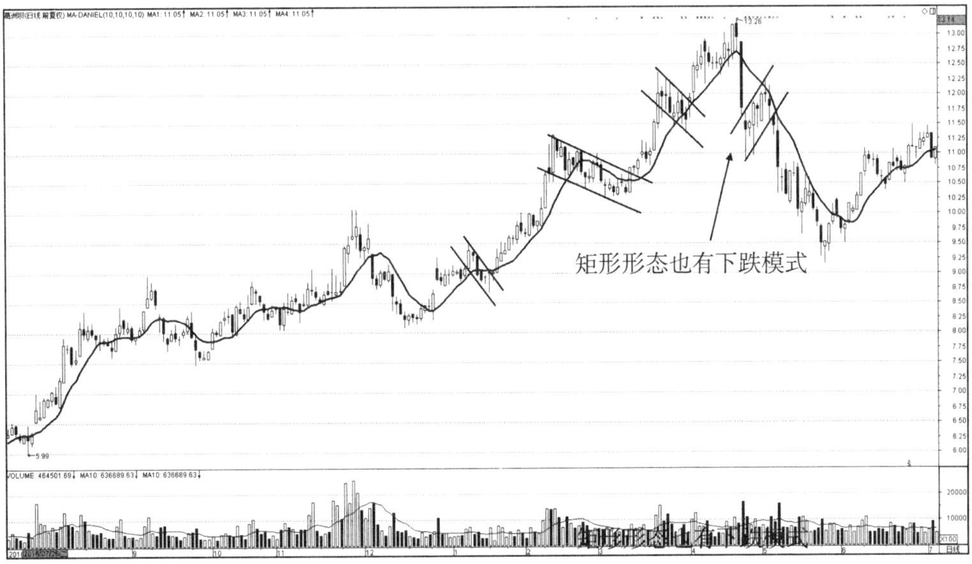

图2-1-5　矩形的下跌模式——葛洲坝（600068）

从图2-1-5葛洲坝矩形的下跌模式中可以看到，就算是矩形形态也不是都以上涨作为形态喷发结果，像这种以下跌出现的模式也是很多的。所以要提醒投资人在形态分析部分不能过于主观，必须在客观事实上去印证自己的判断对错，同时，在判断正确时要能做出合理的加码策略，而在判断错误时，能对自己的误判做出合宜的止损操作。

葛洲坝在下跌过程中，投资人应该也看到斜率直线下滑状态，这是微趋势，在大趋势的下降形态中，投资人可以看到这波下跌后的斜率反转的结果。市场总是来来回回的，这种多次的一来一回就是笔者常说的波动率，把握市场波动率就是解决投资人的进场与出场问题。

三、圆形形态的操作

圆形形态的模式，是市场给投资人的一个大好机会，因为圆形形态在成型时需要更多时间来完成，也因此让投资人有更多时间思考如何操作，如何调整仓位，这是对投资人在理财上的恩典。出现圆形形态的格局，投资人切忌过度交易，在形态形成过程中，慢慢地看着形态的变化，进而做出相应操作，才是最好的操作策略。

如图2-1-6所示，以创业板50（159949）为例，投资人可以看到圆形顶模式，它的价格驱动比较慢，图上有一个圆形顶慢慢下跌的模式，投资人有时间考虑如何加仓或减仓。当然，这需要沿着斜率的波动而进行。

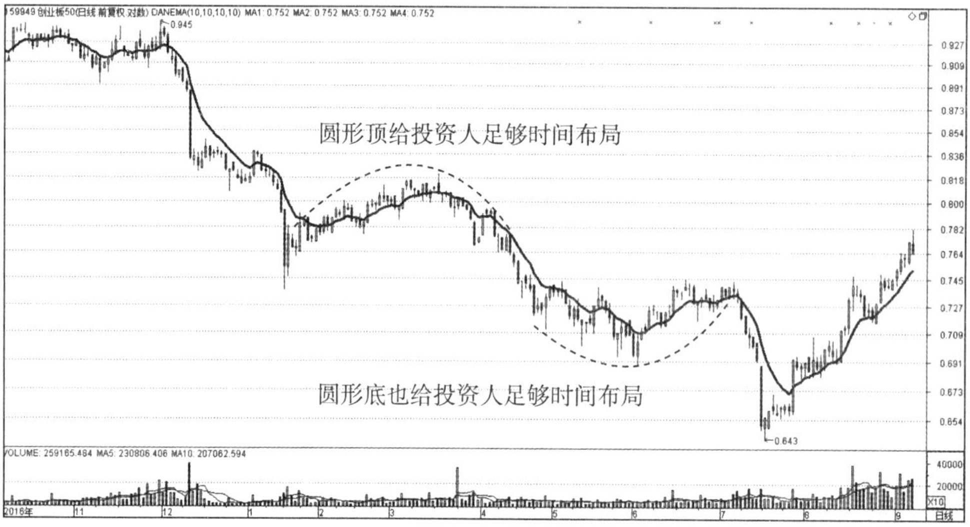

图2-1-6 圆形形态给投资人的时间

图的下方有一个圆形底的模式，也是缓慢而且自然上涨的形态，这种价格走势，常常在ETF市场出现。在圆形底形成后，投资人在斜率下弯时（下跌）一定要有耐心等待时机，什么时机？就是斜率再度向上移动的时候，才是投资人开始进场持有股票的时候。

我们再看交通银行（601328）的例子。

虽然交通银行的价格波动并不大，但是在市场机会方面，交通银行是一只安全性相当高的股票，或许它不是投资人眼中的飙股，但是在资产配置上，类似这种股票是非常难得的低估股票，就算是2017年9月，在笔者眼中，交通银行也是必须配置的股票。

投资人从图2–1–7可以看到，分别在2017年1月与5月，交通银行的圆形形态是很好的交易时机。在价格上涨之前，圆形形态所花的时间比其他形态还要多得多，因此操作圆形形态除了对价格走势的理解力要足够之外，更要有耐心地去观察市场价格动向，慢慢地建立该有的仓位。

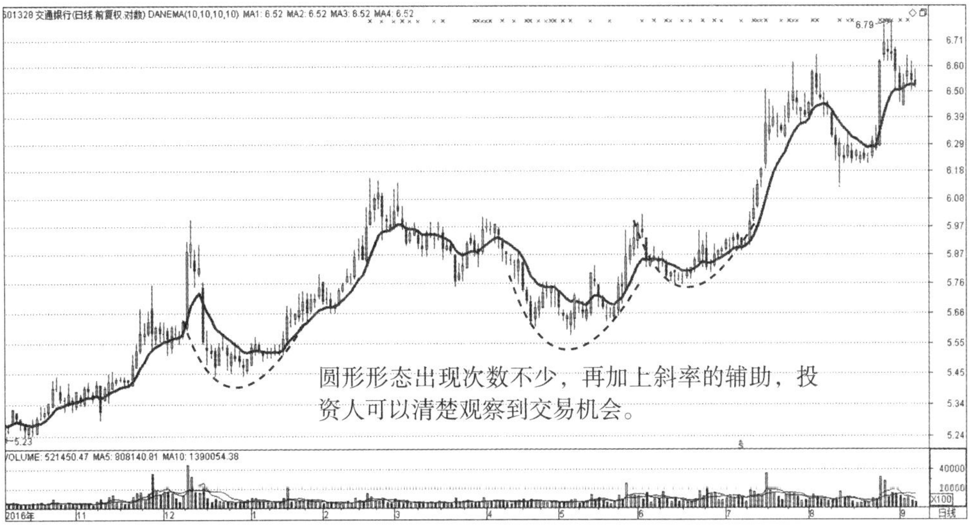

图2–1–7　交通银行的圆形形态机会

提到耐心，只可惜许多投资人把股票市场当作赌场，玩的是纯博弈、纯概率的东西，这是笔者认为比较遗憾的地方，否则以中国人的聪明才智，以中华文化的智慧传承下来的谋略能力，应该可以有很好的发挥。就在2017年6月21日笔者撰写此书当头，传来MSCI把中国股市纳入新兴市场指数当中的消息，这是一个很大的转折点，未来A股市场将会引入更多投资专家，届时A股应该会有明显的质变，笔者蛮是期待那种法人机构属性的专业操作机会。

这也是一个提醒，像交通银行这种市盈率只有5.9倍的股票，可以说是被严重低估的公司，只是投资人并不相信这5.9是合理的罢了。笔者的意思是，就算再被低估的股票，只要市场投资人没有信心，股票也很难有走高的机会，因此，所谓的合理价格，常常也是投资人的一个想法而已，不知道各位投资人可否理解笔者想表达的经济市场原理是什么？意思是说，投资人的心理作用，常常比高深的经济理论还要重要。

四、钻石形态的操作

钻石形态是一种相当扎实的价格形态，趋势反转时，市场价格会有反复区间波动的特性，如果在这种相对底部形成钻石形态，在概率上走出大行情也是有可能的。然而，形态越漂亮的模式，就是比例越标准、越对称的钻石形态出现机会越少，当然这也只是在最理想的情况下。

像图2-1-8立讯精密（002475）这种例子就是最理想、最标准的钻石形态，如果这种形态出现，投资人就可以进行试单操作，尤其是在价格往上突破钻石的上缘位置时，如果能突破斜率，甚至是斜率往上勾的时候，是很好的机会。笔者的意思是说，倘若投资人没有进场建立仓量，那么，一如立讯精密这种涨法的股票，投资人就要失去机会了。

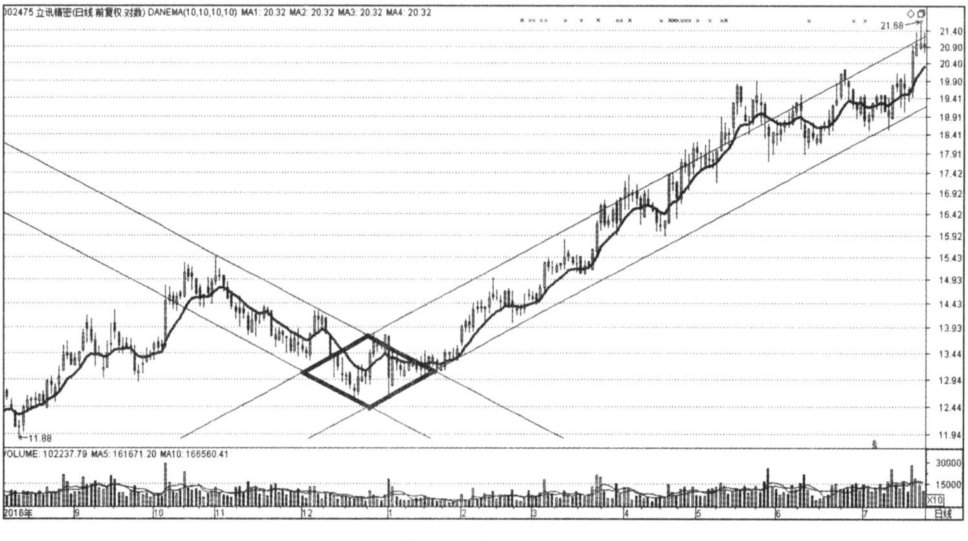

图2-1-8　钻石形态——趋势反转时机

受限于本书的篇幅，不能把钻石形态，或是其他形态的描绘方法一一说明，所以，在形态学部分，需要投资人另外找到相关书籍，再自行进修。如果有缘分，或有机会，相互讨论也是一种办法，此外，如果投资人拥有类似于加入股票俱乐部之类的学习机会，也是不错的选择。

五、三重底、三重顶形态的操作

三重底意味着价格要经过三次的底部测试过程，如果这个过程没有了，那么它也不是一个失败的形态，而变成一个横向整理的震荡模式。这种情况也不是没有发生过，重点是投资人能否做到以客观事实为根据，进行必要的观察与操作，假设投资人做不到，就枉费机会了。

请看图2-1-9奥飞娱乐（002292）的走势。在2017年5月下旬到6月上旬，它走出了一个算是标准化的走势，这个结果当然是三重底模式，毋庸置疑，投资人要在价格突破斜率时，买进奥飞娱乐这只股票，而且在它出现回调有撑的时候，要加码买进；假设投资人并没有在价格突破斜率时持有股票，那么在回调有撑的时候，就又形成一个买进机会。这个机会有时候来得早些，有时候会来得晚一

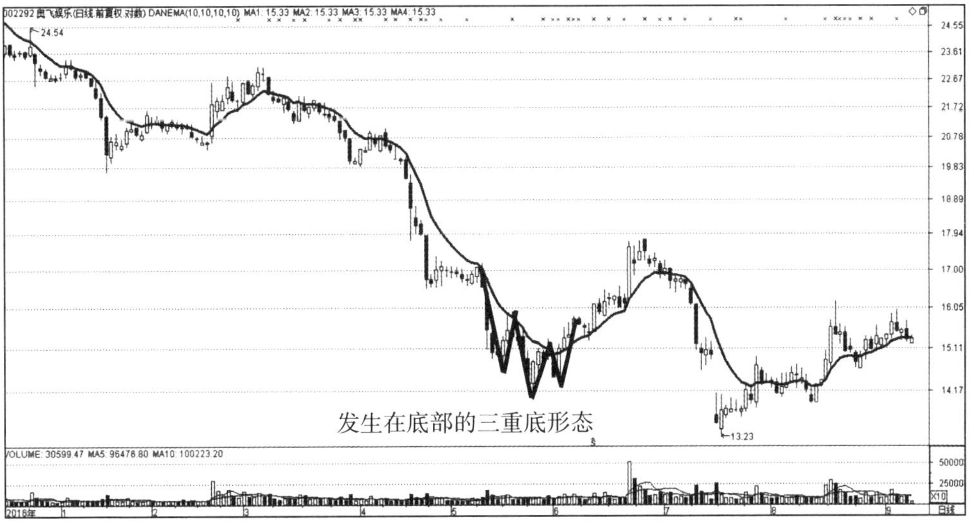

图2-1-9　发生在底部的三重底形态

点，这种机会完全无法量化，也不能预测，只有在价格与形态之间形成了符合进场逻辑时，投资人必须勇于持有股票，否则又一个机会丧失了。

在温和上涨一段时间后，价格在2017年6月21日，也是MSCI把A股纳入新兴市场指数后的第二天，出现大幅度的上扬行情，这也就是笔者在操作趋势追踪时最喜欢看到的模式。

另外，三重顶即是与三重底相反的结果。

从图2-1-10科大讯飞（002230）这个例子来说，在1月到4月，价格从25元上涨到36元，事实上，这么大的涨幅，也会是一只强势股，但在任何趋势中，只要是上涨格局，就必须出现强者恒强走势，否则上涨格局的意义就没有了，而在此情景中投资人不能一厢情愿地在心里期待它能继续上涨，为自己带来财富。笔者的意思是说，当下的价格不是多头，投资人就要有风险管理意识，先做减码操作为要，如果价格真的又涨上去了，那么，届时再把股票应有的数量补回来就是，这种风险管理模式才能做到所谓的“筹码管理=仓位管理”，才是专业的操作模式。

不能在有效时间点做出合理反应，投资人财富危机是会增大的。意思是说，科大讯飞三次挑战36元不成功，这时候三重顶结构已经慢慢形成了，投资人就算很看好科大讯飞，也应该有合理的反应，就是要先减码再说。从36元下跌之后，科大讯飞又下跌到27元附近，虽然没有回到25元位置，但也等于白走一遭了。

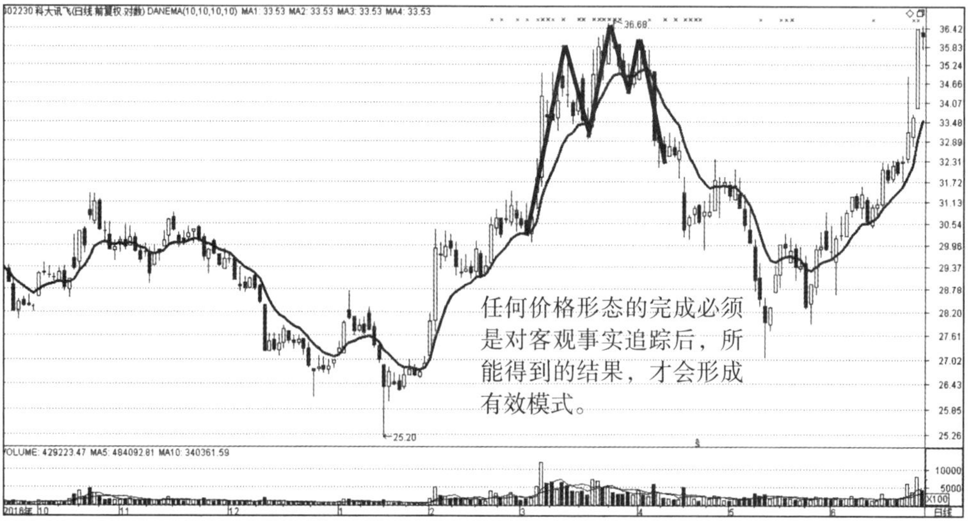

图2-1-10　三重顶结构上必须高位减码

六、V形形态的操作

在形态上，V形反转模式一旦形成，波动幅度有时候会只是快闪一下，很快地行情就结束了，但是，若形成大的趋势，也就是多头强力支持的股票，那么，它的幅度就会很大，例如图2-1-11中科三环（000970）这个例子。当然，这不一定是市场主力操纵的结果，如果是一只基本面非常突出的股票，也是有可能走出很大幅度的上涨，这种怎么解释都可以的问题，常常发生在投资人的身边，重点是投资人有没有办法分辨出到底上涨的原因为何？

侧重的点是投资人对这只股票基本面的功课是否做足了。

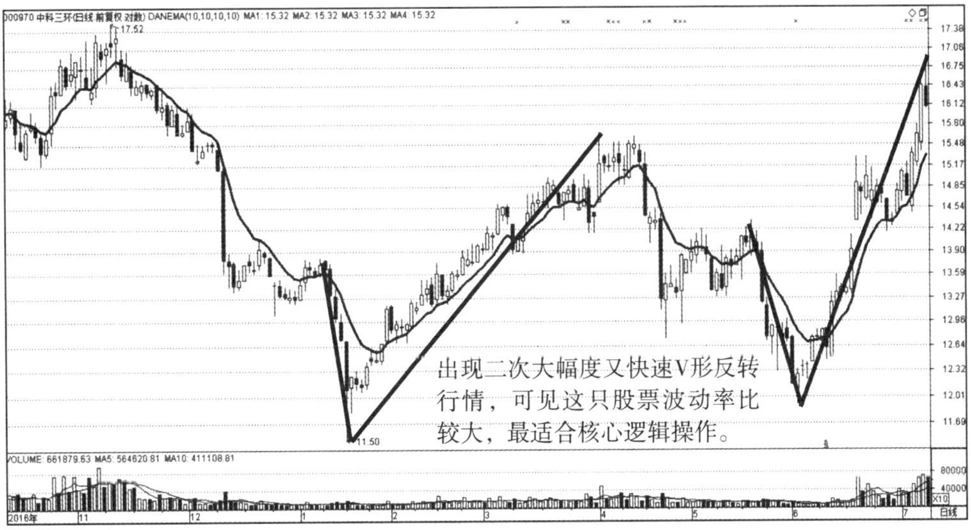

图2-1-11　一只股票在较短时间内出现两次V形反转

出现两次大幅度又快速的V形反转，可见中科三环是一只波动性比较大的股票，而到底是谁让它产生如此大的波动？在某种意义上，笔者比较重视上涨后的连续性，因为那关系到持有股票是否能够继续赚钱，如果不能，又该如何处置？这时候就进入风险管理阶段了。

其实，投资人也应该看到，在V形反转后，如果斜率还是直线上升状态的话，那就代表有人，甚至很多人希望这只股票能继续上涨，那么它上涨的理由就有了。而且那一批投资人还是拿着真金白银去股票市场做买进动作，我们就该相信他们的意愿，对于在股票市场只是讲股票有多好，但是就不拿自己的钱来买股票的人的言论，投资人可以不予理会。

在图2-1-12二三四五（002195）这只股票出现的倒V形反转机会中，投资人可以发现，市场价格波动有千百种，但是不会改变的是趋势的延续性，在K线不断变化中，投资人得找到一个规律，即可以除掉市场杂音的过滤器，而这个过滤器，到目前为止，在笔者的研究中，唯有斜率可以明确地告诉笔者该如何面对诡谲多变的市场波动。如何在市场斜率发展过程中设定好交易策略？这个策略必须是可以被实践的、可以被验证的，那就是逻辑化操作，也是本书强调的核心逻辑。

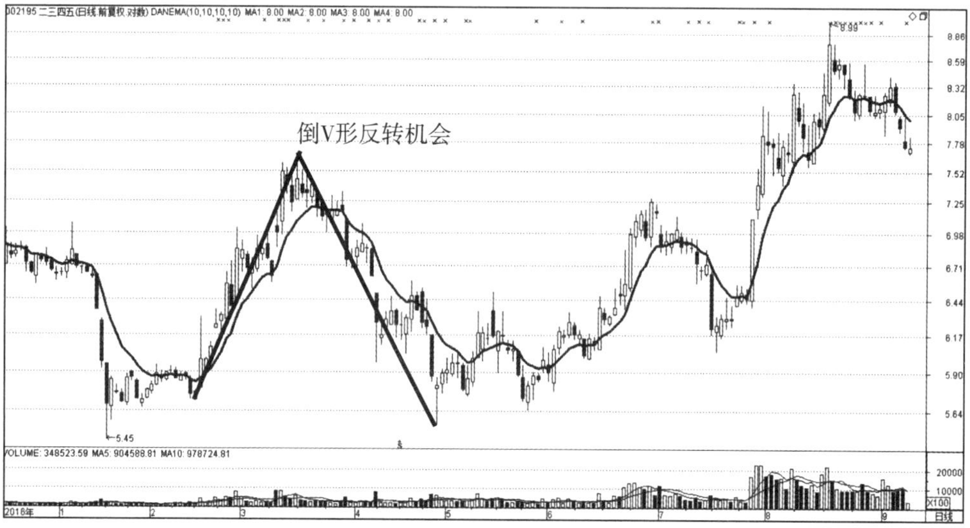

图2-1-12　倒V形反转

所以，不管什么形态，像V形反转这种快速行情，也是可以被斜率所跟踪、所辨识、所确认的。在操作模式上，本书所提的核心逻辑就是把交易系统完善，解决价格与斜率之间的关系，并且把握好在趋势波动中投资人可能得到的任何获利机会。

七、M形形态与W形形态的操作

理想的M头有个重点就是必须右肩要比左肩的价格低，表示多头气势较弱；相对地，W底的重点是右肩要比左肩来得高，才能显示出多头的气势较强的状态，任何一方能有如此的表态就是最好的。

图2-1-13中天金融（000540）在3月到4月的M头形态，是多头标准的弱势走法。相对地，那么5月到6月的W底有不同的结果，右肩还是没有那么强势的格局，在到与左肩相近的位置才止住了跌势，之后，股价才一步步地往上攻坚，到了市场开始出现涨势时，它跟着市场上涨。

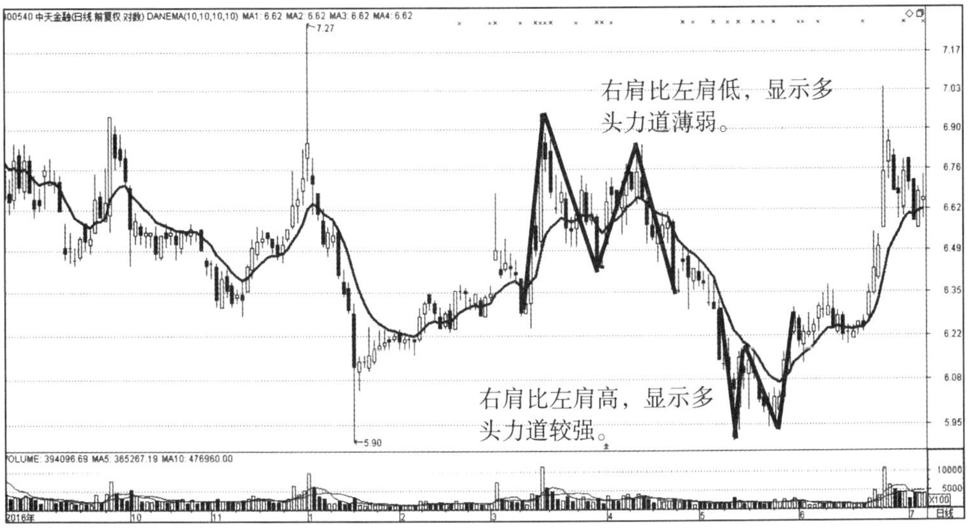

图2-1-13　M头与W底形态

在笔者的经验中，W底与M头是相当好用的形态，也就是说，当出现这种形态时，笔者大多会积极地参与这一波趋势。在德国被誉为“欧洲巴菲特”的科斯托拉尼也有相同的经验，可见，中外投资人都有的共同思维，也代表这个W底与M头策略是可以被投资人参考使用的。

如果投资人有任何疑问，例如是不是有更多的经验可以参考的，那么，在目前网络如此发达的时代，投资人肯定可以找到许许多多的例子，或者不同人的说法。总之，笔者希望投资人多花功夫研究形态学这门功课。

笔者把形态辨识放在核心逻辑第二位以显示它的重要程度。

八、浅谈形态学的重要性

形态学，依据其名称，是以价格变化中的大格局为主的趋势判断方法。因此投资人在利用形态学进行市场分析时，对形态的结构部分要能有清晰的认识。例如形态中的最基本的单位是趋势，不管这个趋势是长还是短，只要在一个趋势中从点到点形成价格走向，就是一个趋势。如同图2-1-14中A段、B段与C段的模式，就是对形态学最基本的认识。

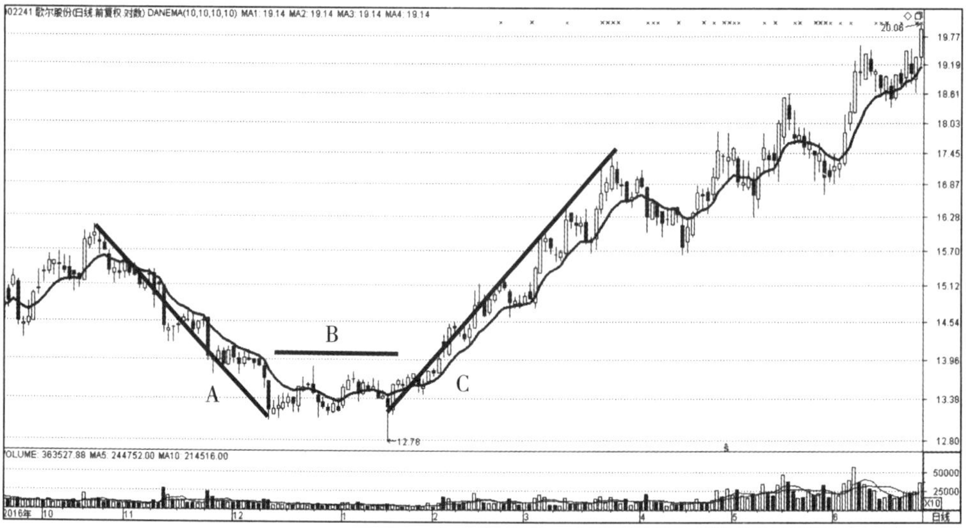

图2-1-14　趋势的最小单位

形态的形成就是由这些线段（趋势）做出不同的组合，在每个组合中又透露出基本条件。例如，收敛形态由一条向下与一条向上的斜率所构成；再则，W底是由一个失败的V形形态加上一个成功的V形形态所构成的。

投资人可以发现它们都脱离不了一个上升或是下降的微趋势，最后构筑成为一个有大格局的大趋势。

在价格趋势中有很多的波折，有很多的价格变动，导致投资人的情绪受到影响，进而无法正确判断趋势。在受到搅挠时，投资人需要的就是在形态学功课上下足功夫。

前面提到几个形态学中的重要例子，期待投资人能够好好学习，将它们变成自己的技术能力，这种对形态学的应用能力，是驾驭本书所提核心逻辑的重要基础。为何如此说？因为在价格被确认之前，价格形态就成了重要的趋势判断或是推断的依据。

请看图2-1-15中的趋势形态与斜率。在趋势形成过程里，斜率也早就被包含在其中，意思是说，趋势形态内含斜率，而斜率衍生自趋势形态，投资人能够主动地辨识到这一层道理，相信就可以很快理解到趋势的自变化与它变化。

图2-1-15　趋势形态与斜率

图2-1-15的五星号标示出上升趋势形态的认定或说是形态的画法，只要认定这星号的三个点，就会自动衍生出其自变化的两条趋势线，同理，三个圆点也可以定义出下降趋势形态的两条下降轴线。

事实上，投资人是可以轻松地画出上升趋势线，或者下降趋势线的。后面还会有对上升三绝与下降三绝的说明。

第二章

趋势追踪——价格形态中的趋势确认

一、交易策略与如何不当“小白鼠”的思考模式

在全球金融交易市场中，最重要的交易策略，就是投资人去买股票基金，买的是投资经理的战术战略，不是买他的名号。而在全球金融交易策略上，除了趋势追踪策略之外，大概没有什么交易策略可以与其比拟，因为不管哪类型的策略，都脱离不了低买高卖这个模式，而这种模式就是趋势追踪的核心思维、核心模式。如果有哪种策略不是基于低买高卖的，这种说法肯定不是金融人普遍的认知。因此，趋势追踪可以说是所有交易策略的根本、重中之重。讲得极端一些，趋势追踪是母策略，而其他的策略可以说是趋势追踪的子策略、衍生品。

那么，从全球规模来思考的话，交易策略可以分为三类。

（1）价值投资交易策略（Value Investment Strategies）。

投资人最清楚的可能是巴菲特的价值投资交易策略，就是以买进持有方式进行股票投资。巴菲特曾说过，当投资人想要买进一只股票，必须准备持有十年以上，而这种投资方式一直烙印在全球投资人心中，但是笔者有不同的解读。

价值投资的意义是持有时间要够长，不能短线操作，这是巴菲特强调之处。然而，更重要的是在持有10年以上的过程中，依据市场价格或说是价值的变化，必须进行一定程度的调整持有股票数量的操作，才是整个价值投资的精

髓所在。只是媒体也好，巴菲特本人也好，并没有特别地去强调，导致投资人在价值投资的技术上问题没有得到解决，最后变成无意义地持有股票。

因此，价值投资选股+交易上调仓操作=真正的巴菲特价值投资。

为何如此？请看图2-2-1的平均线，就是斜率的基本内涵，在平均线的走向上，如果先不看K线的价格走势与K线本身的变化，投资人应该可以依据斜率的走向来定义趋势，而低买高卖赚差价的机会就在其中，任投资人遨游了。

图2-2-1　斜率——判断趋势的工具

当这一点解决后，投资人或许会产生一个疑问：价格还是有自己的变化的呀！

是的，在价格或说是K线与斜率之间，有着千丝万缕的关系，是不能简单地视而不见的。这个根本逻辑不能被忽视掉，同时，本书也是以斜率为起点，加上其他的交易逻辑（工具）配搭起来，就形成了本书所讲述的智能交易模式的内涵。当然，这里面还要有交易心法之类的东西，笔者并不喜欢使用心法这样的字眼，因为它太笼统了，没有真正地把交易时投资人应该有的思维建构的体系、执行模式的细节、交易逻辑与市场变化匹配的掌握等在投资人买卖股票时该有的东西完整表达出来，它不是用一个心法就能解释的，它更应该是一个交易员、操盘人、投资经理交易经验的积累，这个非常厚实的积累，就是掌握、驾驭本书核心逻辑的能力。

在笔者20多年的交易经验里，很多年轻人不下苦功夫练习交易，嘴巴说想学买卖股票，想学交易，但是拿他们的行为去验证时，他们信誓旦旦的话语常常是不堪一击的。他们愿意操盘，然而只要一提到高强度交易练习就退缩了，在心理上不敢违抗，因为自己说了要学习，但最后在交易上阳奉阴违，基本上，这种年轻人就是被淘汰的人。到了最后，真正留下来的几乎都是那些肯下苦功夫的人，他们不一定是年轻人。那些失败过的人，才知道如何学习驾驭本书的核心逻辑。

理解核心逻辑就是知，驾驭核心逻辑就是行，当知行合一时，也成就了交易人生。

（2）趋势跟踪交易策略（Trend Following Strategies）。

趋势跟踪交易策略曾经是欧美国家的主流交易策略，目前就整个行业来说这个系统还是主流之一，只是被高频交易策略分割了市场占有份额。然而，高频交易因为其交易上的不公平性、误导性，让全球各国监管机构在法令上限制其发展了，如果高频交易可以回归到其应有的本分，那么高频交易应该是个好工具，只是被有心人给误用了，让高频交易染上不好的名声。

投资人也可以参考图2-2-1的斜率，就是以平均线的形式来代表市场趋势的演变。由此投资人知道趋势追踪交易策略主要是利用移动平均线，进行所谓的买进、加仓、减仓、卖出等四个标准动作，当信号产生了，就要进行相应的操作。

在20世纪50～60年代，计算机开始蓬勃发展后，很多会编程的投资人、交易员开始以电脑产生的信号，进行开仓以及平仓操作。经过将近70年的发展，现在的趋势追踪系统更加完善和成熟，把开仓、加仓、减仓与平仓四个操作模式更细致化了，其广度与深度之大，常常超乎我们的想象，尤其是对奉行阿Q的酱缸思想与强调迂腐式的中庸之道的投资人，而把投资当作赌博的投资人更是如此。

当然，任何趋势追踪系统都会在盘整市场情况下失效，尤其是在狭幅震荡情景下，这是绝对的现象，没有任何策略能够战胜所有市场情景。

因此，细说趋势追踪系统盈利的出发点，就是股票、期货与期权的价格波动模式，当市场已经形成上升或是下降趋势时，它是不会轻易改变的。一般而言，上升趋势（或下降趋势）会沿着任何一个角度的上升（或下降）通道运行，并且回调（反弹）幅度小于上涨（下跌）幅度。

使用趋势追踪策略，并不会硬性思考市场会有多少机会、多少时间，它们会处于趋势行情或是震荡格局之中。对趋势形态变化认知不清的投资人，很容易在趋势行情中过度贪婪，相对地，在下跌行情中，更容易变得过度恐惧。投资人的这种极端情绪演变和混乱行为，是导致市场价格快速或慢速变化的根源，甚至可以说，趋势追踪系统就是利用这样的市场特性而形成的一种操作优势。只要大趋势一形成，往往能够获得极大的回报，前提是投资人的持有仓位够大。趋势抓对了，筹码押注够大了，回报自然丰厚，但是，押注错了，损失也是极其惨重的，这也是许多人最后把股票投资与期货、期权交易变成赌博的原因之一吧。

在A股与期货市场，许多投资人研究开发出了许多趋势追踪方法，但大多没有形成交易体系（系统）。因为喜欢赚快钱，最后大多是在赌博，而这种赌博模式就是“韭菜”的特征。因此，当市场出现大趋势时，投资人势必要好好地把握时机，做出有效的进攻式操作，也就是有效的加仓操作，趋势周期越长、仓位越大越有利于财富积累。而在趋势不明显时，就是没有获利机会时，要能执行防守型操作，并且以减少交易成本为主要策略，像在德州扑克的交易策略中，就是要知道如何弃牌，减少不必要的看牌成本。

笔者以2017年6月30日的新三板做市指数为例（见图2-2-2），可以看到的是新三板的春天可能已经到来。但是否真的到来了，以趋势追踪策略而言，这是一个可以也需要追踪的标的物。对于2017年的下半年，市场大部分人从各个方面进行分析，依然是乐观者就是乐观结论，悲观者也就是悲观结论。以图2-2-2的新三板为例，到底会发生什么样的趋势结果，必须要经过一段时间才能证明，那么到底需要多少时间来验证呢？笔者认为这是投资人各自的心证问题，不需要做任何比较，投资人赚了自己该赚的钱就对了，至于别人如何，不过是聊天的话题而已，只要在自己的损益结果上较真就好。

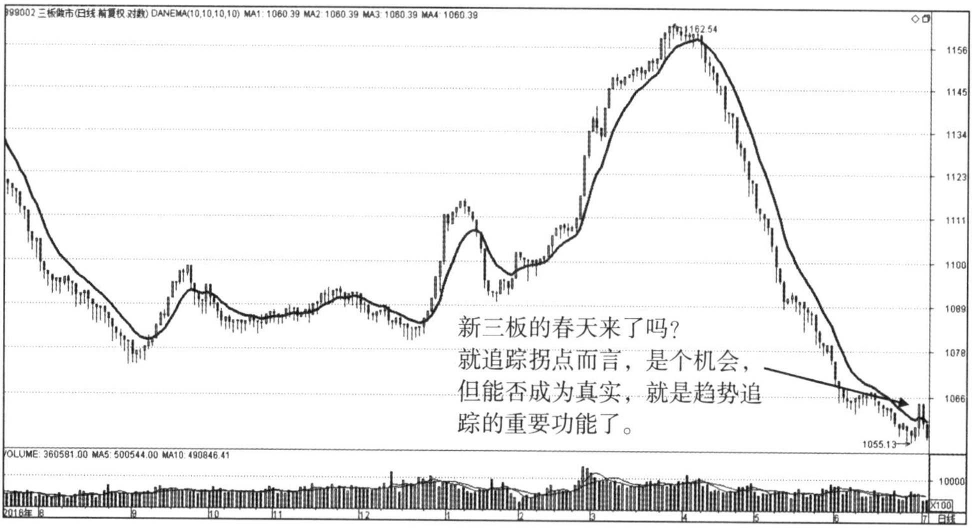

图2-2-2　新三板的春天到来?

在国际避险基金市场中，趋势追踪系统主要以中长期策略为主，近年来，因为市场波动率降低了许多，有些避险基金经理人开始使用短线策略。前面也提过，风靡一时的高频交易就是从做市商延展出来的模式，于是就有了以硬件速度分胜负的高频交易模式，还有以摆动指标为主的交易系统，例如日内交易模式、价量结构模式、趋势动能模式。

当然如何止损也是交易逻辑的重要部分，如何在各种趋势交易系统中建立合宜的止损策略，会由于投资人的资金大小、风险承受能力大小、报酬获取模式等因素而有所改变，却也脱离不了两种止损形式，一个是逻辑止损，一个是量化止损，本书在前面已经说明过，笔者在此就不多言了。

（3）对冲交易策略（Hedging Strategies）。

对冲交易策略成熟于计算机时代，流行于机构交易者加入之后，继而才让对冲策略交易扩展到全球交易员的思维里，尤其在把股票买卖作为赌博盛行的1950年到1960年。目前全世界的法人机构几乎都是打着对冲交易策略的旗号，在全球市场各自努力挣钱。这是一种“赔该赔的、赚该赚的”交易模式，没有可以完全超越它的阿尔法与贝塔策略，交易策略的有效性，应该在于获利的稳定性，不是对获利幅度的追求，赌场里的人十赌九输就是这个道理，最后赚钱的只有庄家，但庄家不是每个人可以做到。

对冲策略跟趋势追踪策略不一样的地方是，趋势追踪策略常常需要其他大量投资人犯错，制造市场过度贪婪或是恐惧所形成的交易机会，但是对冲策略不那么需要，对冲策略只要有一定的价格错位机会就可以进行交易，这个价格错位需要2只股票、2个板块或是2个市场产生轮动后的价格错位机会就好。

另外，法人机构的交易者拥有一定数量的资金优势，在单一方向垂直投机的策略中，常常是一点点资金就可以了，因为本来就是以小博大模式，为了规避持有股票或是期货仓位出现较大风险，因此，多个股票、板块、商品的投资组合模式，成为机构法人的基本交易手段之一，剩下的问题就是资金配置比例与风险管理上的承受程度设定了。

因为是以两个以上标的物为基础的对冲系统，在执行交易的交易员买入某一个标的物后，同时交易员会卖出另一个标的物，以达到规避单边股票持股或期货持仓的风险。最典型的例子是，买入中国平安加上卖出中国太保，当然这两只一买一卖的股票价值要越相近越好。如果把风险打开了，那就变成了风险性套利的交易模式。

相对地，在期货市场中，交易员可以买入玉米、卖出大豆作为交易标的物组合；再以国际市场模式为例，可以买进中国的玉米，卖出美国的玉米，也是一个交易策略。还有在债券市场里头，交易员可以买入五年期期货加上卖出十年期期货，再扩大一点来说，现在投资人的出国机会或是与国外做生意的机会越来越多，规模也越来越大，投资人可以在外汇市场操作买进一种货币，同时卖出另外一种货币。请投资人参考图2-2-3的人民币与欧元配对交易，投资人可以在价格波动过程中获取可能的最大利益。投资人看到的人民币与欧元价格走势之间的发散与收敛，就是交易机会，也是对冲交易策略的精神所在。

其实，在全球范围来说，许多不同性质的交易系统已经发展了将近一个世纪，根据不同的市场状况，各个交易系统都曾兴盛过，也曾经没落过。在今后的中国金融市场发展中，不同的交易系统也会有不同的演变，甚至有诸如高频交易这样的新兴系统崛起，却也快速没落下去。目前在全球监管机构的眼中，高频交易就像是过街老鼠，人人喊打，只有那些赌徒们还在做着大梦，希望有一朝能练

图2-2-3 人民币与欧元配对交易

出“圣杯”或是提款机之类的交易策略，殊不知除了高频交易靠速度赢别人来赚钱之外，其他所有的交易策略就是在低买高卖之间输赢。

有人说，只有充分了解市场如何运作、如何发展，我们才能明智地选择适合当前市场状况的交易系统！但是笔者认为这句话只讲对了一半，因为知道适合当下策略的前提是先知先觉，而笔者是做不到的（除了内幕交易），当然也不能不知不觉，那是输家的特征，笔者所相信的是最低限度的后知后觉，只是落后多久，就要看每个投资人、交易员、操盘人与投资经理的真实本事了。如果投资人对金融市场的运行模式与规律有一定的认识与经验，在解读当前市场走势的技术上，也应该没有太多问题。而如何设定合适的交易策略，那就要投资人根据方方面面的条件在市场变化中随机应变了，如果一定要建议投资人先学哪种交易策略，笔者肯定会建议投资人要学会趋势追踪策略，把这门功夫学会了，其他的交易策略就信手拈来了。

在人工智能盛行的今日，有国内基金公司准备发行一只“阿尔法狗基金”，其来由是Google的一款取名为“AlphaGo”的围棋人工智能程序在2016年3月对战世界围棋冠军、职业九段选手李世石，并以4：1的总比分获胜；在此之前，这一计算机程序还在2015年10月以5：0完胜欧洲围棋冠军、职业二段选手樊麾。它是由位于英国伦敦的Google旗下DeepMind公司的大卫·席尔瓦、黄士杰和戴密斯·哈萨比斯与他们的团队开发，这个程序利用价值网络去计算局面，用策略网络去选择下子，在得到如此胜绩之后，基金公司利用这样的名声，准备发行阿尔法狗基金，同时已经获得证监会批文，将上市募集资金。

没有多久，另外两家基金公司银华与前海开源也将发行阿尔法狗基金。就在程序交易与主观交易的冲突下，整个金融交易市场是越来越热闹了，而这两者各有其优点与缺点，如何整合两者就是本书想要解决的问题，笔者想到的是逻辑化智能交易模式，这是斜率操作法的进阶版。单纯的斜率操作可以用在单一标的上，而逻辑化智能交易模式可以应用在更大资金的交易之上。

事实上，任何一种交易策略都是可以变成逻辑化操作的，只是设计者必须注意执行上的人为问题，因为执行者是人类，如果这个策略让人类没有执行力，或是策略设计者没有考虑好这个环节，也可能导致好的交易策略最后没有办法执行。

这种智能策略是结合了人类与电脑的高度理性而执行的交易模式，逻辑化操作要求投资人必须有章法地进行交易，必须像电脑那般理智而无情绪干扰，过去许多投资人或是程序员相信电脑编程交易，最主要还是对自己的执行能力没有信心，或者是没有受过严格的交易训练。各位投资人请去看看那些被华尔街投资银行解除职务的员工，几乎都从事的是规范严谨、不可变通的工作，而那些需要人类进行决策的工作，例如有交易决策权的投资经理还在工作，那些董事会成员没有被电脑程序所取代，那些维护电脑运行的工程师的市场需求越来越多，这说明不是电脑取代人类的工作，而是时代变迁过程中，人类换了另一种工作形式而已。每个人都有自己的安身立命之所，只要能找到就没事了，而一直没有找到的人，只要不停地追求，总有一天必能觅得。

所谓智能化交易，就是能获利的逻辑策略、交易模式，加上能被高度执行的交易流程，同时在策略的驾驭上经验越丰富越有效。对投资人的交易策略设计是如此，而基金经理人则要比投资人更加懂得这些问题的解决方案才是啊！

所以，严格思考基金策略设计目的，从交易策略执行结果角度来说，任何形式的操作策略都可以被设计出来，当然有无效果就看操作的效益性了，会不会变成别人的“小白鼠”就看投资人的智慧了。如何不当“小白鼠”有几个检测点，这里可以提供给投资人参考，或可以对投资经理人的一些要求：

第一，有无专注争取绩效与风险控制？

第二，有无操作的标准设定或可追踪模式、程序？

第三，有无建立趋向精准、完善的交易策略与优化模式？

第四，对自身与交易上各方面要求是否足够高？

第五，是否建立完整的交易程序或逻辑？

第六，在经理人与团队的体格维持与精神健康方面做了哪些努力？

第七，投资经理人是否刻苦、服从、可靠和诚实，以及有责任感？

这些看待投资经理人的方式或许严苛，但是资产管理原本就不是赌博，如果投资人不能正确认识金融市场的人性面，赔了钱，笔者也不能说什么，只能祝福投资人不受太多的试探。

再进一步从笔者的角度来讲，上面所提的七点是要联结到投资经理人的交易策略操作，而所谓的长期效益，不是单纯的报酬率有多高，投资人要思考的是一个投资经理人的各种能力，例如市场风险、操作持续性、管理规模能力、交易稳定性、职业道德、家居生活方式与家庭关系、与谁为伍，等等。能学习以法人机构角度思考，对投资人资产增值才有长远意义，否则资产递减是必然的结果，拿自己的钱给别人花，当了“小白鼠”还要感谢人家，天下还有比这种事情更有趣的吗？

投资人应该会同意，资产管理是一生的事情。当投资人同意了，上述的种种检测点就是必要的。由此，投资人才会把钱当钱看待。那么回过头来，笔者前面提过，趋势追踪是所有交易策略的基本，这个基本来自低买高卖方法，那么，如何才是低买高卖的操作模式？

接下来的章节当中，笔者先就要针对斜率的趋势辨识技巧、应用方法进行说明。斜率是辨识趋势的第一选择，进而才延伸出斜率操作法。

◎花絮：财务自由的基础

斜率操作法是交易技巧基础中的基础，若能把交易策略再分配与时间运用、标的分散、资金管理、报酬分配和风险承受度等多个面向的综合性应用上的不同需求结合起来，投资人可以想象那将有多少交易模块可以被设计出来！这样的技术与经验是多么重要！所谓财务自由都要在这些基础上才能架构起来。但是，对这个道理，各金融与上市公司老板、交易部门主管，以及天使资金的金主、一般投资人等可以理解多少？如果理解得越少，身为交易员、操盘人或基金经理人所承受痛苦，就会呈反比增加。

◎再论，为什么是斜率？

低买高卖的第一个要件是如何理解市场趋势，事实上，在笔者的《斜率操作法》一书中已经有相当清楚的交代了。在本书中，笔者的着重点在与期权策略的结合上，因此，斜率是什么的问题就不多讲。那么，为什么是斜率，可以再进一步说明。

在斜率的基础上，投资人判断市场价格趋势可能的变化，并且依据变化调整仓位，以取得最好的效果，达到资产管理的赢利目的。以图2-2-4航天信息（600271）为例，投资人期待的是在17.35元附近买进（斜率向上），然后在更高

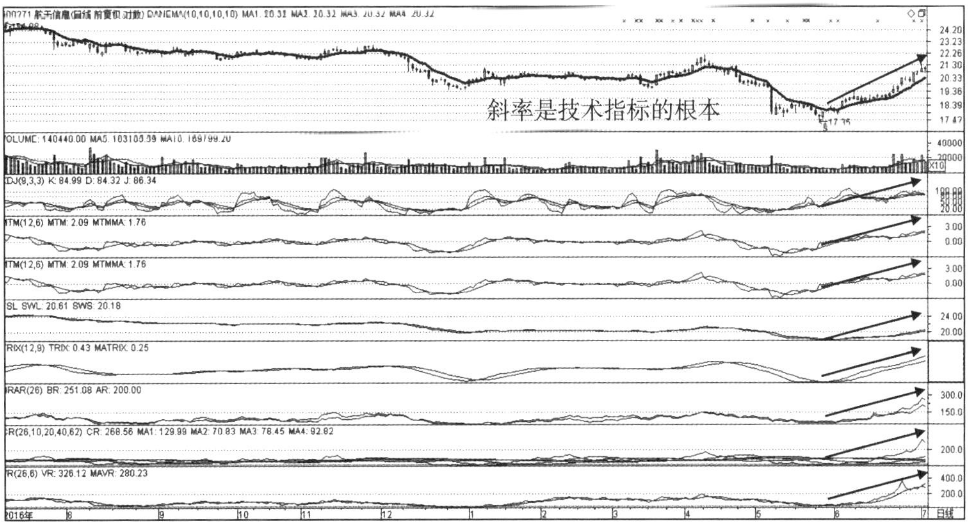

图2-2-4　斜率是技术指标的根本

价位附近卖出（斜率向下或走平），做获利了结动作，如此股票操作是投资人梦寐以求的结果，在6月买进建立仓位，到7月卖出获利达到20%，投资人不要说这是做不到的，只要逻辑正确，只要执行力够强，只要投资人真的想要赚钱，而不是把股票市场当作赌场的话，笔者依然愿意相信，任何一个有以上能力的投资人都可以赚到钱。事实上，投资人之所以做不到，除了对交易策略没有正确认识之外，还有不信任交易策略的原因，加上自身的怠惰性，综合起来，投资人就具备了不赚钱的条件。

二、技术工具追求的是斜率

单单一个斜率思考逻辑就可以解决趋势辨识问题，而在图2-2-4内的每一个趋势辨识工具，也是可以被使用的，它们的功能性也还是存在的，但跟斜率相比，投资人不觉得它们复杂多了吗？大道至简的理由就在此，不知道投资人能否理解？同时，不管是用什么技术指标的交易工具，甚至是经济指标的应用，也都要在斜率的陡峭程度上做足功课才行。

技术指标那些所谓的“20以下买进、80以上卖出”“黄金交叉、死亡交叉”，最终还是在思考斜率变化、追踪斜率变化。笔者再次说明，任何技术工具都是可行的，但是要回归到斜率辨识中，才能展现其逻辑上的意义。所谓大道至简，不是把外在弄得看似干净、无为，而是应该要把逻辑弄得简要、清晰、可行。斜率几乎可以解释或应用到绝大多数技术工具，就是最干净精要的思维逻辑或说是技巧。

斜率=价格方向+趋势强弱，请投资人勿忘此点。

三、斜率进阶用法：斜率应用+期权策略

笔者的斜率操作法，是期待让投资人在交易上更加有效益，让交易变成一门

可以独特应用的技术，例如投资人可依照本书所提模式修改内容，将平均线改成MACD、KDJ、布林通道，或是使用笔者其他拙作《一目均衡表》《交易，趋势云》等中的，投资人可以想象而设计出来的模式，之后甚至可以传承后代（强调一点，如果高买低卖才能获利，则本书所提逻辑化交易策略将会无效）。

笔者的意思是说，让下一代继续应用、发展、优化这套交易逻辑，进行股票投资理财。期货交易操作有点门槛，要小心些，这一点投资人可以不用怀疑。这也是笔者期待的斜率进阶使用方法。

当然，另一个前提是金融市场不能消失，据此投资人想想看，金融业消失这个可能性，在未来一百年中出现的概率有多高？如果是不可能的，那么请投资人安心在以斜率为基础的逻辑化操作模式中享受交易的乐趣。所以，投资人要思考的是，如何完善自身交易策略中的执行机制，而笔者相信这是可以的，因为笔者这样能力不强的人都可以做到，聪明如投资人的你们怎么会做不到？只是斜率就可以有百种变化与应用，其他更加有用的技术就等投资人去开发了。

就斜率使用而言，当斜率明确展现市场价格趋势反向变化时，期权就是一个控制风险的工具，协助强化投资人自己在交易策略上的执行力，那么如果斜率不明确、信心不足的时候呢？

因为台湾股市有个股期权，所以笔者以台湾股票市场的富邦金为例，在2016年1月底时，投资人看到有进场买进股票机会，但是没有足够的钱，或是信心不足，不知道它会不会上涨，会不会套牢，在狭隘的交易格局状况下，最终错过机会。

投资人是否发现，在图2-2-5中其他的交易工具是多余的？当然，笔者要再次说明，任何交易工具都是可以使用的，重点是要逻辑化操作。在此，笔者不谈论其他交易工具的使用方法，要提的是斜率与期权策略的交易模式。这个模式就是以斜率操作法为基础，在有了趋势判断工具后，在更细腻的策略运用上，把期权策略加了进来。笔者发现这是相当有用的交易模式，在多年的应用经验中总结了一些想法，才有在台湾出版的《逻辑化操作+选择权策略》这本书，这也间接地让笔者在2017年产生出版简体版的念想。

如图2-2-5所示，斜率向上时买进看涨期权的动作，目的在于控制风险，当然直接买进股票也是一种操作，就操作细腻度而言，买进看涨期权后，可以在斜率上升的过程中加码买进股票，因为已经具备了优势仓位，任何的加码买进，都有助于获利增加。

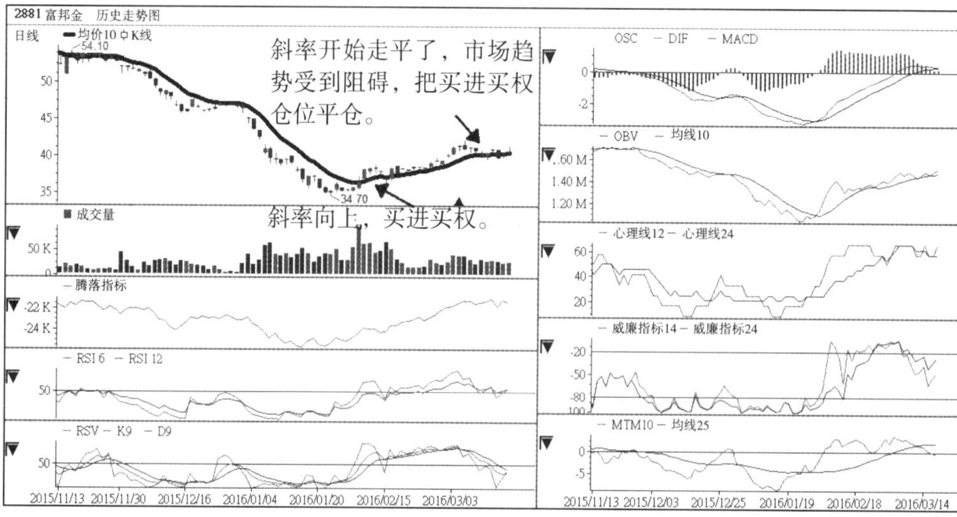

图2-2-5 斜率向上故买进看涨期权

最有趣的是，某些投资人会问，加码后下跌怎么办？这种问题的回答如下：

第一，这是“韭菜题”。

第二，趋势逻辑改变，进行必要的调整仓位操作，就是最合理的结果。

第三，如果是后续股价直行飙涨而上的话，第一问题就变成最无言的问题，如果是第二种情景，那么执行相应策略，寻找下一个交易机会就行。

投资人的诸多疑问可以理解，笔者也经历过，但不要变成人家的“韭菜”。把交易的战术战略练好，就算投资人不是在交易世界中工作，也能靠价值投资与择时能力，赚取第二份薪水，这也是一个很好努力的机会，不是吗？

事实上，本书所讲核心逻辑与期权策略的合宜结合也相当重要，因此在附录部分中，笔者准备了一些在交易期权上的资料，如果对核心逻辑有一定的掌握，可以使用附录中所提的策略思维与配搭模式，相信投资人必能更悠游于交易的乐趣当中。

四、追踪明显趋势的模式与操作

趋势追踪如前面所提，在斜率向上时买进，在斜率向下时卖出。看似容易，实则灵活性颇高，要是能够驾驭的话，可以享受其中悠游自在的乐趣。在笔者的认知中，能够在短时间内驾驭逻辑化操作的人并不多。有较多市场经验，或是主观性太强的投资人，容易产生断断续续的“撞墙期”；而服从性越高的投资人，越能够驾驭这套逻辑。

所以，投资人若遇到“撞墙期”也不必担心，只要不断归零、不断归零、不断归零，那么，就比较容易驾驭它了。这是给投资人的衷心建议。趋势追踪模式因为无法以一步一步带单模式说明，故只能将其基本执行程序说明如下，希望投资人能够举一反三，在执行过程中一点一滴地领悟。

1. 做多模式——逻辑化操作

（1）以斜率向上为趋势形成的判断标准，也是开始建立仓位的起始点。

（2）在风险可控的前提下，买入一只股票来建立基本仓位。

（3）趋势继续有利，在回调有撑的条件下，加码买进。

（4）反之，在回调无撑的情景下，减码操作。

（5）在价格趋势持续对仓位有利的情景下，可以在回调有撑时加码买进股票。

2. 做空模式——逻辑化操作

（1）以斜率向下为趋势形成的判断标准，也是开始建立仓位的起始点。

（2）在风险可控的前提下，融券卖出股票来建立基本仓位。

（3）趋势继续有利，在反弹无力的条件下，加码融券卖出股票。

（4）反之，在反弹有力的情景下，减码操作。

（5）在价格趋势持续对仓位有利的情景下，可以在反弹无力时加码融券卖出股票。

从逻辑上讲，投资人在交易上的混乱越少，越能体会逻辑化操作的好处。而既然是追踪趋势的策略，那么，什么是上升趋势与下降（下跌）趋势呢？投资人可以下面的思维逻辑来辨识。

五、上涨三绝与下跌三绝

1. 上涨三绝

当市场走在一个多头趋势型行情时，投资人很明显看到持续上涨的格局，如同图2-2-6道琼斯指数一样，有着不断出现新高价位的模式，这种模式的确认还有别的方式。

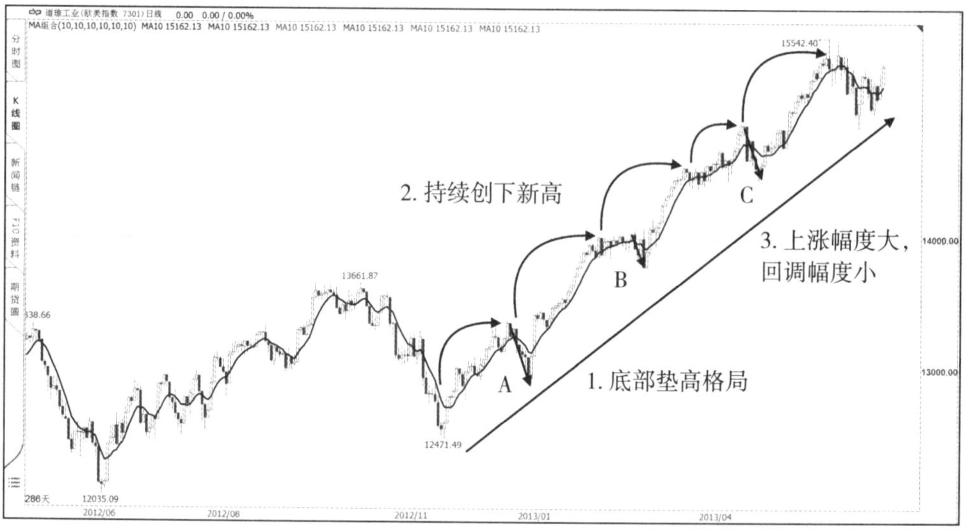

图2-2-6　上涨三绝

上涨三绝的条件：

绝对条件1：持续呈现底部垫高格局。

绝对条件2：持续创出新高价。

绝对条件3：回调时，其下跌幅度必须小于上涨幅度（回调调整浪<上涨推动浪）。

从图2-2-6可以看到，第一，市场价格呈现底部垫高形态。第二，价格的后一个头部比前一个头部高，这是明显的。同时，在A、B、C三段，投资人是否也看到，当市场价格出现回调时，其下跌幅度都比前一波的上涨幅度要小许多？这样的情景结构，就是上涨时投资人持有多单的重要依据。当然，会有投资人认为，从事后分析，上升结构是明确的，但在持有仓位当下，心理受到的影响很大，可能在一有回调时，就全部出脱了，甚至有人还去放空它也是说不定的事。

这是理所当然的。市场也正因为有不同的操作情绪，因此就算用相同一套交易策略，操作出来的结果几乎都会不一样。笔者认为这是非常好的现象，虽然说同一套逻辑有不同的结果，但重点是，使用者是否都是获利出场的，那才是笔者关心的问题。如果答案是肯定的，那又何必担心大家的操作各有不同呢？

2. 下跌三绝

有上涨三绝，就有下跌三绝，其逻辑条件刚好与上涨三绝相反，如果投资人对市场价格走势有一定研究对话，应该能举一反三地想象了吧？

下跌三绝的条件：

绝对条件1：持续呈现头部降低格局。

绝对条件2：持续创下新低价。

绝对条件3：反弹时，其上涨幅度必须小于下跌幅度。（反弹调整浪<下跌推动浪）

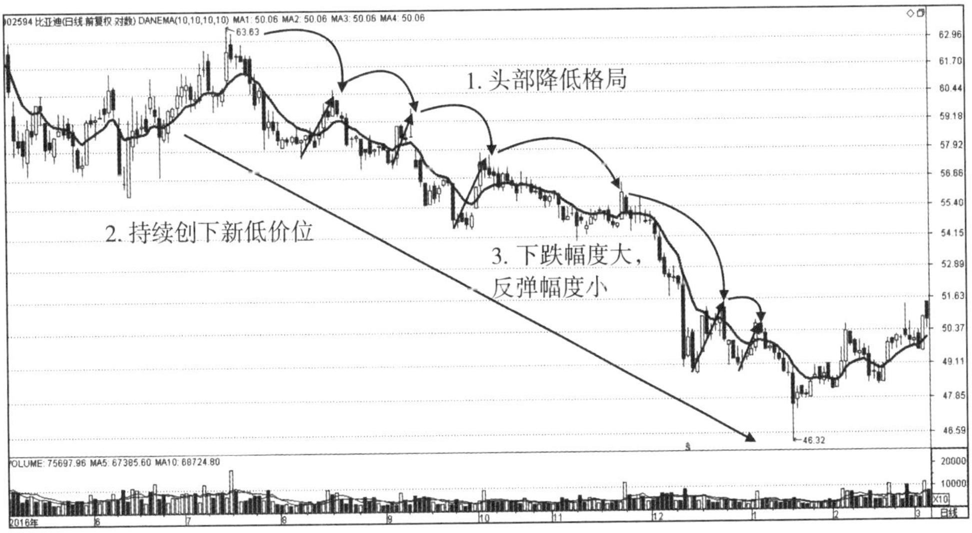

图2-2-7　下跌三绝

投资人还可以发现，下跌三绝与上涨三绝在逻辑上具有对称性，这样的对称状态表明了市场价格变化的规律性、可追踪性，这个结果让投资人有机会从许多价格噪声中解脱出来，但是投资人能否理解到心坎里，并且使它成为投资人的操作核心逻辑，那就是投资人的选择问题了。有人选择相信，不断使用与练习，最终能够很有效率地驾驭这三个绝对条件。在趋势交易的应用上，尤其是操作单边方向的投资人，最需要的是对趋势方向的辨识能力。或说这种交易策略依靠时间延长，使股票价格提高后，在趋势明显时，对未来行情变动有更高的要求，更有甚者对价格变动速度也有极高要求。

因此，投资人可以使用上涨三绝与下跌三绝模式来辨识趋势方向，再利用斜率操作法确认速度变化，两个逻辑交叉应用的同时可以理解目前价格趋势是否改变，目前的上涨或是下跌“速度-斜率”是否改变，来调整投资人持有的股票数量，或是应该要进行期货避险操作的策略设计与执行。如此一来，就算是单边操作，风险性能够得到控制，进而让投资人享受趋势挣钱的乐趣。当然，笔者要再次说明，任何操作模式的设计与执行，都要经过长时间的练习与经验积累，才能很好地驾驭属于投资人自己的“圣杯”模式。

天下没有白吃的午餐！它山之石，可以攻玉，期待投资人能谨慎为之。

六、盘整行情确认

投资人都知道趋势盘比较好操作，但是一遇到震荡盘就感到恼火了。小幅震荡或快速盘整模式，一直是投资人最为困扰的行情。归根究底，当价格在没有趋势的行情下，投资人的任何策略都会失效，故此，除了市场出现小幅震荡，或快速盘整外，更加让投资人痛苦的还有一种，就是小幅又快速的震荡盘，这种行情会引诱投资人进场交易，但等投资人认为要开始赚钱时，行情却反转了，等投资人认赔止损了，行情又对之前的仓位有利，开始同向波动了。这样的情景常常发生，那么，投资人的交易策略是什么？如何解决这种问题？

1. 盘整的定义

先说什么是震荡盘。它的确认方法如下：

（1）在当下的价格位置，已经出现一段趋势性行情（越大越好）。

（2）之后，价格形态出现高与低三个点，它们处在狭幅并且彼此相离不远的位置。

（3）依据这三个点位画出一个矩形框（如图2-2-8的A1与B1），作为横向整理区间的基础。

（4）之后，投资人可以合理怀疑未来的市场走势会在这个区间之内，不断延伸下去（如图2-2-8的A2与B2）。

（5）直到盘整区间被向上破坏，或是被向下破坏之前，投资人在看待市场波动时，不能有过多的幻想，要以目前价格变化的客观存在为主，认定当前价格形态是重要的，如果震荡行情没走完，就是继续震荡、盘整格局，投资人不能有过多的思考。

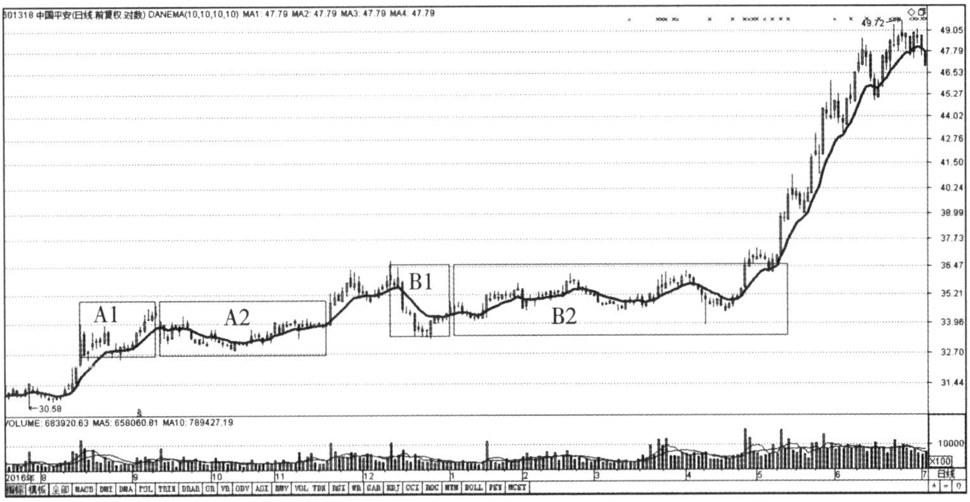

图2-2-8　盘整的定义——中国平安（601318）

下面以图2-2-8中国平安（601318）为例，具体分析如下：

（1）在A1区块内，投资人看到高与低三个点构成了一个基础震荡区间，这就是本书定义的最初盘整区间。

（2）到了A2位置，市场价格波动情况，在交易思维上仍然是以盘整来看待。这时候投资人的交易模式，就由趋势操作的长线持有变成短线持有。

（3）短线交易模式在股票市场中，最好的交易策略是操作T+0策略，也就是以当日来回震荡区间为主的操作方式。

（4）在震荡格局没有改变之前，投资人在短线上的利润就是来自投资人能截取多少仓位。收取越多，获利也越高。

（5）但是，笔者仍要提醒投资人，短线策略最怕的是快速趋势行情。状况好点的就是少赚一些，操作得不好就会提高交易成本，还要赔上差价。

2. 盘整盘的持久战

下面以图2-2-9日照港（600017）为例，具体分析如下：

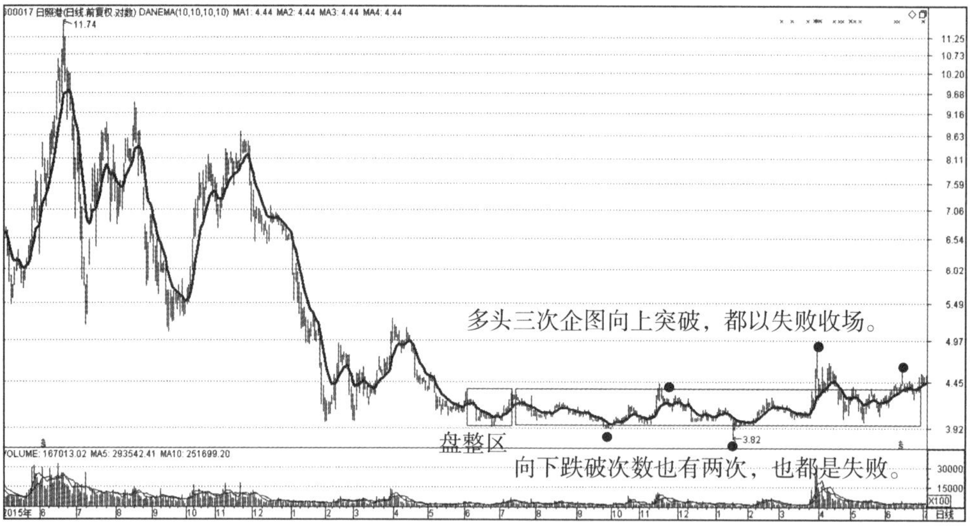

图2-2-9　盘整盘的持久战——日照港（600017）

（1）这是标准的横向整理的格局。

（2）其中多方在不同时间点，几度企图突破上缘压力，但最终还是失败，返回到原来震荡区间之内。相对地，空方也二度打压市场价格，最后也是以失败收场，可见股价真的是让投资人没辙。

（3）这样的现象从2016年5月到2017年7月都还没有完全结束，因为日照港的股价还没有出现趋势型行情。

（4）这样的行情没有解决方法吗？这种格局的股票走势，建议的操作模式是：

①在框架被定位后，就不做任何操作，因为震荡形态是比较难有获利机会的，除非投资人操作敏感度够高，否则不容易赚钱。

②如果投资人认为自己可以在这种行情下赚钱，建议是以有赚就跑的方式进行交易为佳。本书的逻辑化操作即是合宜的应用模式。

3. 盘整盘操作策略

下面以图2-2-10山西汾酒（600809）为例，具体分析如下：

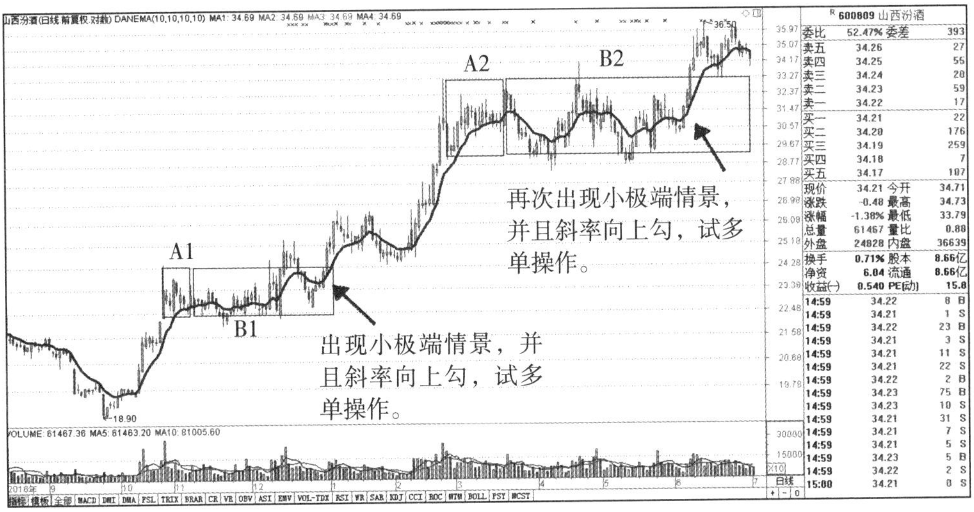

图2-2-10　盘整盘操作策略——山西汾酒（600809）

（1）这是震荡向上的走势，盘整一段时间后，价格就往上推升一次。

（2）A1与B1震荡之后，山西汾酒价格一度呈现无趋势性走势，尤其是B2的狭幅震荡，更是让投资人难以消受吧？

（3）因此，如前面所说的，遇到震荡行情，能不做单子，就不要乱动；如果一定要持有仓位，或是需要进行操作，最好的方式就是有赚就跑，不要太贪恋市场。

（4）市场常常出现这种震荡向上模式，投资人只要对这只股票有深刻的研究，就可以留有基本仓位，例如1%或者是少量股票，即便跌了也不会让投资人感到胆战心惊。

震荡盘让人很恼火，但是也是一种操作机会，问题是投资人如何利用本书所提的核心逻辑。在有能力驾驭核心逻辑的前提下，笔者相信投资人还是可以有获利机会的。

第三章

乖离——趋势确认后的极端情景

一、乖离是市场情绪的表征

事实上，在本文前面投资人已经看了乖离的应用。那么如何认识乖离？如何应用乖离这个工具？因为“乖离扩大、新高／新低、乖离收敛”原本就是同一组逻辑，投资人在思考转折点时，就需要一起使用才是。

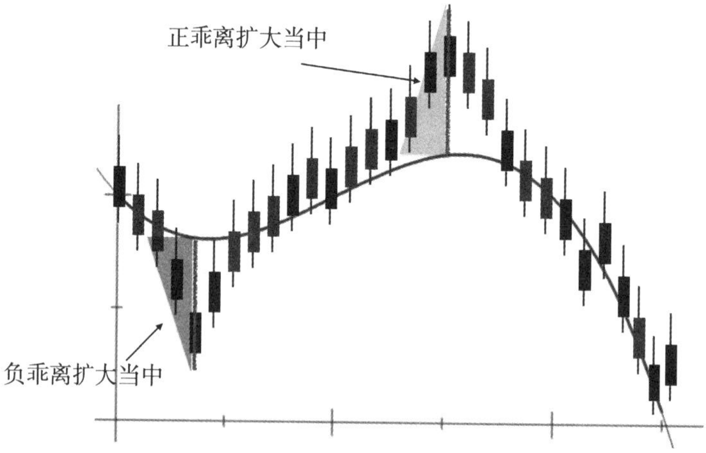

图2-3-1　正乖离与负乖离扩大模式

虽然乖离也是许多投资人常用的工具，但笔者所使用的乖离计算方式与一般不同。在得到乖离值后，不能把乖离单独使用，必须是在清晰度、完整性高的系统化模式下，才能把乖离这个工具用得漂亮。

乖离扩大（见图2–3–1）、新高／新低、乖离收敛，这三个逻辑以组合方式一起使用，是逻辑化操作的起始要件。

在笔者的交易经验中，这三个条件同时完成时，才是进行试单的机会。这个机会在于打探敌方军情。例如，出现负乖离扩大+不再创新低价+乖离呈现收敛现象，那么就是执行尝试性买入多单的时候。

在负乖离过大时，一般在股票与期货市场较为简单，直接试单操作就是，而在期权市场，投资人可以买进看涨期权或是卖出看跌期权，两种做法都是正确的偏多策略。但不同的是，买进看涨期权要与高陡峭的斜率配搭，才能达到最佳效果，也就是期权买方要用在快速上涨的机会中，因为买进看涨期权的缺点是，随着时间的往前走，权利金的价值会越来越低，而价格走势非常快速时，买进看涨期权的时间消耗最少，因此，在快速行情下，买进买权是最佳策略。

在市场价格的速度性问题上，必定要提到期权交易，期待投资人能够不仅在股票、期货市场有所斩获，在期权市场上也能有所成就。因为股票、期货衍生出了期权，就是说在“股票+期权”“期货+期权”的交易策略中，投资人可以有许多发挥的机会。

另外，如果在试单的当下，还无法判断市场的上涨速度，可以利用买进看涨期权方式，控制好看错行情方向的损失。当然，要付出的代价就是时间价值的递减结果。在一进场就遇到大行情，那么买进看涨期权的获利值迅速增加，在趋势愈加明朗化时，持续买进看涨期权或是卖出看跌期权，一个支付权利金（–20点），一个收入权利金（+15点），一来一往之后，等于可以最低成本持有仓位。

从图2–3–2中可以清楚看到，市场行情的快慢可以使用斜率的陡峭程度来进行观察，这样的工具利用，是所有技术工具的基本，也是最核心的部分。对投资人来说最重要的是把“斜率=方向+速度”牢记在心中，在必要的时候加以应用就是最好的。

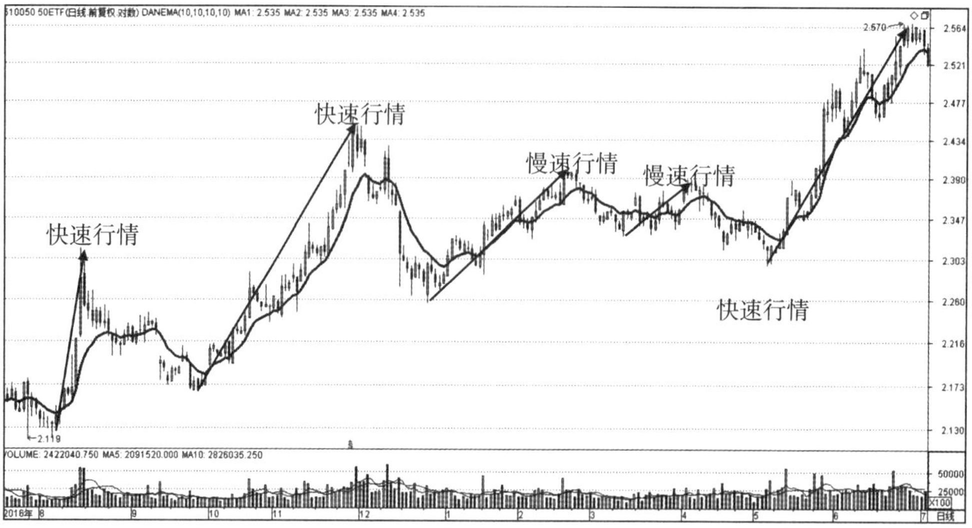

图2-3-2　快速行情与慢速行情

不要忘记：

斜率=方向+速度。

正斜率=上涨方向；负斜率=下跌方向。

斜率陡峭=强势行情；斜率平缓=震荡行情。

此部分笔者已经强调多次了，还希望投资人可以理解斜率的重要性。

二、乖离与智能的作用

提到这个问题，笔者用意在于想要向投资人说明，乖离是非常简单的一个技术指标工具，但是将乖离的扩大与收敛配搭新高、新低价格变化之后，整个功能就不一样了。

乖离扩大、新高／新低、乖离收敛，这个组合对市场价格拐点的表征与截取产生更高的附加值作用。意思是说，在智能运用上，使得看起来没有什么了不起的小东西、小部件变得非常不一样。

乖离，表达了人类贪婪与恐惧。投资人可以想想看，在市场正常运行中，价格与趋势应该是亦步亦趋的，但是偏偏价格与趋势是一个一体两面的结合。意思是说，在人类的恐惧与贪婪之中，趋势代表着大家心里的意向，呈现出来的就是到市场去买进股票或者是卖出股票，到此为止没有什么可以说明的。

1. 一场互相踩踏的电影

当投资人按着顺序进场看电影的时候，大家的心情是愉悦的，在那么放松的情景下，任何人都经不起重大的、激烈的冲击。但是事情发生了，突然有人拿了一把火炬，进到电影院内，丢到群众之中，有人立即大喊失火了。

这么多放松心情看电影的人，开始往那窄窄的门冲去，由于门窄，前面的人还没有出去，后面的人已经开始焦躁、推挤，然后是踩踏。这一踩踏的后果就是大家都出不去，这时，火势开始凶猛而浓烟呛鼻，吸入浓烟过多的人开始出现呼吸困难现象，而前面的人都还堵在窄门之前，结果投资人可想而知。

市场是盲目的。这句话是说市场就像上面的电影院情景。价格快速下跌的过程，就像做多投资人互相踩踏的过程，这个过程在股票市场甚至是期货市场常常出现，投资人可以说是多杀多模式，这种模式出现后，所谓价格与趋势的差距即乖离就越来越大了。

这么重要的下跌现象，非常可观地与是否创出新低价位，再与这个负乖离开始由大变小，就是乖离收敛情景，二者同步出现时，其效用意义就不言而喻了。

2. 多大的乖离才算大?

不管在大陆还是台湾，都有投资人会问这个问题。这个问题的重点在于投资人没有把笔者所提的三个要素一起思考，没有真正理解“乖离扩大+不创新低价+乖离由扩大转收敛”这段话的用意。笔者的意思是说，只要三个条件到齐了，这时候的负乖离就是最大的，也就是已经出现负乖离过大了。在量化策略设计上需要数字化结果来表示，笔者是可以理解的，但是在核心逻辑的驾驭上，把三个条件合在一起，才是重要的。

乖离过大与否的判断是逻辑展现的结果，不是一个数字可以表达的，在笔者的逻辑化操作中，要求的是投资人要能理解，一只股票、一个期货品种，任何由数字驱动的价格趋势变化，都会有自己的市场情绪，每只股票几乎各有不同，或许这就是所谓的股性吧？那么，一个数字要把一只股票的特性完全表达出来，是多么不容易的事情！但逻辑化思维、人类的智能行为解决了这个问题，不是电脑一般硬思维。

智能与否就体现在这个应用上的能力，要有智慧地使用各种工具，不是被工具控制。笔者相信，电脑的计算能力可以帮助人类解决许多大量计算问题，但是完全取代人类的价值与功能，在短时间内应该不会发生。如果人类让这种事情发生了，完全被电脑替代了，那也是人类自己的选择。只是笔者还无法相信人类会如此的自我折腾。

再进一步思考，投资人、交易员、操盘人、投资经理们，如果被电脑取代了，像现在所谓的智能投顾功能可以取代人类投资，那便是市场的交易、管理、运行模式已经完全改变了游戏规则，否则，人类的智能能力应该要取代电脑的智能决策能力。笔者的意思是，人类只有把综合判断的智能能力，如投资艺术部分发挥出来，才能不受到人工智能的威胁。事实上，笔者认为人工智能应该只会帮助人类更加高效率地做事情，如此便是最好！

三、正乖离与负乖离

本书所提到的乖离的使用理念与方式，跟一般市场上有所不同，前面已经说了很多，在量化公式上，笔者认知的乖离公式如下：

（1）正乖离=最高价−平均价（例如10天均价）。

（2）负乖离=平均价（例如10天均价）−最低价。

10天均价（EMA）也可以使用10日平均线，这两者的变化是投资人要重点观察的部分。而乖离与价格是否持续扩大（图2−3−1有说明），更是使用乖离这个工具的重点，意思是说，如果没有持续扩大现象，乖离只是表现市场现状的结果而已；这种结果的呈现对投资人、使用者的帮助不是最大。

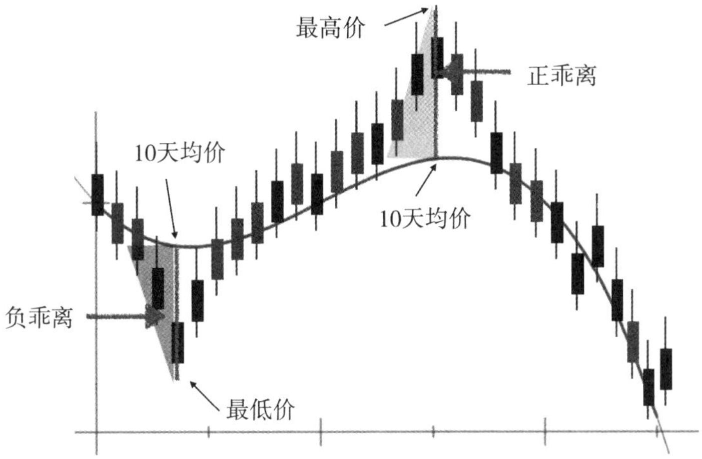

图2-3-3 正负乖离

那么，乖离持续扩大的状态又代表什么呢？当乖离持续扩大（不论正负乖离），表示市场价格，也就是投资人的交易行为已经开始出现过度反应，这个阶段的重要性在于，如果投资人发现价格已经偏离价值，那么，价格会自然而然地回到价值的身边，这是目前市场的看法，是可以如此解读的。

但是，根据笔者的认知，除了价格与价值的关系之外，更重要的是，一个市场内又有不同目的、不同资金规模、使用不同交易策略、有着不同风险承受力、对报酬有不同要求、个性或躁进或温吞的投资人，他们有各自在不同时间点情绪受市场不同程度影响，在这些因素交错变化下，市场价格就会呈现出来来回回的走势变化，尤其是短期之内，多空来回碰撞。当价格乖离扩大到一定程度，市场就会有反向力量出现，让价格回归到应有的轨道之内。

价格就在这样或涨或跌的过程中前进，直到一方的力气衰竭为止，不论多空市场，都是一样的逻辑。因此投资人可以利用乖离这个工具进行试单操作。

如果投资人把这个方式用于截取转折点，也不为过。

四、新高价与新低价

在前面笔者提到乖离是一个转折点的认识与应用中，第一个层次表明，既然是应用的一部分，就会有其他条件配合，新高价与新低价就是另一个重要的逻辑，这部分内容，投资人应该还没有忘记。事实上，是否创新高价与创新低价也是投资人所周知的逻辑，而配合乖离扩大到一个极端，加上不破新价位，那么，这个低点或高点就可以视为进一步确认。

如果市场价格已经经过一段时间、一定幅度的上涨，正乖离也真的过大了，投资人不预设立场地思考一下，就明白正乖离的大小不是用数字表达，而应该用逻辑模式去思考与应用才对。

股价上涨很好，这时价格却不再创新高价位，显示多方力量开始衰竭。这时候，还在市场内的多单将开始怀疑自己是否变成别人的撑盘侠，或是变成接盘侠。因为聪明的多单已经获利了结，而反应迟钝的多方却留下来帮别人撑盘，我们就称之为撑盘侠。而接盘侠是在股价下跌的时候，进场买股票的投资人。因此，撑盘侠与接盘侠的定义有所不同。

反之，负乖离过大了，市场价格不再创新低价，也正显示空方的下压力道已经没有之前那么强烈。当下，我们可以理解市场正在孕育一股不一样的气氛，或说有一种投资人还没有办法知晓的变动正在悄悄地兴起。那么，空方被轧空时，一股极其强势的势头就会出现。

从这里思考，投资人可以得到一个结论：当市场价格不断创新高或是不断创新低，就是市场趋势性走势正在转折中，这应该是毋庸置疑的。

投资人从图2-3-4可以看到市场趋势的延伸逻辑，在于很简单的新高价、新低价是否持续出现。道琼斯指数上涨过程中有一个非常明显而且必要的逻辑就是低价要创新高，高价也要创新高，两者同步存在时，即是上升趋势的重要标志，也是证明多方不断拉高气势的实证。对空方而言，多方不需要讲什么理由，有胆识就拿真金白银来买，而且你的买进力道要比空方卖出力道还大，其他语言都是多余的。

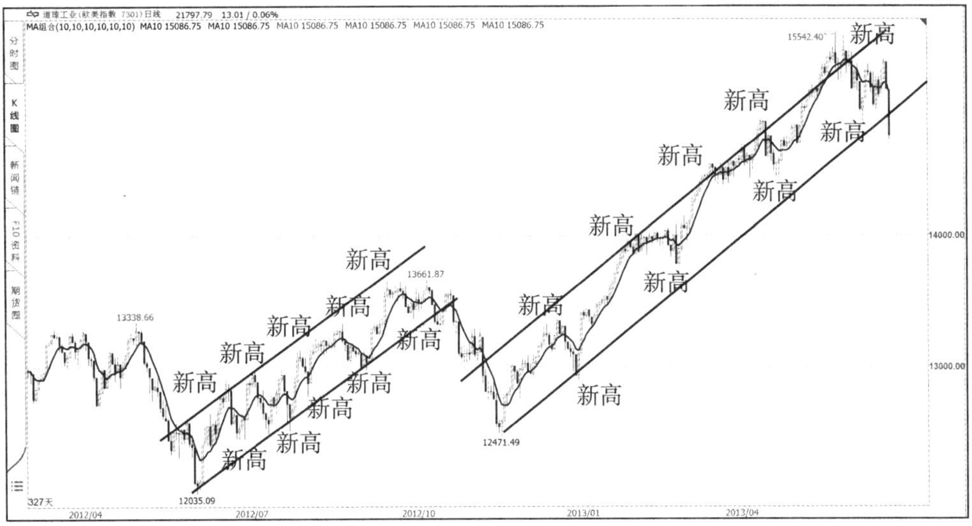

图2-3-4　新价位——道琼斯指数

这看起来是简单明白的，而执行追踪起来却是很困难的，市场上，我们常常说的知行合一就是这个问题。在技术上投资人要清楚辨识逻辑在哪里，对此有高度认识与信心之后，才有去执行的动力。当然，很多投资人在认识不清楚的情况下就胡乱一通操作起来，**逻辑不通、情绪混乱、执行不力**的状态就注定这种投资人的失败，虽然笔者也经常为此困扰，但从没有放弃努力过。

五、乖离扩大后，乖离开始收敛

新价格展示着市场趋势，而在空头市场负乖离慢慢扩大后，会出现收敛现象；相对地，多头市场正乖离慢慢扩大后，也会出现收敛现象。意思是说，不管市场是多头或是空头，在市场转折点（又称为拐点），市场价格呈现乖离收敛状态是必要条件。投资人甚至可以说是乖离收敛成就了趋势转折。

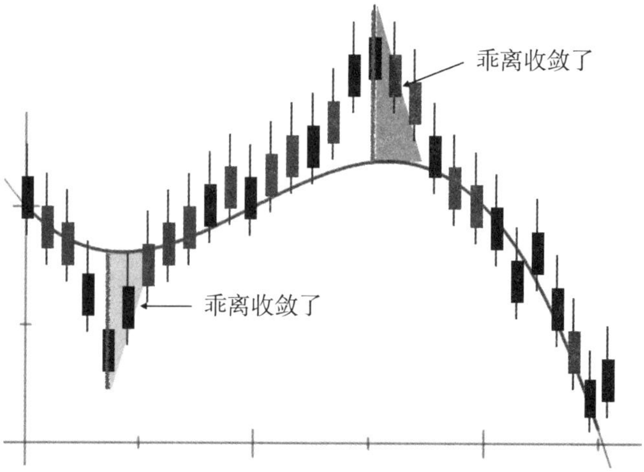

图2-3-5　乖离收敛状态

乖离是市场在表达单边思想、意愿、能力、权力的一个很有力的证明，因为它标志着是否扭转市场趋势。要扭转市场趋势不是一件简单的事，它要先说服自己这一边的人，愿意与它共襄盛举，同时，它更要用实质的力量去改变反对它的人，那些曾经与它为敌的一群人。当然，要让自己人信服，要让敌人佩服，靠的是实力，多方要扭转形势为多头走势，空方要扭转形势为空头走势，只能讲实力，而本书要弄清楚的是，那个改变的机会可能在哪里。这个机会不是一个点，而是接近完整地描述趋势变化（笔者还不敢说是完美界定趋势转折）的几个逻辑。

六、判断趋势转折点的方法

第一，市场要下跌（上涨）一段时间、有足够大的跌幅（涨幅）。

第二，负（正）乖离不断扩大。

第三，价格继创新低（高）价后，未出现新低（高）价现象。

第四，乖离扩大到不再持续放大，而是产生乖离收敛现象。

以上条件到位，这个低点（高点）就可以初步确认。

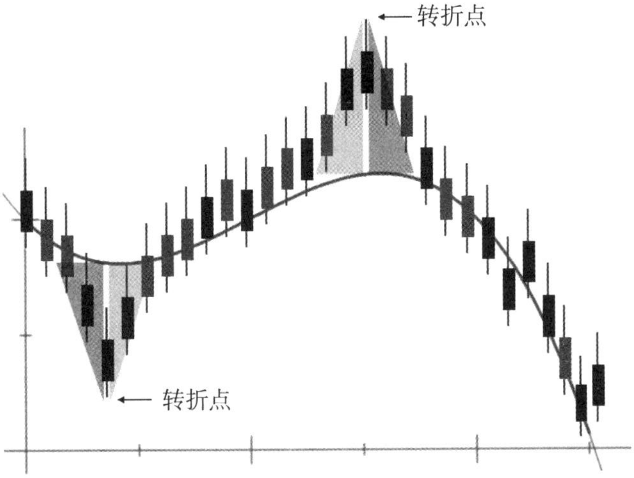

图2-3-6　认识转折点

七、试单情景——操作方法

说明到此，投资人可以明白如何界定转折点，但笔者更愿意说这是一个极端情景确认行为，这样描述才符合本书的内涵。如果进一步说，本书更想要表达的是逻辑化操作，给投资人在执行交易上，在买卖股票时，提供更加有优势的操作模式。长期在这种学习与训练下，投资人的操盘能力肯定会有所增长，稳定性也应该更好，智能交易能力也就越来越强，这是投资人对核心逻辑驾驭能力的证明。因为在笔者的经验中，明白到越有学习能力的操盘人越有价值，越能改变自己去符合交易者人格特质的人越有在交易世界里成功的可能。

当然，依照目前投资人还没有期权交易经验的情况下，难以理解笔者想要传达更进一步的期权策略思维。而笔者更加相信有一天期权市场已经有了流动性，市场交易开始活络起来了，投资人对于期权策略运用不再陌生，那么，投资人再回过头来思考本书所要说明的核心逻辑，与股票、期货、期权各个不同性质市场相结合所能发挥的力量，就能理解此时笔者的心思意念。

因此，可以在极端情景的认识上更加客观，在思维逻辑上更加有条理性，而这两个结合起来，就是面对反复无常的趋势变化的最佳工具之一。从图2-3-7可以看到，极端情景就可以进场执行试单动作，例如试多单或试空单，股票、期货都是一样，笔者在前面已经讲述多次，因为它很重要所以显得啰唆，请投资人见谅。

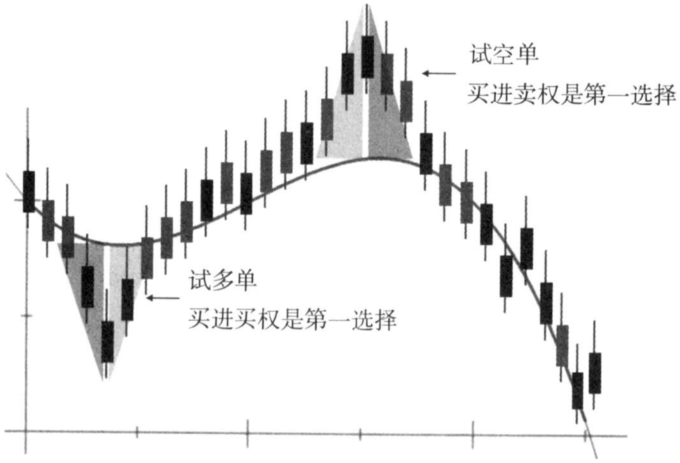

图2-3-7　转折点的应用思维

试单的意思，代表对市场价格趋势改变的不同看法。一般投资人多是根据技术指标、内线消息、理财专家建议等模式操作，有些投资人是直接以大笔资金进场操作，而没有合适的资金管理，或是风险管理模式极度薄弱，如果操作得宜，或有较大获利，却也暴露出另一个问题，这样的获利如何持续？

笔者认为做好风险管理，才能营造获利机会。在投资人把获利作为主要诉求时，其次是稳定获利，最后达到的是持续稳定获利，这个持续稳定获利的难度非常高。然而这个标准要是不能作为操盘人的自我要求时，那么，失败风险率就更高了，笔者意思是，当投资人要求60分就算及格时，最后常常出现的结果是不及格，如果投资人要求的是120分，那么，只拿到90分也是非常好的成绩。

解决风险问题是作为交易员的第一要务，投资人在极端情景下仍然只能进行试单操作，这也是资金管理的重要一步。所以，极端情景出现，就试单操作。在这个动作完成后，接下来要确认的是趋势是否对目前仓位方向有利。

若不利，则止损。若有利，则加码。

这样的标准动作，就是逻辑化操作的第一步。同时，在投资人控制风险、使用工具时，可以期权策略为第一选择，如图2-3-7所示，以买进看涨期权做试多单操作，相对地，以买进看跌期权做试空单操作。在投资人没有办法操作期权策略时，可以1只股票或是1手期货操作，也就是在最小风险下谋取最大可能报酬。

八、另类养成赢家习惯

一直以来，笔者给投资人的信息都是以可操作性模式为主，意思是说，如果投资人深刻理解了书中的交易逻辑与模式，并持续地学习与应用，一段时间之后，笔者以为投资人必可建构专属于自己的交易“圣杯”，就算别人知道了投资人的交易模式，也是不可被模仿的。

长期以来投资人是否得到这样的结果，笔者不得而知，但有一件事是可以确定的，就是笔者身边的一些朋友在学习过程中得到了资产平安，这是笔者在资产管理这个行业中最大的乐趣；我们没有机会与环境，无法像巴菲特一样赚那么多钱，但我们可以像巴菲特那样快乐地执行交易策略。笔者不讳言在交易过程中还是有许多压力，例如承受过大风险，生活上有着不同压力，最终还是希望在自己的交易智慧下，能过上喜乐的日子。所以，非常期待投资人可以有相同的感受，这也是笔者不在乎得到多少自身利益的期待，因为笔者在不断与大家交流过程中，得到的进益也是比较多的。

就价格趋势变化来说，笔者认为没有所谓“唯趋势无他”“趋势代表一切”等绝对情况，市场常常认为抓住趋势就代表一切，但并非如此，这是很严肃的关键要素。矛盾的是，本书为何在不断讲趋势追踪的同时，又在接下来的实例说明之前，否认了趋势的绝对性呢？投资人在任何信息平台，任何人的口中听到的也都是趋势、趋势、趋势，那么，为何笔者如此断定没有绝对趋势可言呢？

投资人想想，以市场策略而言，投资人可以做多赚钱或赔钱；同时，也可以做空赚钱或赔钱。因此，重要的不是趋势，趋势应该是次要的，趋势只是一个工具，核心问题是，在上升趋势与下降趋势，甚至是震荡格局时，投资人的策略思维是什么？投资人的操作模式是什么？投资人的报酬与风险是什么？投资人如何认定什么样的结果是好的，什么是坏的？标准在哪里？方方面面的思维、工具、经验，投资人是否将其学习到可以操盘的状态？

还有交易员的人格特质问题，有些人天生不具备交易员特质，但可以通过后天的生活习惯、交易习性改变，成为有获利能力的交易员。正确地说，天生具备交易员特质的人是极其少数，大多数是来自后天的培养与训练，**有些比较辛苦的交易员是经历了重大挫折才能脱胎换骨的，**然而其代价实在太大，如果能够在最少成本下习得一技之长，而且是稳定的，那就更好些，不是吗？可是笔者常常看到的是领悟力不高，但怠惰力很高的人。

所以，一个交易员有无合宜的人格特质是重要的。什么是合宜的人格特质？本章之前已经有许多描述，这里笔者做一次完整的分享。对一个交易员的观察，大致可以有三种类型，见表2-3-1。笔者记得看过一本名为《驾驭交易》的书，书中也有提到，分别是视觉型、感觉型和听觉型。

视觉型：对视觉、直观事物的刺激较为灵敏，例如画家；

感觉型：对来自于事物无形部分（性质）的刺激较为灵敏，例如小说家；

听觉型：对于来自声音的刺激较为灵敏，例如演唱家。

表2-3-1　赢家交易者人格特质分析表

	短线型	长线型	双向型	投资型	策略型
视觉—眼观市场	◎	◎	◎	◎	◎
感觉—感知市场	○	◎	○	◎	◎
听觉—市场声音	○	◎	○	◎	○
超强赢家心志	◎	◎	◎	◎	◎
多个面向策略	×	×	×	◎	◎
高广深度专业	×	◎	◎	◎	◎
长期市场经验	◎	◎	◎	◎	◎
纯熟交易技巧	◎	○	◎	○	○

说明：◎=重要，○=次要，×=可忽略

纯粹从交易角度来看，完整的交易模块，不仅要具备人格特质，持有仓位、市场形态、价格趋势、市场波动、市场心理、风控方法、资金配比等都是缺一不可。应该说，在投资人阅读本书时，就已经在接受笔者不断强调的逻辑化操作观念，这比投资人花费时间寻找所谓立刻见效的交易秘籍来得重要得多。

这个重要议题，笔者要说得清楚，才能让投资人在稳定获利赚钱的路上不偏左右。这条路指的是**正确判断、合理推断、执行果断**，不间歇地重复这样的过程，就是逻辑化操作的核心精神。这个过程也是程序交易内部计算机执行设计者给予的命令的过程。

所谓逻辑化操作就是企图把人脑变成计算机，至少越接近计算机模式那样理性执行交易越好。一个投资人能否理性操作，很大一部分取决于投资人的智能能力。什么是智能能力？就是驾驭核心逻辑的能力，本书所提的核心逻辑七个主要交易因子，是笔者二十几年来的经验总结，尤其是对初接触交易的投资人，或股票与期货市场上没有找到可参考交易系统的投资人，以及想要在资产管理行业中觅得一个谋生技能的交易员。

投资人或不能相信，但笔者如此愚拙之人都可以在理性训练下做到，没有道理各位投资人读者会做不到。或许每一个人所需要的训练时间长度不同，但为达到逻辑化操作的目的，笔者肯定相信只要投资人的意志力强到一个程度，必然习得逻辑化操作的能力。

而那些有理性优势的投资人，或许是因为赔多了，或许是自身具备理性人格，或许在求生之路上自我严厉要求，等等各种因素能缩短时间达到稳定获利状态，这是上帝的赐福。笔者相信，交易能力有先天性的部分，但是更多能力、更重要的思维模式是靠后天的磨炼，**爱迪生所谓“一分天赋、九十九分努力”，这个努力是磨练出来的，而不是仅靠一分天赋可以完成交易世界上的一切事情**。

在接下来的实例中，笔者会一步一步带领投资人，让投资人清楚看到最合宜的交易模式。笔者在积累经验之后，为了让2003年的《交易，简单最好》、2015年的《斜率操作法》更加适用于股票、期货与期权市场，再度把期权加入《逻辑化操作+选择权策略》一书中，最后在现在，把逻辑化的智能操作模式介绍给大陆投资人。

所有的例子都是以当下的行情走势思考，思考什么？思考投资人在交易行为上应该要有的最佳解答为何；在一套逻辑化的交易模式中，投资人应该如何建构有利仓位，并且从中得利。

笔者要强调的是，操作理性、能力较强的人，总是可以获得市场的青睐，而那些比较情绪化的交易员、投资人就是别人的“韭菜”。如何有纪律地进行操作，相信许多投资人都知道该怎么做，而做不到的原因，除了没有好的心理素质外，还在于根本不知道如何进行操作，也就是没有有效交易系统，这才是更重要的关键问题。

下一章会进入实例，在这之前，笔者再整理出核心逻辑交易系统中，偏多操作（试多单）与偏空操作（试空单）的情景条件（见表2-3-2）。

表2-3-2　逻辑化条件汇整表

	偏多操作	偏空操作
建仓模式	1. 试多单：（1）负乖离持续扩大。（2）不再创新低价。（3）负乖离呈现收敛状态。 2. 追高模式（注意止损）。	1. 试空单：（1）正乖离持续扩大。（2）不再创新高价。（3）正乖离呈现收敛状态。 2. 追空模式（注意止损）。
加码	1. 回调有撑：看到回调了，但同时出现有撑的现象时。 2. 呈现续涨模式（但不在新高价时追多）。	1. 反弹无力：看到反弹了，但同时出现无力的现象时。 2. 呈现续跌模式（但不在新低价时追空）。
减码	1. 触碰到止损线（移动停利）。 2. 回调无撑。 3. 没有持续创新高价。 4. 出现试空单逻辑。	1. 碰触到止损线（移动停利）。 2. 反弹有力。 3. 没有持续创新低价。 4. 出现试多单逻辑。
平仓模式	1. 触碰到止损线。 2. 斜率陡峭度走平。 3. 不再创新高价位。 4. 出现试空单格局。	1. 触碰到止损线。 2. 斜率陡峭度走平。 3. 不再创新低价位。 4. 出现试多单格局。

说明：

（1）本书强调的是逻辑化操作，因此笔者没有给投资人数字化的东西，但不代表它不能程序化，并且把它们写进计算机里，让计算机来帮助投资人赚钱。主要是因为考虑到效益问题，投资人需要的是以自己的理性的智能操作能力来执行逻辑，就像计算机一样没有情绪，人为操作结果不一定比计算机程序交易差。

（2）在各种不同条件下，投资人所要求的结果也不一样，例如前面已经提到的报酬、风险、资金、经验、策略等状况皆有不同，因此投资人不要奢求一套交易逻辑可以应付所有投资机会，这是笔者做不到的事情，如同投资人也不可能在别人身上找到自己的DNA是相同的道理。

（3）表2-3-2整理出来是为了让投资人真正学习到交易的乐趣，在交易过程中得到应有的喜悦，但是笔者要唠叨地说，最后还是要靠投资人自己的能力与努力，才有机会换来甜蜜的果实。笔者之所以这么多次强调核心逻辑的应用方式，主要是遇到许多嘴巴说想学习交易，但是一旦进一步严格要求他们的思想与行为必须像一个交易员时，他们就无法接受辛苦的训练，这种情况是笔者常常遇到的。

表2-3-3　上涨与下跌的三个绝对条件

上涨三绝	下跌三绝
1. 持续底部垫高格局。	1. 持续头部降低格局。
2. 持续创出新高价。	2. 持续创下新低价。
3. 回调时，其下跌幅度必须小于上涨幅度（回调调整浪<上涨推动浪）。	3. 反弹时，其上涨幅度必须小于下跌幅度（反弹调整浪<下跌推动浪）。

说明：

（1）三个绝对条件缺一不可，因此，在判断时必须配合画趋势线的技巧，如果趋势线画得不好，可能造成误判。

（2）在形成误判时，当下的操作策略就显得重要。

（3）在各个例子当中，投资人可以看到当价格脱离趋势线，让投资人无法解读时，应该如何调整仓位，以吻合投资人的操作效益。

（4）上涨三绝与下跌三绝可以是完全相对称的模式，注意这种对称性，并从中发现在不确定市场波动里可以看到、找到规律的痕迹。

（5）判断趋势不难，但是持续以固定有效模式去对一个可能漂移不定的价格进行一定程度的辨识与确认，是一件违背人性的事情，对一个没有交易经验的投资人来说更是特别困难的事情。

表2-3-4 逻辑化智能操作与期权策略应用

	买方策略	卖方策略
斜率陡峭向上（快涨）	√	√
斜率横向行进（震荡）	×	√
斜率陡峭向下（快跌）	√	√

说明：

（1）本书虽不是以期权策略为主，但笔者期待投资人有一天能把本书的操作模式与期权策略结合。

（2）斜率陡峭，市场便是快市；不论是往上或往下，陡峭程度越大，投资人的买方策略就越有利。相对地，如果投资人看到斜率走势越来越平缓，走平角度越接近于零，表示市场的时间成本消耗越大，这对卖方有利。

（3）对于这个表格的内容，熟悉期权策略的投资人应该很容易理解；而对期权不熟悉的投资人也没有关系，在阅读本书的实例说明时，刚好可以再对比想象，好好思考策略该如何制定，这种较高虚幻模式的**静思练习**，是交易员很好的训练机会，在一番脑力搅动后，投资人的智能操作模式会慢慢浮现，这是笔者常常使用的自我训练的方法之一，投资人可以参考。

（4）投资人可以清楚看到期权买方只有在斜率走平时才不适合使用，而其他情景都是可以应用的。依此要领，投资人就可以好好在核心逻辑的引领下进行仓位管理了。毋庸置疑，斜率的高角度向上或向下倾斜是买方策略的绝佳机会。

（5）在实盘交易中，上述核心逻辑如何结合使用，在接下来的实例中会有所体现，这些都是实践中经过几十年的淬炼结果，期待投资人好好吸收。

第四章

趋势盘与震荡盘——仓位（持股）的攻防策略

一、操盘攻防策略：稳定的思维与心理素质学习

在交易中，每个投资人对于稳定性的定义有所不同。笔者依据自己的理念与经验来说明自己的想法与做法。在A股市场有许多投资人是喜欢短线交易模式的，所以，产生了T+0操作模式，甚至出现了T+0工厂这种操盘模式。

作为投资人根据主观意愿所应用的炒股模式，T+0操作模式本身没有太大问题，其重点是投资人必须在前一个交易日持有某一只股票，然后在今天的盘中，依据自己的多空方向判断，进行高卖出场后，再于盘中低买回补，进行赚差价的操作行为。这是短线操作模式，在法律上没有太大问题，只要监管机构没有意见，那么，T+0操作策略就可以持续被使用下去。

但是，T+0工厂比较有争议！因为一个投资人操作T+0的影响力不大，但是在大量操盘人结合的情况下，如果做出集体控盘操作，那么，就可能对股价形成一定程度的影响力，这不是投资人或是监管机构想要看到的。

那么，T+0操作模式可以产生稳定度高的绩效吗？原则上，我们无法否定这种可能，尤其在目前A股市场、期货市场、新三板市场等各种让人兴奋的交易市场。在整个股市中，每天都有人冒出头来，说他的绩效有多好，那是一种营销手法，倒是无可厚非，只是投资人在不懂交易的情况下，如果是因为人情买

卖，不明就里地随便买理财产品，终究不是最好的办法。所以投资人在追求报酬的时候，最好还是以稳定性为主，不要一味追求高报酬，想要赚快钱的人，其结果常常是得不偿失。稳定的思维与心理是一种高素质心理，而高素质交易心理如何培养？

二、交易员的矩阵思考能力培养

笔者在台湾喜欢看侦探类电视剧，看不同领域书籍，看社会新闻，利用一切能帮助形成“矩阵思考能力”的工具，来到成都后，看到许多电视剧，对笔者在思考训练上有巨大作用，希望投资人也能受益。

因此，在谈到交易员心理素质学习方面，除了本书讲述的核心逻辑的智能化操作之外，多多利用其他方式来训练自己的心理素质，是提升投资人综合判断能力的好途径，例如可以看电视剧《三国》《琅琊榜》《神探狄仁杰》。

第1部 价值观 人生观 世界观	《三国》	如何立于不败之地 1. 观世局与市场趋势 2. 策略选择与时机运用 3. 时代的生存方式 4. 能力决定你的生活方式
第2部 动机 坚毅 信息战 执行力	《琅琊榜》	如何掌握全局 1. 信息战、持久战 2. 策略布局能力 3. 战术运用技巧 4. 市场心理分析能力 5. 先他利、后自利
第3部 判断 推断 果断	《神探狄仁杰》	如何运用决策能力 1. 判断，现在各项、各类细节 2. 推断，过去各种可能性 3. 果断，追踪未来变化与真相

图2-4-1　交易员心理素质养成

这三部电视剧可以看什么、学什么？笔者把它们内容整理了一下，供投资人参考，这些能力如果投资人已经具备，可以跳过，但是谁敢说自己已经都具备了？**对外表不起眼的事物的谦虚，才是真正的谦虚**。有一次，一个年轻人对笔者表示愿意学习，并自我培养矩阵思考能力，之后我看到的是他在行为中一次又一次阳奉阴违的借口与以自我为中心的状态，这等类型的年轻人要是成为投资经理，对投资人是一大隐患，在此建议投资人谨慎选择自己的产品投资经理。

三部电视剧中的第一部是《三国》，要从价值观、人生观、世界观三方面去学习“如何立于不败之地”。三国的历史真实性如何，笔者认为并不是那么重要，因为我们现代人无法证伪，也无法证真，但是从故事本身，老一辈的人要我们知道什么，学习什么，我们又能体会多少，那才是最有意思的地方吧！

《三国》有以下四个特点，这可以说是笔者从小开始，不知道看了几遍同类作品后所得到的学习心得。由于现代的电视剧拍摄技巧越来越好，观赏度也越来越高，这是我们的福气，令人喜乐。

（1）观世局变化，过去只是中国，现在是全球，对应于市场价格趋势流向也是如此而已。

（2）不同处境的策略选择与运用时机，细细想来，人生规划与变化令人唏嘘不已。

（3）每个时代的生存方式虽有不同，但是丛林法则是不变的，而且在适者生存逻辑上，现代还是与古代一般。

（4）能力决定你的生活方式，同时在过去资讯不发达的年代，与现代资讯充满生活周遭的情况不同，能力决定生活方式的选择更多了，如何选择也是一种智慧。

第二部是《琅琊榜》，可从动机、坚毅、信息战、执行力四方面去学习如何掌握全局。《琅琊榜》笔者看了有十遍以上，这是一部比日本大河剧还要好看的作品，笔者不能过度评估《琅琊榜》对笔者的吸引力，但是笔者从《琅琊榜》中学习到可用在交易上的主要思维有：

（1）信息战、持久战的运用，在第一集就把大数据的资料库彰显出来，表示梅长苏的胜利取决于资讯战的能力。不管投资人对大数据搜集、量化运用、人工智能使用等的认识程度如何，它们都是一个交易员该学习的内容。

（2）要完成目标，尤其是难度很高的目标，对一个操盘人而言，自己的策略布局能力决定了成功的概率。

（3）战术运用技巧在于对计划外事件的应对能力，交易的时候，市场价格变化具有非常大的随机性，而我们应该如梅长苏对靖王与蒙挚说的，敌人如何出招无法预测，但不管遇到什么情况，我们都有可应对、可超越的策略。

（4）市场心理分析能力在市场上相当重要，原因在于价格的波动由每个参与市场的投资人所造成，不管他们是什么角色，最后他们做出行动的结果可以是买进或卖出，那么，如何解读他们的心理状态，就是一个不可避免的要务。

（5）先他利、后自利。在交易的世界里，也是讲究这种良性逻辑的，为何这么说，交易不就是要赚钱吗？如何先他利呢？笔者的逻辑在于，投资人无法买在最低点，也无法卖在最高点，那种无懈可击的操作利润应该让别人去赚，而笔者建议投资人只要做到有效的追涨杀跌就可以了。什么是有效的追涨杀跌呢？本书所讲的核心逻辑操作模式，就是在执行有效的追涨杀跌，买在起涨后的位置，卖在起跌后的位置，就是核心逻辑的追求目标，这也是趋势追踪的原理所在，当然，趋势追踪必须先了解大行情走势，才能发挥效应。狭幅震荡格局中容易赔钱，但是只要投资人发挥人类的智能能力，一样可以获得好的操作结果，例如巴菲特的价值投资模式，再加上本书所提的核心逻辑操作方法，可以得到较好效果，这是笔者的重要经验。

第三部是《神探狄仁杰》，要从判断、推断、果断去学习如何运用决策能力，狄仁杰这三种办案手法，跟我们操作买卖可以说是相当接近的。其实，投资人可以发现笔者在本书内容安排上，讲了有关交易理念、观念、心法、态度、思维的部分，而且所占比重不少，主要是因为笔者发现很多学习交易的人，不管是男性还是女性都有一个困扰，就是在思维上建立正确逻辑后，在真正执行过程中却难以做到知行合一。当然，完全的知行合一笔者也不可能做到，但是最大的差别在于努力于高度知行合一的训练与培养，很多人是不愿意去做的，而且还因为自己做不到而心生怨念，这样的交易员不少，笔者认为这些人也许都是准备要被人工智能淘汰的人吧。但是，人类到底还是具备智能学习的，只要那些交易员能够早日知道自己的问题点，并且早日改造自己，那么，就不会有任何人工智能可以淘汰他们了，因为他们已经具备了自我创造价值的能力，会懂得创造自己的舞台。

那么《神探狄仁杰》这部电视剧中，投资人可以学习到什么呢?

（1）判断。从各项、各类细节现况看到蛛丝马迹，进一步判断所有可以被发现的可能。在交易上也是如此，投资人每天在看盘，在市场价格波动中想要发现机会，不仅要能看到树木的雄伟，更要看到森林的浩瀚，从细节到路径、区块变动，对市场了然于心。

（2）推断。从过去各种可能中推断出嫌疑最大的人，再进一步抽丝剥茧找出罪犯的漏洞。相同道理下，在寻找到可能的交易机会后，根据这个发现，推断出未来可能的或可以找到的交易获利机会。

（3）果断。当狄仁杰找到确证后，他必定果断地逮捕嫌疑人，并且运用智慧攻破其心防，狄仁杰在追踪过去与未来的变化、调查真相上不断地验证，这与交易是非常相似的。投资人在运用核心逻辑时也是一样，尤其是要使用试单方式去探测市场方向，以有智慧的方式执行我们想做的事情，这是果断行为的基础。

二、德州扑克，交易员本质的显微镜

另外一个可以学习的东西是德州扑克，在目前中国金融市场中，做交易的圈子里，几乎可以说没有人不玩德州扑克的，如果有人不玩，那代表他在交易上不具备被认可的特质，所以能把德州扑克驾驭好的投资人，在潜质上可以说是优资人才了。那么德州扑克在训练什么？可以与交易有什么联结？笔者把自己的经验做了一些整理，或许不是最好的，但也是笔者想要立于不败之地一直在学习的技巧，请投资人参考就好，牌面上的输赢首重风险管理，这是请投资人务必要注意的事情，否则笔者的好意就大打折扣了。

表2-4-1　常见的德州扑克错误与投资人交易（操盘）风险

	德州扑克	交易（操盘）
1	过度参与起手牌而提高看牌成本，妨碍或削弱大赚时机。	在感知、听觉、眼观上出现交易躁郁症状，但不自知。
2	不知如何利用位置优势，尤其在测试对手实力时。	时间周期错置。
3	以赌徒态度参与赛局，在概率计算上没有自己的技巧。	赌徒态度，没有交易策略该有的章法与节奏。
4	跟注、下注、加注皆是情绪化，投机性行为较多。	感性多于理性，对财富管理模式不了解或不学习。
5	不知或错估对手实力，或不知道如何了解对手处有何种牌力。	不了解市场结构，过度以自我为中心。
6	不知道桌面上的“韭菜”是何人，结果自己就是别人“割韭菜”的对象。	不了解市场参与者的行为与心态，对市场结构了解不足。
7	过度相信一对王牌下大注规律，常常败在对手的两对小牌而全押大筹码。	过度相信统计、计量、数学功能，在仓位管理上不足。
8	不知诈牌时机，或创造诈牌时机容易被识破。	对市场趋势强弱度没有观察能力，也没有测度技巧。
9	无法离开牌桌，输钱不想走，赢钱也不想离开。	不想离开交易，亚洲盘结束就进入欧洲盘，然后再做美国盘。
10	除了自己的玩牌经验，没有积极学习、观察职业赛局的动作。	交易次数太少，交易时间太短，交易过的周期太少。
11	不知如何控制亏损。	赢钱欲望过强，不知进退。
12	看牌耐力不足，失去耐心后，也失去看牌能力。	想赚钱而导致失去理性，同时也失去纪律。

德州扑克的学习要点：

（1）读心。能读懂对手的内心，如同读懂市场行为。

（2）风控。知道如何下注，如同知道如何加减码。

（3）纪律。能控制情绪不乱跟注，如同不过度主观交易。

（4）耐力。在牌力不好时能弃牌，如同没有优势价位时不满仓操作。

（5）专注。桌面上需要综合判断能力，如同交易需要多方信息解读。

（6）成功。赢钱的企图，对于扑克选手来说很重要，对交易者也很重要。

这些学习最后要达到的目标是：

在交易时，你很难以理智看待损益！这时若不再由最高认知（稳定获利）引导自己感情与意志，会使交易过程一塌糊涂，自我矛盾、自我冲突、自我抵消，跑一大段冤枉路而不自觉。所以，在交易时如何发挥最高理性功能，是操盘人的重要功课。

四、加减码：仓位调整时机和原则

在交易过程中，一定会遇到何时加码、何时减码的问题，它困扰着许多刚进入股票市场的投资人。在没有经验的情况下，到底如何加码、减码，看起来是一个大问题，但却也是一个目标明确的问题。许多投资人认为进场是最难的，也有许多投资人认为出场是最难的，但是笔者认为如何做好加码与减码的智能操作才是最难的，也是对一个投资人在做综合判断时最大的考验。

1. 调仓的难度有多大?

一般投资人在进场买股票时，常常是没有逻辑性的，最多的是道听途说，相信别人的内幕消息，而不是有着一套经过验证后的交易策略。那些以统计与数学模式进行量化操作的人，也容易陷入没有赚钱自信的困境。当然，这种痛苦笔者也经历过，所以可以理解这种成长的压力。

从表2-4-2 交易员策略能力分析（生存指数）中，投资人可以看到，一个成功的交易员必须具备高平均盈亏比与高胜率的能力，当然，这是评定标准，也是我们做资产管理人的自我要求标准。在资产管理工作上，许多监管因素、投资人特别条款、市场环境压缩等条件导致投资人（包括笔者自己）常常做不到那么优异，却也应该时时要求自己往那个方向努力，这种自我要求是投资人、交易员、操盘人与投资经理的基本功夫。

然后，好不容易建立仓位了，却不知何时出场才是最佳结果。而这种寻求最佳结果就是问题所在。如果把寻求最佳结果当作一种求知态度应该是好事，但在交易中，这是最大的缺点。为何如此说？因为我们在进出场过程里，几乎可以说找不到最低点，也找不到最高点，笔者认为，如果有人对投资人说可以买在最低点、卖在最高点，那么，大概只有两种情况：一种是他想卖交易软件给你，他必须夸大他所卖软件的功能；另外一种就是骗子，自己搞一些手段让投资人相信他可以买在最低点，更可以卖在最高点，他的目的是要投资人拿钱出来投资于他，因此他必须强力展现他的能力，或是夸大他的绩效。

表2-4-2　交易员策略能力分析（生存指数）

		胜率								
平均盈亏比		10%	20%	30%	40%	50%	60%	70%	80%	90%
	0.5	-85	-70	-55	-40	-25	-10	5	20	35
	1.0	-80	-60	-40	-20	0	20	40	60	80
	1.5	-75	-50	-25	0	25	50	75	100	125
	2.0	-70	-40	-10	20	50	80	110	140	170
	2.5	-65	-30	5	40	75	110	145	180	215
	3.0	-60	-20	20	60	100	140	180	220	260
	3.5	-55	-10	35	80	125	170	215	260	305
	4.0	-50	0	50	100	150	200	250	300	350
	4.5	-45	10	65	120	175	230	285	340	395
	5.0	-40	20	80	140	200	260	320	380	440
	5.5	-35	30	95	160	225	290	355	420	485
	6.0	-30	40	110	180	250	320	390	460	530
	6.5	-25	50	125	200	275	350	425	500	575
	7.0	-20	60	140	220	300	380	460	540	620
	7.5	-15	70	155	240	325	410	495	580	665
	8.0	-10	80	170	260	350	440	530	620	710
	8.5	-5	90	185	280	375	470	565	660	755
	9.0	0	100	200	300	400	500	600	700	800
	9.5	5	110	215	320	425	530	635	740	845
	10.0	10	120	230	340	450	560	670	780	890

一笔单子，不管是什么的价格，不管赚钱还是赔钱，总是要出场的。如果这笔单子亏损了不会影响到整体的操作盈利，那么投资人为何要担心这单子的盈亏呢？这时候，**在盈亏比与胜率之间达到平衡才是重点**。

有人只重视盈亏比，也有人只重视胜率，笔者认为这是不够的，甚至说是不对的。请投资人再看表2–4–2，事实上，我们在自我要求过程中发现，要做到胜率在五成以上很难，意思是说，交易员策略能力分析（生存指数）通常在中间位置就不错了，笔者估计巴菲特的胜率也不高，但是他的盈亏比应该是高得吓人吧，否则他高达20%以上的年化报酬率是不容易办到的。也就是说巴菲特牺牲了胜率，追求最高的盈亏比，那么他的生存指数也可以达到很高的位置。

我们测试一下有些不一样或极端的条件：

（1）胜率=50%。

（2）失败率=50%。

（3）平均获利=20。

（4）平均亏损=1。

计算下来，您应该可以猜到他的生存指数会达到950。意思是说，如果胜率一般甚至很低，但是盈亏比非常高，那么生存能力也会跟着提高的。从这个逻辑推论，要做到稳定盈利，必须是持有仓位的获利头寸仓量要远远大于目前亏损的头寸数量，但说得容易，要做到却不易。当大盘在明显上升趋势时，可以轻易做到，一旦大盘陷入震荡格局，股票板块也被严重扭曲时，例如，有非经济因素造成市场波动，或者像A股市场还在以散户为主的阶段，要做到高盈亏比是不容易的。台湾市场花了近50年的时间，才慢慢转为法人机构市场，期待A股能有更加有效的学习模式，早日变成法人机构市场，那么，就不会有任意停牌、赌徒思维、过度短线操作等现象。

2. 调仓的手法

那么在调仓方面，手法上有何可以依循的模式？基本上，投资人在股票市场只能做多，笔者以强势股票在整理格局下的情景，说明如何在回调有撑时买入，又或是回补之前卖掉的仓量。

前提是，这只股票必须是强势股，什么是强势股？在前面，笔者所提到的斜率展示了方向与强弱，所谓的上涨时强势格局的股票，就是强势股的代表，投资人可以利用高陡峭度价格走势的股票来确认什么是强势股。投资人可以参考图2-3-4的新价位——道琼斯指数，应该可以很快清楚笔者的意思了。

强势股在展现强者恒强气势后，部分投资人想要获利了结，因此造成上涨力道受到压制，这时候股价会进行小幅度下跌，一般称之为洗盘。但是笔者认为洗盘必须是在大幅度震荡行情下才算，如果只是小幅度的回调，就是信心较弱的投资人落袋为安的脱逃而已。

图2-4-2就是很好的例子，在强者恒强的股票面前，任何压力都不是压力，相对地，在弱者恒弱的股票面前，任何支撑都不是支撑，这个道理投资人应该可以清楚看到。如果投资人不能以绝对条件在看待一只股票、一个期货品种或是期权交易策略的有效性检验，那么，投资人将会常常受制于行情的多变，为了应付难以捉摸的价格变化，投资人的加码与减码灵活性培养就显得非常重要。前面所提由电视剧学习矩阵思考，由德州扑克细观投资人自身的交易本质与能力，都是必要的训练。

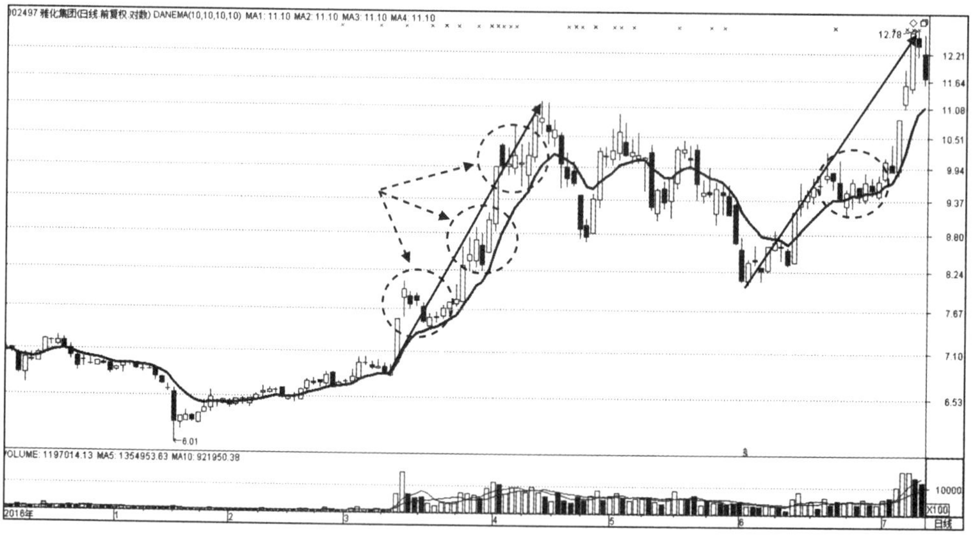

图2-4-2　强势股的威力

在追踪到强势股，又是有业绩支撑的龙头股时，股价形成来回震荡的情形是必然的，因为强势股之所以是强势股，就在于它的上升通道是具有延续性的，不会一下子就结束走势。我们在做趋势追踪的过程中，就是要不断确认上升通道有没有被破坏，如果没有，那么，回调现象就是很好的加码点，就算之前因为价格回调而进行过减码操作，按着趋势的再度启动，就应该要把原来的仓位回补回来。

回调有撑补仓是指强势格局的股价经过连续上涨后出现下跌现象，当下跌到一定程度之后再次拉升，这类个股在下跌过程当中，由于市场对于该股票应该继续上涨的期望不曾改变，因此还会展开下一波的上升走势，这时是回补仓位的时候。

箱体突破补仓。强势股在一段上涨后，会出现回调寻求支撑的走势，如果在寻求过程中花了较长时间，股价就会出现在箱体内的盘整运行模式，在不断地震荡磨合之后，一有契机股价会突破箱体的顶端。如果是假突破，会在不久就又掉回到箱体之中，如果是真突破，也能够同时出现成交量的放量攻击模式，那么这个突破就是有效突破，当然在检验突破的有效性时，要看量价结构是否扎实，真正扎实的有效突破，价格与成交量会持续一段时间的同步增长。

五、人，常常不愿面对自己的缺憾

依照核心逻辑，当价格一直在斜率之上，那么投资人对于上升格局的看法就不应该改变。有些人为了把握下跌机会，而在上涨一段走势后，处于回调时就进场建立空单，这看似合理，却展现出在交易思维的自我训练上训练次数、灵活能力极其不足的缺点，这种缺点很容易辨识。尤其在期货操作时，更容易发生这种错误进场动作，进而认为在极端情景的选择上有问题。在回调有撑与回调无撑的思考上，真实情况是什么呢?

主要在于使用核心逻辑时，遇到行情变化，回调有撑就是上升趋势的延续，而回调无撑就是趋势的改变。因此，在判断趋势是否持续时，回调与有撑就是两件事，一个是回调，一个是有撑，意思是说，看到回调而进场建立空单，在出现价格有撑时，当然就是要有一定的敏感度进行空单的获利了结出场或是止损认赔操作。当投资人把回调有撑当作一件事情看待时，必须是有了回调现象，同时又有了有撑现象时，两个市场价格动作被连接起来了，才能证明或说明那是回调有撑的格局，必须把之前卖掉的再回补过来。

在期货市场可以先做空后买进，逻辑也是一样的。反弹有力或反弹无力也是判断趋势是否反转的重要参考模式。

有些人在操作股票灵活性不足的情况下，常常被这个思维所搅乱，在没有达到获利程度时，失去了信心，进而无法操作，最终还是被市场淘汰了。起初这些人还让笔者觉得可惜，但后来思考整个过程时，笔者发现成功的交易员都是在找解决方法，而被淘汰的人都是在找借口掩饰自己的错误。就算笔者很明白地说胜率不高是必然的，但若能够抓到大的“鱼身”（大趋势），再加上长期的经验积累与训练，盈亏比与胜率终究会同步成长，度过这种撞墙期之后，就会自然而然地养成赢家的习惯。但到底在交易这个高度耗损精力行业中， 能够崭露头角的人，还是极为少数的。最后，进入实例之前，笔者还要再唠叨一下如何处理震荡格局。

六、浅谈如何处理震荡格局

思维：在图2-4-3中，中国平安（601318）出现第二次震荡格局约有6个月时间，之后在白马股热点发酵后，才出现斜率翻正，并且直攻而上，最后上涨幅度约50%。

在A位置被确认后，表示未来价格走势将在此幅度内波动，直到被破坏为止，不管是往上突破，还是往下跌破，都是一种突破格局，许多交易员喜好这种操作模式，并且认为突破操作模式是一种趋势追踪的手法，这点笔者不否认，但也认为那不是最好的操作模式。

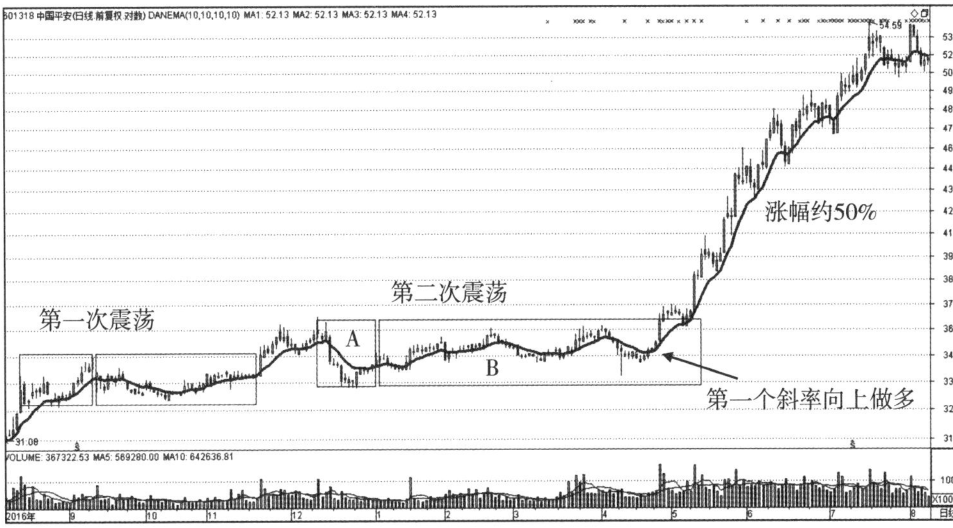

图2-4-3　震荡盘后的趋势行情

（1）在此前提下，震荡区间要以不操作为主，因为既然遇到了一段上涨行情，不论之前的涨跌幅度大小，只要出现震荡格局，此时市场价格方向不明，当然是能不要进场操作，就不要进去乱搅局，安分一点，也当作是一种耐力的自我训练。

（2）如果在震荡格局中还是出现了可操作的机会，例如在震荡区间的上缘呈现反弹无力，那么就不该持有股票；同理，如果在震荡区间的下缘，呈现回调有撑，那么就是一个进场试多单的机会，这时候持有少量的股票，也是掌握机会的操作模式。而之后市场价格走势是否能持续，就看当时市场给出什么样的机会，如果反弹幅度不大，也可能导致这笔单子失败，就守住逻辑止损与量化止损的操作标准即可。

这是机会问题，如果以（2）的模式，价格继续上涨，形成斜率向上走势，则可以继续持有股票，安心地继续观察价格的变化。当这个涨势不断被强化，再一次呈现突破震荡区间上缘，甚至还继续上涨，那么，投资人就在此模式下完成了一个趋势追踪的操作。

如果投资人遇到这种训练的机会，也得到相应的利润，请投资人务必要记住这种模式与执行过程，因为这是投资人将来要不断重复的操盘模式。期待投资人都能遇到这样的机会。

在震荡行情是如此，在个股股价出现收敛行情时，参考图2-1-1、图2-1-2与图2-1-3，也是很好的进场机会观察点。例如收敛后向上喷出，这种多方与空方极力攻防之后的结果，只要一方放弃攻击，或者放弃防守，那么一段大行情就容易形成了。事实上，在图2-4-3中国平安的例子中，股价开始斜率向上时，也出现收敛现象，笔者刻意没有刻画出来，投资人是否也能观察到那个节点上出现多层次信号的结果？投资人可以尝试看看！

七、选股模式

如何选股一直是所有参与股票交易的投资人关心的问题，不管是小资金的散户，还是大资金的法人机构，每天都在为了如何找到飙股而伤透脑筋。在笔者的经验里，追踪大法人机构的股票池是最有效的方法之一，笔者要强调是方法之一，意思是说，还有其他方法，只是从一般投资人的角度来说，追踪如证金公司、汇金公司与外资的持股，就是最简单有效的方式。笔者试着把2017年第一季度当中这三家公司的持股做一个比对，整理出三家公司共同持有的股票，当作追踪股价是否上涨，该股票是否值得长期投资的标的股。

其条件如下：

（1）从汇金公司、证金公司与明晟（MSCI）三家公司当中，选取共同持有的股票放入股票池。在2017年7月8日这个时间点共有163只股票。

（2）对六项指标赋予不同权重后，计算各项分数并计算总得分，此权重比例数值的设定，会因市场风格变换而有些微调整，甚至针对某些个股会有特别的思考，例如板块的权重调整也是考虑因素之一，就模型而言，它们并非一成不变。

（3）总评分越低表示各项指标排序越是靠前，也就表示在163只股票中，综合指标表现越好。

（4）六项指标中的权重比例配置如下：

①前十大股东持股比例=15%。

②户均持股比例季度增长率=15%。

③净利润（3年，增长率）=20%。

④基本每股收益（同比增长率）=15%。

⑤净资产收益率ROE（平均）= 10%。

⑥市盈率PE（TTM）=25%。

表2-4-3 汇金、证金与MSCI共同持有的股票排名

证券代码	证券简称	前十大股东持股比例合计2017年一季度%	户均持股比例季度增长率2017年一季度%	净利润（近三年增长率）2017年一季度%	每股收益（同比增长率）%	净资产收益率ROE（平均）%	市盈率PE（TTM）倍	总评分排序
603993.SH	洛阳钼业	87.86	9.35	169.35	300.00	3.14	69.33	25.50
600010.SH	包钢股份	76.62	5.00	1377.72	136.09	0.42	130.22	35.90
600436.SH	片仔癀	69.48	10.72	91.65	58.33	6.28	56.61	36.55
002466.SZ	天齐锂业	47.21	17.39	2625.02	41.38	8.25	35.76	39.80
600703.SH	三安光电	62.85	15.45	206.28	54.55	3.88	32.66	42.55
002475.SZ	立讯精密	62.84	35.72	129.36	55.56	2.64	49.27	44.45
601866.SH	中远海发	79.98	3.91	447.09	140.35	2.58	27.14	46.00
002714.SZ	牧原股份	73.83	49.08	1320.45	83.33	11.33	12.57	46.55
600415.SH	小商品城	67.18	2.77	493.29	200.00	6.49	25.90	47.25
600958.SH	东方证券	67.16	7.51	294.01	75.00	2.07	31.90	47.65
000725.SZ	京东方A	43.80	12.39	277.69	2200.00	3.02	34.76	48.50
600111.SH	北方稀土	54.72	3.92	531.38	900.00	0.89	305.73	48.80
600188.SH	兖州煤业	94.32	0.69	1029.17	607.75	3.99	18.25	49.65

续表

证券代码	证券简称	前十大股东持股比例合计2017年一季度%	户均持股比例季度增长率2017年一季度%	净利润（近三年增长率）2017年一季度%	每股收益（同比增长率）%	净资产收益率ROE（平均）%	市盈率PE（TTM）倍	总评分排序
002008.SZ	大族激光	38.30	24.99	463.77	27.27	2.79	50.21	51.05
000568.SZ	泸州老窖	61.65	37.47	56.34	34.52	6.98	31.75	51.85
600547.SH	山东黄金	63.09	5.01	249.63	38.46	2.09	39.65	52.35
601600.SH	中国铝业	67.54	0.96	129.46	2300.00	1.02	94.34	52.35
002024.SZ	苏宁易购	70.28	2.72	111.03	125.00	0.12	94.50	53.20
600685.SH	中船防务	84.64	-1.51	116.52	1757.14	0.18	457.08	53.30
601899.SH	紫金矿业	62.84	5.13	89.11	1466.67	3.54	29.06	54.30
600009.SH	上海机场	78.78	14.97	52.16	24.24	3.49	24.96	56.70
601888.SH	中国国旅	75.20	27.35	39.49	3.08	5.55	30.14	58.10
601111.SH	中国国航	90.47	14.65	1850.84	-45.00	1.95	23.68	58.35
600688.SH	上海石化	87.25	0.03	2758.62	68.87	7.50	10.77	59.40
300072.SZ	三聚环保	59.22	-7.07	1353.07	42.31	6.66	36.29	59.50
002236.SZ	大华股份	57.75	34.35	36.94	42.86	3.42	35.45	60.15
000858.SZ	五粮液	63.08	25.96	36.69	23.79	7.35	26.31	61.60
600276.SH	恒瑞医药	69.86	-19.01	102.03	19.16	6.34	50.62	62.85
600196.SH	复星医药	63.88	15.56	73.12	18.52	3.28	25.63	63.10
000709.SZ	河钢股份	66.64	3.21	276.74	454.55	1.44	22.17	64.00

续表

证券代码	证券简称	前十大股东持股比例合计2017年一季度%	户均持股比例季度增长率2017年一季度%	净利润（近三年增长率）2017年一季度%	每股收益（同比增长率）%	净资产收益率ROE（平均）%	市盈率PE（TTM）倍	总评分排序
600061.SH	国投资本	83.56	6.55	61547.64	–31.82	2.10	23.19	64.05
600340.SH	华夏幸福	71.11	5.43	131.38	34.09	6.22	13.90	64.75
601985.SH	中国核电	75.97	3.57	76.98	20.00	2.94	26.13	64.75
601800.SH	中国交建	94.87	8.06	75.49	35.71	1.94	14.53	66.00
002007.SZ	华兰生物	55.96	5.19	43.99	32.67	5.88	34.17	66.05
600050.SH	中国联通	69.14	8.68	–74.78	86.96	0.35	560.14	67.25
600519.SH	贵州茅台	75.41	–23.50	65.57	25.19	8.06	31.21	67.40
300124.SZ	汇川技术	44.66	14.16	40.76	22.22	3.57	42.31	67.60
600362.SH	江西铜业	77.12	–10.18	54.90	166.67	1.15	54.03	67.65
600522.SH	中天科技	38.67	13.06	285.89	26.49	3.12	21.61	67.80
600085.SH	同仁堂	74.25	0.84	41.57	12.04	3.70	48.14	67.95
002456.SZ	欧菲科技	39.33	8.97	30.30	44.96	2.34	62.92	68.10
600373.SH	中文传媒	71.47	3.63	70.61	21.43	4.22	22.32	68.15
002241.SZ	歌尔股份	55.74	37.99	9.35	53.85	2.71	34.35	68.25
600690.SH	青岛海尔	64.76	15.90	82.27	8.78	6.36	16.70	68.25
601607.SH	上海医药	70.08	8.03	68.13	12.36	3.11	22.83	68.90
600031.SH	三一重工	58.49	4.95	–5.07	708.33	3.22	71.23	70.10

续表

证券代码	证券简称	前十大股东持股比例合计2017年一季度%	户均持股比例季度增长率2017年一季度%	净利润（近三年增长率）2017年一季度%	每股收益（同比增长率）%	净资产收益率ROE（平均）%	市盈率PE（TTM）倍	总评分排序
600999.SH	招商证券	76.10	3.84	93.44	23.53	2.11	20.06	70.75
600816.SH	安信信托	68.00	–47.45	306.89	43.28	7.49	18.60	70.85
600028.SH	中国石化	94.40	4.76	49.72	168.63	2.31	12.86	71.50
601718.SH	际华集团	73.40	4.87	17.05	40.00	1.98	29.41	71.70
601857.SH	中国石油	98.49	1.11	–71.51	137.50	0.48	52.13	71.80
600029.SH	南方航空	74.69	3.01	1176.02	–40.74	3.53	21.48	74.10
601669.SH	中国电建	81.95	3.51	100.82	5.44	2.73	17.62	74.35
002450.SZ	康得新	43.06	8.31	160.15	–40.24	3.41	36.67	74.90
000651.SZ	格力电器	40.83	26.25	77.41	26.42	7.19	14.20	75.35
601377.SH	兴业证券	45.20	4.77	242.41	25.00	2.12	22.70	75.55
000776.SZ	广发证券	75.09	1.79	168.60	16.67	2.67	15.47	75.70
601919.SH	中远海控	80.86	7.43	129.49	106.82	1.46	–10.61	75.75
601628.SH	中国人寿	97.20	2.99	–13.93	16.67	2.01	38.73	75.85
000423.SZ	东阿阿胶	39.17	26.61	41.53	11.05	6.98	23.35	76.30
600518.SH	康美药业	52.55	11.71	80.31	–3.56	3.60	31.32	77.35
600019.SH	宝钢股份	80.44	–47.21	162.70	142.86	2.75	13.83	77.50
300033.SZ	同花顺	74.28	–11.89	1755.24	–29.63	3.70	28.34	77.60

续表

证券代码	证券简称	前十大股东持股比例合计 2017年一季度 %	户均持股比例季度增长率 2017年一季度 %	净利润（近三年增长率）2017年一季度 %	每股收益（同比增长率）%	净资产收益率 ROE（平均）%	市盈率PE（TTM）倍	总评分排序
000538.SZ	云南白药	73.49	–1.05	42.24	16.67	4.51	31.15	78.20
600309.SH	万华化学	58.02	–12.95	180.04	357.14	12.80	14.43	78.70
300059.SZ	东方财富	44.27	3.98	461.08	–19.52	0.78	74.49	78.95
600489.SH	中金黄金	57.28	8.61	–23.24	50.00	0.66	91.03	79.10
600115.SH	东方航空	82.52	–4.29	1327.98	–5.00	5.79	20.92	79.35
600637.SH	东方明珠	61.20	2.41	207.86	24.70	1.61	18.80	79.85
002673.SZ	西部证券	59.74	3.56	127.69	–30.00	1.46	50.28	80.25
002142.SZ	宁波银行	68.86	8.83	57.27	15.38	4.63	9.52	80.35
600332.SH	白云山	74.38	4.43	51.71	–5.99	2.76	29.14	80.60
600704.SH	物产中大	68.95	0.37	175.40	50.58	1.93	13.53	81.65
600893.SH	航发动力	68.23	16.62	–245.35	0.00	–0.57	59.24	82.80
600887.SH	伊利股份	31.21	5.35	59.60	11.54	7.24	21.24	83.40
601216.SH	君正集团	75.77	–13.53	301.56	–7.18	3.83	23.05	83.45
601018.SH	宁波港	85.26	0.70	3.13	0.00	1.95	31.88	83.95
600663.SH	陆家嘴	64.57	1.79	92.30	–29.13	3.25	28.99	84.10
601766.SH	中国中车	77.12	6.34	49.15	–42.86	1.03	27.66	84.30
600208.SH	新湖中宝	66.92	0.12	709.44	266.67	1.30	6.48	84.50

续表

证券代码	证券简称	前十大股东持股比例合计 2017年一季度 %	户均持股比例季度增长率 2017年一季度 %	净利润（近三年增长率）2017年一季度 %	每股收益（同比增长率）%	净资产收益率 ROE（平均）%	市盈率PE（TTM）倍	总评分排序
601186.SH	中国铁建	80.03	6.21	49.41	12.17	2.17	11.29	85.00
601618.SH	中国中冶	79.63	2.97	46.01	0.00	1.96	19.04	85.45
601088.SH	中国神华	94.06	−11.91	12.74	165.09	3.84	14.61	85.85
600048.SH	保利地产	58.40	5.85	186.95	23.08	2.10	9.37	86.00
002736.SZ	国信证券	86.44	−0.06	11.03	30.00	2.12	23.58	87.15
000826.SZ	启迪桑德	55.12	8.67	61.00	−5.65	2.38	27.68	87.20
000768.SZ	中航飞机	64.97	4.39	26.06	−47.44	−0.57	135.49	87.20
000338.SZ	潍柴动力	54.57	2.38	28.60	172.73	3.65	17.30	87.40
600585.SH	海螺水泥	78.61	7.20	−11.90	86.36	2.77	12.98	88.15
601668.SH	中国建筑	71.04	5.38	45.26	14.29	3.65	9.22	88.30
600118.SH	中国卫星	57.88	1.00	16.37	0.00	1.18	82.90	88.50
600030.SH	中信证券	48.00	4.14	70.28	35.71	1.60	18.63	89.05
600008.SH	首创股份	62.23	−3.62	59.56	9.55	1.07	49.93	89.15
000063.SZ	中兴通讯	56.96	7.48	110.01	26.09	3.36	−46.41	89.75
601989.SH	中国重工	60.34	0.37	−68.35	25.00	0.49	155.13	90.20
601390.SH	中国中铁	81.32	1.31	45.71	7.00	1.84	15.35	90.50
601939.SH	建设银行	97.41	4.85	6.54	3.70	4.36	6.54	90.95

续表

证券代码	证券简称	前十大股东持股比例合计 2017年一季度 %	户均持股比例季度增长率 2017年一季度 %	净利润（近三年增长率）2017年一季度 %	每股收益（同比增长率）%	净资产收益率 ROE（平均）%	市盈率PE（TTM）倍	总评分排序
601398.SH	工商银行	96.99	6.98	3.49	0.00	3.79	6.65	91.35
601336.SH	新华保险	85.27	–15.64	17.76	–7.81	3.04	36.43	91.45
601901.SH	方正证券	68.97	16.92	–5.46	–50.00	1.14	37.28	91.95
601009.SH	南京银行	51.38	6.17	73.13	14.29	3.90	7.84	92.40
000876.SZ	新希望	66.59	4.31	119.11	–6.25	3.04	14.26	93.00
600089.SH	特变电工	29.33	5.98	70.60	11.08	2.62	16.77	93.65
000166.SZ	申万宏源	74.44	–0.19	71.84	0.00	1.84	21.58	94.60
000069.SZ	华侨城A	72.34	8.00	3.90	26.09	1.71	11.30	95.15
601318.SH	中国平安	59.72	–6.02	98.11	11.21	5.80	14.40	95.50
601988.SH	中国银行	95.94	4.61	6.63	0.00	3.26	6.60	95.55
600660.SH	福耀玻璃	62.42	–18.73	46.57	21.74	3.77	18.96	95.80
600837.SH	海通证券	52.15	–2.74	104.96	26.67	2.01	19.98	95.90
000100.SZ	TCL集团	39.08	7.59	–27.56	72.30	1.93	23.41	95.95
601288.SH	农业银行	94.91	3.83	4.22	0.00	4.16	6.22	96.00
002230.SZ	科大讯飞	33.23	–4.09	31.89	20.00	1.02	122.86	96.30
601788.SH	光大证券	75.56	–0.06	149.57	–16.57	1.23	23.01	96.50
000728.SZ	国元证券	59.93	8.66	–33.88	9.09	1.16	25.90	97.30

续表

证券代码	证券简称	前十大股东持股比例合计 2017年一季度 %	户均持股比例季度增长率 2017年一季度 %	净利润（近三年增长率）2017年一季度 %	每股收益（同比增长率）%	净资产收益率ROE（平均）%	市盈率PE（TTM）倍	总评分排序
000402.SZ	金融街	68.81	12.12	57.94	–30.77	1.92	13.53	97.35
601727.SH	上海电气	86.44	0.00	–21.76	–5.73	1.07	50.26	97.40
000540.SZ	中天金融	56.23	3.14	200.48	–6.10	6.09	11.25	97.45
601333.SH	广深铁路	62.64	–2.45	189.81	–13.04	1.00	28.93	98.55
600271.SH	航天信息	57.78	–1.71	36.09	5.00	4.16	23.36	98.75
600674.SH	川投能源	63.02	2.08	98.02	–12.29	3.86	12.99	99.15
600535.SH	天士力	59.72	–5.32	–6.16	14.86	3.92	34.92	99.45
601992.SH	金隅集团	80.19	–24.64	–74.33	100.00	0.99	23.03	99.50
601818.SH	光大银行	72.97	9.32	5.12	0.00	3.34	6.05	99.60
000333.SZ	美的集团	49.22	–9.45	63.80	9.84	6.87	17.86	99.70
601688.SH	华泰证券	64.71	–3.26	74.83	6.72	1.56	20.12	100.05
300024.SZ	机器人	42.46	–2.96	28.10	6.92	1.04	77.79	101.00
600068.SH	葛洲坝	49.32	13.97	70.09	–6.43	1.92	14.63	102.05
601328.SH	交通银行	77.84	4.95	3.69	0.00	3.02	6.49	102.15
601555.SH	东吴证券	47.04	2.15	93.99	–16.67	1.52	23.35	102.40
600109.SH	国金证券	44.05	6.40	32.15	–10.48	1.62	26.92	102.55
600177.SH	雅戈尔	53.11	1.53	62.83	–55.13	5.51	14.69	104.40

续表

证券代码	证券简称	前十大股东持股比例合计2017年一季度%	户均持股比例季度增长率2017年一季度%	净利润（近三年增长率）2017年一季度%	每股收益（同比增长率）%	净资产收益率ROE（平均）%	市盈率PE（TTM）倍	总评分排序
600352.SH	浙江龙盛	36.44	7.05	−26.75	62.38	3.15	14.16	104.85
601006.SH	大秦铁路	72.78	−0.96	−11.68	50.00	3.46	15.92	104.85
600104.SH	上汽集团	83.45	−8.94	13.64	0.14	4.06	11.58	104.90
600741.SH	华域汽车	68.43	−7.45	42.21	7.06	3.94	12.53	105.15
600153.SH	建发股份	57.25	11.89	−4.07	36.36	1.94	12.27	105.55
600170.SH	上海建工	64.17	−0.50	51.59	0.00	2.05	16.27	107.55
600036.SH	招商银行	69.16	−13.62	34.24	8.22	4.85	9.21	107.55
601633.SH	长城汽车	93.25	2.58	−2.32	−19.23	4.05	12.41	108.85
600705.SH	中航资本	54.53	2.15	28.13	−50.00	2.36	22.06	109.90
601998.SH	中信银行	97.54	−13.94	4.22	0.00	2.97	7.27	110.20
600000.SH	浦发银行	73.63	−7.29	35.52	0.00	3.87	6.60	110.55
300104.SZ	乐视网	45.89	−14.04	−100.83	0.00	1.05	108.35	110.80
002202.SZ	金风科技	59.91	−1.37	264.56	−55.98	0.90	14.87	112.40
000895.SZ	双汇发展	79.34	−1.75	−18.71	−18.19	6.00	18.08	114.10
601169.SH	北京银行	48.76	1.10	21.10	2.86	3.77	7.76	115.50
601601.SH	中国太保	77.68	−6.66	−37.46	−8.33	1.51	26.53	116.15
600015.SH	华夏银行	72.90	2.33	21.85	−17.07	2.92	6.00	117.10

续表

证券代码	证券简称	前十大股东持股比例合计2017年一季度%	户均持股比例季度增长率2017年一季度%	净利润（近三年增长率）2017年一季度%	每股收益（同比增长率）%	净资产收益率ROE（平均）%	市盈率PE（TTM）倍	总评分排序
600018.SH	上港集团	89.89	−2.84	−15.06	−6.27	1.83	21.62	117.25
600369.SH	西南证券	61.82	−2.39	−91.94	−93.00	0.13	52.80	118.35
600023.SH	浙能电力	83.94	2.18	−23.08	−36.36	1.59	12.89	118.80
600485.SH	信威集团	58.67	−0.06	−9875.02	−156.25	−2.37	54.33	120.20
600406.SH	国电南瑞	50.09	−0.08	−94.61	0.00	0.20	30.37	121.95
600066.SH	宇通客车	61.21	0.95	15.39	−17.65	2.30	12.27	122.25
601166.SH	兴业银行	47.14	−10.46	25.87	7.32	4.54	6.46	123.60
000157.SZ	中联重科	52.05	3.40	−74.92	112.22	0.23	−183.07	124.60
600016.SH	民生银行	56.86	−14.50	12.20	2.63	4.06	6.06	125.40
600795.SH	国电电力	57.41	2.32	−39.41	−46.24	1.95	17.44	125.80
000001.SZ	平安银行	64.98	−5.67	22.95	−11.43	3.03	7.15	128.10
000625.SZ	长安汽车	51.62	−11.54	21.73	−12.28	5.36	6.79	131.60
600150.SH	中国船舶	63.56	0.69	−2151.45	−161.90	−0.48	−11.65	144.95
600100.SH	同方股份	44.21	0.93	−1181.89	−105.11	−1.25	−35.16	153.05

依据表2-4-3，笔者将会选择部分股票来说明核心逻辑的应用模式，并且尽量把笔者的经验与投资人分享。

八、核心逻辑：结合交易员智慧的智能交易模式

趋势盘的操作算是比较简单，但是也考验着投资人的耐力。如果投资人对于本书所提到的逻辑化操作核心部分没有深入的理解，同时有着强烈的执行意志，可能也会很无奈赚不到钱。因为投资人将会常常看到有好肉好酒可以品尝，到最后却因为自己的主观意志作祟，没有吃到大鱼大肉。失去了一条鱼的最佳鱼身是笔者看到交易者最常叹息的事情。

趋势盘中，在持有仓位时，投资人就是希望能够有加减码操作机会，这部分在表2-3-2逻辑化条件汇整表中，有明确的逻辑。请投资人一定要注意，本书强调的是逻辑化操作，所以不要在参数上打转，一打转就是浪费时间，因为投资人永远不会知道哪个参数是最佳的。也因此，所谓的参数应该是一个动态概念，是灵活应用的概念，是没有一个绝对值的。

但是，所有的股票、期货与期权在价格运行过程中，不可能只有趋势盘，还有许多的盘整盘。尤其是股票市场可能受到停牌的影响，投资人将会陷入不确定的等待之中，这种不确定性的盘整盘，不论是利多还是利空，停牌都是最大风险。而如何在盘整盘中减少损失，就变成每一位投资人的挑战。

接下来，实例说明的模式如下：

（1）从一般投资人的角度思考，持有股票数不做细数，就是把该持有股票、加码股票、减码股票与出清股票作为说明，为了说明方便起见，股价高低也暂且不计。

（2）在加码与减码过程中，依据笔者的思考，做出笔者的判断。

（3）股票操作以持有多单方式进行，除非有特例使用融券方式说明，在台湾融券放空额度有限制，但在一般投资人需求不高的情况下都能得到满足，在A股市场未来应该会更有优势才是。

（4）由于只是交易逻辑说明，损益结果就不进行计算。

（5）请投资人务必把七个核心逻辑记住，并且在笔者的说明过程中理解其应用技巧，在如何灵活应用方面多加注意。投资人一定要理解逻辑化操作要的是

纪律，所以投资人能有多强的纪律性取决于投资人的能力。如果投资人有做不到的时候，可以稍作休息，重新思考为何要到股票市场？在股票市场就是为了赚钱，而要赚钱必须找到对的方法，然后尽心尽力地去执行，期待投资人的赚钱动力足够支撑投资人在挫折中不断站起来。

（6）市场看似随机紊乱，但是仍有规律可循，这是投资人与笔者愿意在这个市场不断努力的基础。因此，对于尊重市场波动的客观事实这件事，笔者强烈建议，投资人甚至是交易员必须“一日千省己身”；当一个交易系统或是一个非常主观的交易模式达到极致时，必定是处在一种高度客观的状态，这与电脑的执行能力没有差异，差别就是电脑可以同时处理3000只A股股票，而投资人可能最多处理30只股票吧。

（7）核心逻辑的智能化交易要点是，把七个逻辑当作七个工具，何时应该使用哪一种工具，在本书中会有清楚的说明，如果有不周全之处，也请投资人见谅。

接下来，让笔者以50多只股票为例，说明如何利用核心逻辑进行智能交易，希望对投资人有所助益。

1. 洛阳钼业

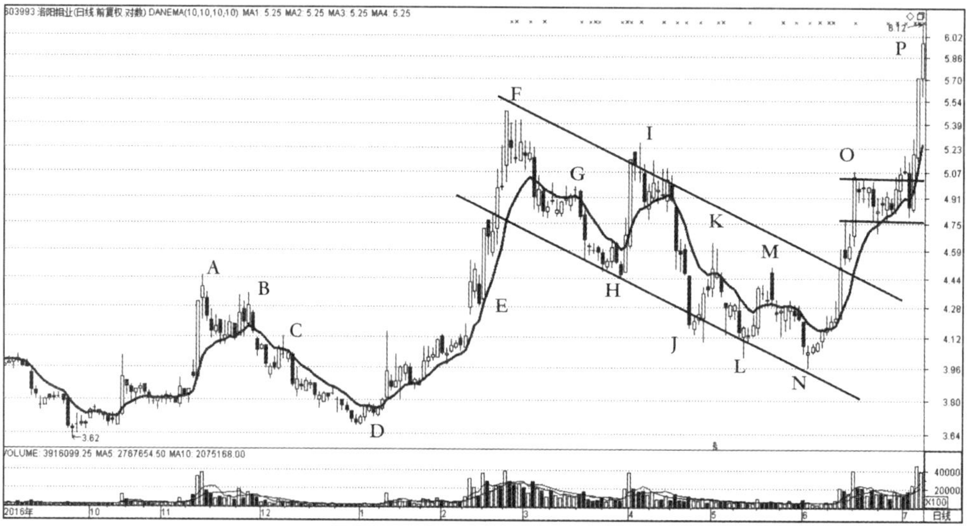

图2-4-4　洛阳钼业（603993）

A. 在此处出现上涨无力的现象，投资人可以思考为之前急涨的结果，因为没有持续上涨，就是没有呈现强者恒强格局，此处的回调是合理的状态。

B. 这里的位置看到了反弹无力现象，尤其已经有多日无法上涨，这是一个较为明显的信号。注意，斜率已经下弯，表示市场趋势可能已然改变。

C. 又是一个反弹无力的走势，之后价格也是持续下跌，斜率也是明显往下运行，这时候，投资人应该什么都不做，手上应该没有持股才是。

D. 这里一度出现大幅度上涨的日K线，但可惜的是有着长长的上影线，之后的几天价格就比较温吞，但也展开了趋势反转格局，虽然没有明显的极端情景。当价格站上斜率，或是斜率翻转向上时，投资人应该开始持有多单，才有后续的利润。

E. 这是一个中继站，回调有撑的格局，股票继续持有不动。

F. 这里的大红K线，之后没有出现强者恒强格局，乖离过大同时不创新高价，过大的乖离也开始收敛了，此时是卖股票的好时机。

G. 反弹无力，不持有股票。

H. 止跌，不创新低价。价格站上斜率时，可持有股票。

I. 这里的情景与F处有异曲同工之相。投资人可以好好参考一下，看看应如何操作才是最好的。当然就是持股也要进行减码操作。同时，F、H与I可以画出下降趋势线，就是股价要走跌了，接下来观察是反弹有力，还是反弹无力，作为判断标准。

J. 止跌。

K. 反弹无力。

L. 止跌。

M. 反弹无力。

N. 出现一定程度的极端情景，可在适当位置进场持有股票，例如负乖离开始收敛之处，或是价格站上斜率时，再或者最慢也要在斜率翻转而上时持有股票。

O. 震荡格局，但走的是回调有撑模式，可以加码买进股票。

P. 价格直接快速上涨，也形成了正乖离过大现象，此时要思考的是，价格是否持续强者恒强，若是则持有股票，若不是，减码是必要的风险管理措施。

2. 包钢股份

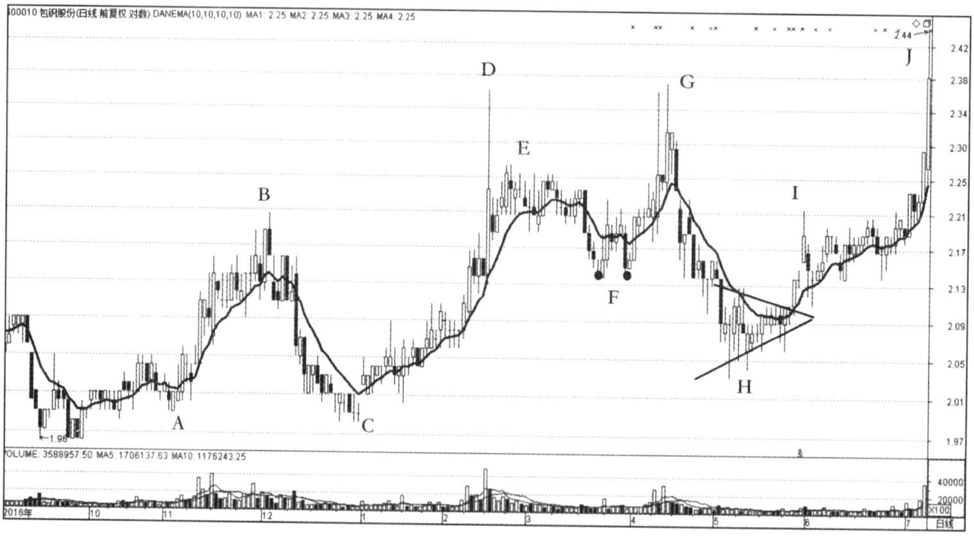

图2-4-5　包钢股份（600010）

A. 价格站上斜率，之后价格也在斜率的印证下，直接向上运行，在A处持有多单是必要的。

B. 一段上涨后，这里已经出现多日上涨无力现象，卖出股票是明智之举。

C. 这里与A处的位置差不多，模式看似如出一辙。在一段时间的下跌与一段不小的跌幅后，市场开始在C处出现斜率向上走势，持有股票是必要的策略。

D. 出现大涨，但是被打压了下来。

E. 股价还有一线希望的样子，但是维持不了多久，价格越来越涨不上去了，投资人在此时的警戒心应该越来越高才是。卖股票是必要动作。

F. 两个黑点，呈现了可能出现W底的形态，在股价站上斜率时持有股票是可以尝试的操作，如果投资人比较没有信心，或是股票的基本面不是很优秀，那么，自然是买少一点，而完全没有持股是不合适的。

G. 几次股价向上攻坚，但是失败了。减码就是最好的选择，在斜率形成往下态势时，应该出清手中持股。

H. 在这里出现股价收敛的形态，当价格突破收敛形态的上缘时，就是进场点。如果投资人在价格不创新低时，进场持有股票，则持有股票数量不能太多，要以试单的方式进行操作。

I. 先出现回调时减码，之后再度出现有撑现象，则补回卖出的股票，持续沿着斜率继续持有股票。

J. 正乖离过大，没有强者恒强的情况下，卖出股票落袋为安也不为过。

3. 片仔癀

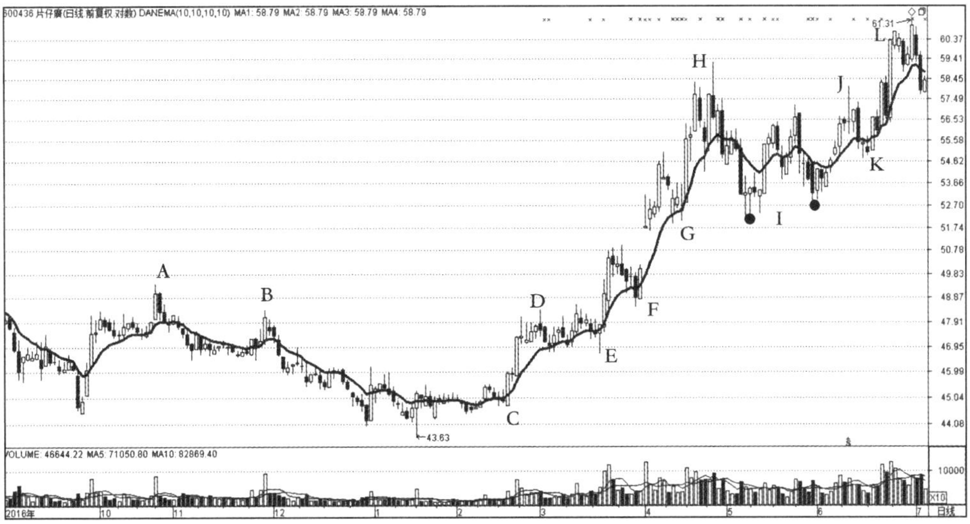

图2-4-6　片仔癀（600436）

A. 下跌走势，不应持有股票。

B. 还是在下跌过程中。

C. 在C出现之前，股价呈现一段时间的震荡行情，这里的盘整现象从斜率走平的模样也可以判断出来。在此点，价格站上斜率，买入试单性质的股票数量是较好的策略。

D. 经过多日的狭幅震荡，一般来说，投资人的耐心大多已经消失了，但是在持有股票的前提下，投资人要观察与等待的是股价会不会出现回调有撑格局。如果会，那么就不必减码了，但这只是后话，在持有股票的当下，是很难判断的，这一点就要看投资人是否把这只股票长期持有，因为长期持有就没有耐心问题，也就不会有落网之忧。

E. 再度上涨，如果先前卖出了股票，则回补。

F. 回调时，减码是合理的操作。

G. 股价快速下跌，应该会让投资人把股票卖掉吧？这是依据投资人对这只股票的持有态度，结果是回调有撑。

H. 多日上涨无力，同时上涨一段时间与幅度（约30%），此时减码或是出清持有股票是合理的操作。如果在每个回调有撑位置进行一次加码，则获利颇为丰富。

I. 出现W底形态。在W底的第四波买进，最好是价格站上斜率之后再进场操作会比较安全，因为作为确认动作，这是一种好习惯，虽然会丧失一些获利，但是安全为要。

J. 上涨无力。

K. 在J处上涨无力后，出现回调有撑现象，可以再度持有股票，或是回补原本卖掉的股票数量。

L. 两次上攻无力，卖出股票是合宜的操作。

4. 天齐锂业

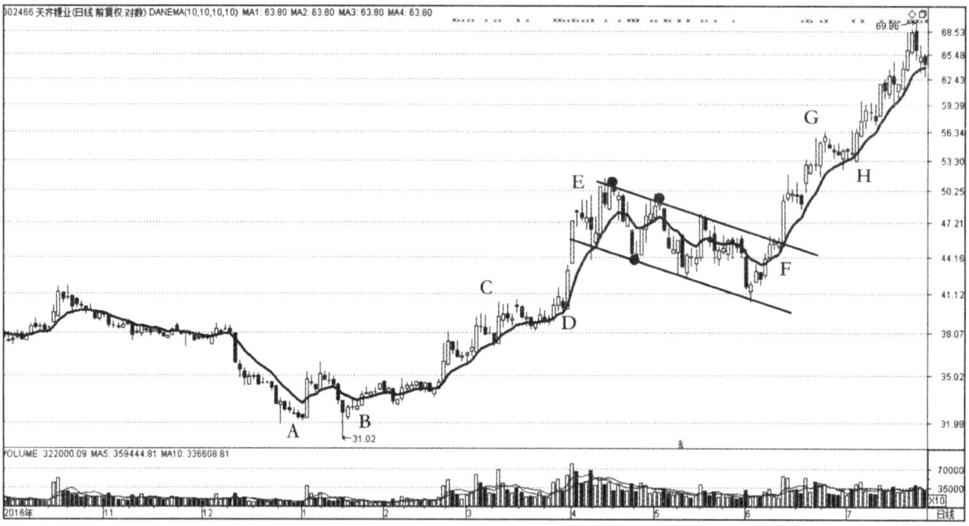

图2-4-7　天齐锂业（002466）

A. 一段下跌之后，市场在A位置出现强力反弹走势，也酝酿了W底的机会。

B. 在W底形成的同时，股价的斜率也开始往上延伸，此时就是买进股票的好时机。

C. 几次小幅度的回调，都在斜率之上受到支撑，在此时，斜率发挥了重要的支撑作用。

D. 又是另外一个斜率陡峭程度提高的机会，持股的获利幅度增加了，此时，投资人思考与观察的重点是股价有没有持续呈现强者恒强的格局。

E. 结果到了E处，股价就不再上涨了，这时候就是投资人卖出股票的时机，而且股价是在多日的反复涨跌，这也给投资人足够时间卖出股票。到此处，投资人应该可以理解笔者反复不断强调股票必须呈现强者恒强时才能持有股票的意思吧？虽然只是简单的逻辑，但是要真正体会、深刻体悟，需要多长时间与多少次的失败才能了然于心？

F. 结束了下降趋势，在这里出现较为明显的极端情景，是投资人再度买进股票的好时机，当然，此时还是以试多单的模式进行操作为好。之后，出现一次回调有撑现象，就看投资人能不能在此处加码操作了，从本书的核心逻辑来说，这是必然要执行的动作，也相对地，到底要加码多少股票数量，那就由投资人自己决定了。

G. 出现回调现象。

H. 出现有撑现象。投资人应该知道这里是加码的好时机。但是笔者必须说明的是，很多时候，从核心逻辑来说是很清楚的，加码是对的，事后来看也是正确的，而更多的交易员无法在股价已经上涨一大段情况下加码，因为交易员的恐惧心理作用不能进场再度加码。笔者相信，在人性的贪婪与恐惧的交互作用下，投资人的理性是备受考验的。笔者也是受到过相同的折腾，然而，在逻辑化操作中，依靠的是投资人的智慧。笔者常常说，我们从事的是一种靠智慧赚钱的行业，事实真是如此，笔者期待与投资人一起不断培养自己的赚钱习惯。也就是说，有正确方法的交易模式，更有高度纪律性的意志，做好核心逻辑所讲的每一个动作，才会形成智能交易模式。

5. 三安光电

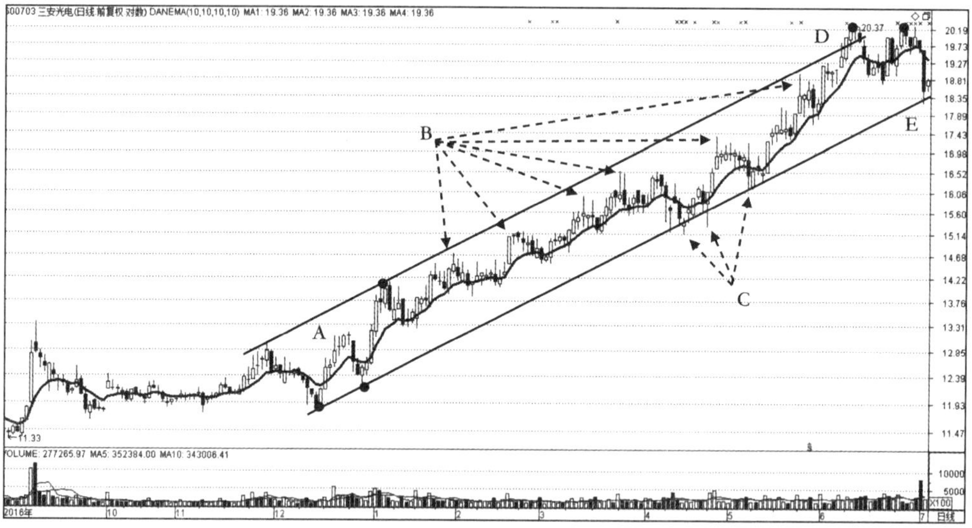

图2-4-8　三安光电（600703）

A. 出现三个黑点位置，可以画出上升通道，此时斜率也是往上的走势，在下方两个黑点位置附近，或是价格通道之间的斜率向上之时，进行买进股票操作是合理的，因为在上升通道被画出来之前，依据核心逻辑的交易模式，斜率上勾可以帮助投资人买进股票。

B. 这里可以看到许多的点在上升通道上缘位置被打下来，也就是说，市场价格沿着上升通道在运行，而且投资人也知道，在第三个黑点被确认之后，就确认了上升通道的轨迹了，而不是事后诸葛的模式，在此情况下，这三个黑点的作用极大。投资人也应该发现，在股价波动过程中，形态学占了多么重要的地位。

C. 这里也证明了上升通道的有效性，在通道的下缘处股价得到了支撑，也是加码的时机。

D. 从A上涨之后，已经约有58%的涨幅，幅度不小，此时出现M头形态就是给投资人一个出清股票的好时机。

E. 这时候，想请问投资人，E处又出现买进信号，如何操作才是正确的呢？投资人请思考一下。在投资人看到此书之时，答案应该已经出来了。如果投资人有兴趣，最好是想清楚了再去找答案。

6. 立讯精密

图2-4-9　立讯精密（002475）

A. 在A处形成的钻石形态，是趋势翻转时的重要特征，同时，价格站上斜率也是投资人持股的时机，在当时并不知道会形成如此漂亮的钻石形态，因此，持有股票的模式，当然就是仅仅以试多单方式进场。之后，在斜率继续往上蹿升时，都是在上升通道之内，每一个交易日都在证明上升通道的有效性。

B. 在到B位置之前，上升通道几度出现回调现象，以4月那次的下探幅度最大，但也没有脱离上升通道的规范。在股价来到B位置时，市场的波动出现了停滞现象，在股价来回鼓噪之际，市场形态形成了震荡格局，也为接下来的股价提供了参考模式。

C. 在市场形态形成了震荡格局后，基本上股价也持续在B位置附近形成的价格区间之内波动，只有在7月，价格一度往上蹿升，突破了盘整区间，但是没有隔多久，价格又回到盘整区间之内。

7. 中远海发

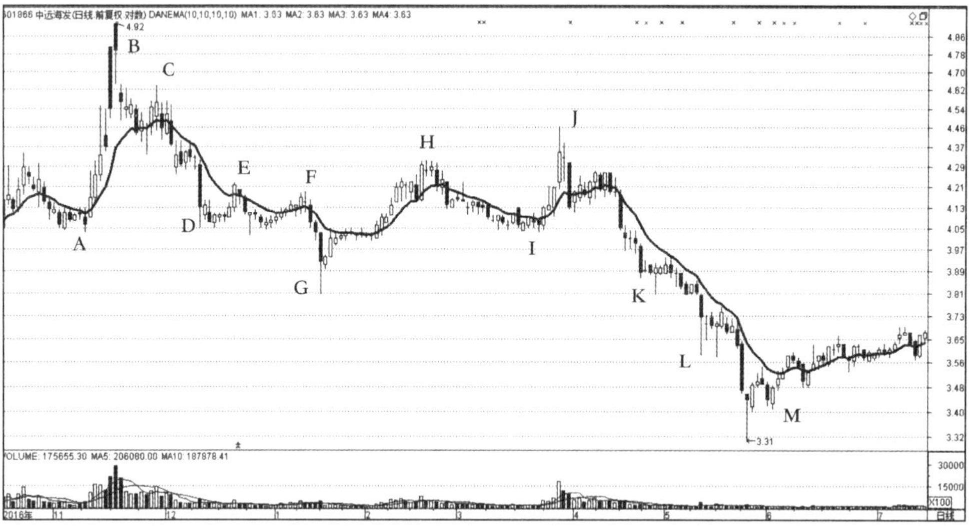

图2-4-10 中远海发（601866）

A. 如果A之前的回调有撑模式形成，同时A位置虽没有明显的极端情景，好让投资人可以确认拐点而进场持有股票，但是A位置的股价站上斜率，之后价格又继续往上蹿升，斜率形成上勾之势。在价格站上斜率时（核心逻辑的第二个买进信号），持有股票是合理的。

B. 到了B位置，正乖离过大又收下跌K线模式，此时投资人的思考就是确认价格是否出现“不创新高价”，一旦出现这样的情景，投资人的标准操作模式就是减码。之后价格下跌也说明了市场价格上涨无力。

C. 在这个位置可以明显看到反弹无力现象，投资人要保持一些耐心，多做一些确认的工作，C这个位置的思考点就是要确认是否出现上涨无力的多方无力状况。

D. 出现了极端情景，进场试多单后，上涨无力，由做多机会变成反弹无力现象，形成这种模式的原因大多是下跌行情，当下降通道没有改变时，反弹无力是合理的走势。

E. 下降通道的反弹无力。

F. 下降通道的反弹无力。

G. 再一次考验下降通道的反弹无力走势，结果这次形成了有效的试多单格局。

H. 从G处反弹之后，到H位置出现了获利机会。所谓“善战者，求之于势，不责于人”。上涨的势头出现了，就要顺势而为，若非，就要止损。不责于人，就是要把人的感性（责人）置于理性（顺势）之下，不能责怪市场不好操作，或是市场不顺自己的意而懊恼。至少在操盘这件事上，必须如此。

I. 是一个价格与斜率翻转的机会。

J. 经过11个交易日，不创新高与反弹无力并存，市场偏弱格局慢慢出现。斜率也开始往下弯曲，形成下跌走势，投资人应该明白这是不能持有股票的状态。

K. 反弹无力格局，不能持有股票。

L. 反弹无力格局，不能持有股票。

M. 一个极端情景与W底格局。做多机会在极端情景与W底的第四波位置，在两种状态下持有试多单仓位是合理的，之后，斜率持续上扬，投资人的多单获利幅度也应该会增加才是。

8. 牧原股份

图2-4-11　牧原股份（002714）

A. 一个可以被规范出来的震荡格局，在A位置之后，投资人可以合理地怀疑，在未来的一段时间里，价格可能会在这个区间内移动，斜率也可能会呈现走平的模式。当斜率不再有陡峭现象，表示没有明显趋势，这是本书在斜率操作模式下的重要逻辑，也是本书在形态之外的第二个主要交易逻辑，形态与斜率是相互为用的，是相辅相成的。

B. 沿着A位置的横向整理，进行区间变动后，价格在B位置之前出现三次的反弹无力走势，显露出多方无力的疲态，之后，在斜率下弯过程中，出现了股价的下跌走势，此时，投资人当然不应该持有任何数量的股票。再叮咛一次，如果是大资金且为价值投资模式，则不是完全不持有股票，而是以最为轻量的持股，持续关注这只股票价格的变动。

C. 这里出现极端情景，应该建立基本持股仓位，或以试多单的方式买进。在进场后，一度下跌回调，若价格没有跌破止损线，或是投资人因止损卖股而变成没有持股的状态，则在W底形成的第四波位置，还是要再度建立持股仓位。当然，止损位置还是要设置。在C之后，股价一路上涨，投资人开始出现浮盈，而且斜率也一再上扬，投资人必须继续持有股票才是正确的决策。

D. 出现正乖离过大，不创新高现象，减码是必要的决策。

E. 减码后，观察是否回调有撑，结果在斜率之上，股价就是挺住，然后价格再度翻扬而上，直到股价来到28元附近才出现不创新高现象，这一波的涨幅约有25%。

F. 这个位置出现了M头形态，在第四波位置就不能再持有股票。

G. 一个反弹无力的格局。

H. 一段下跌后，在这个位置出现极端情景，是建立初始仓位的时机，当然，这也是以试多单的模式操作。

I. 在这个地方有回调现象，很快就知道这是一个回调有撑的模式，所持有的股票可以继续握着，如果减码操作了，也要回补才是。

J. 此处出现正乖离过大现象吗？留给投资人一个问题，在投资人看此书时，市场应该已经有了答案，何不确认一下？

9. 小商品城

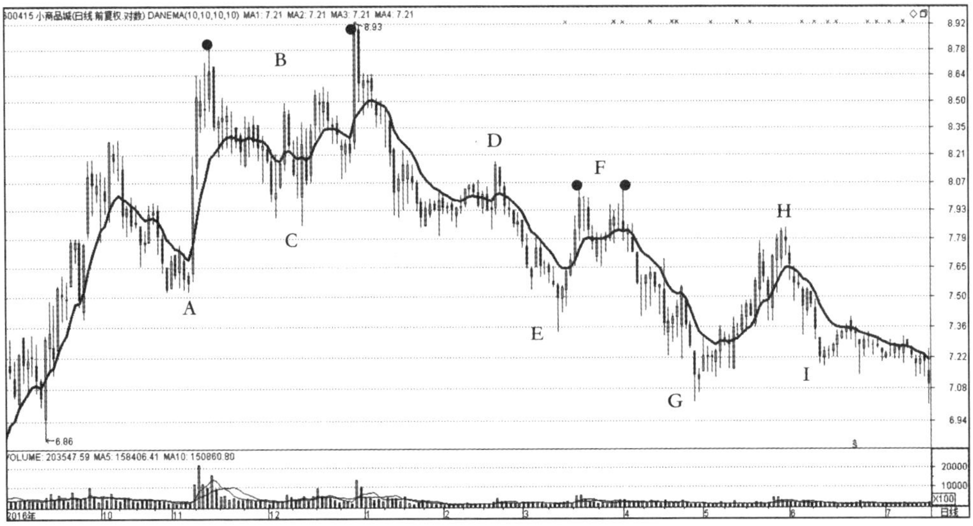

图2-4-12　小商品城（600415）

A. 股价止跌后，价格急涨，斜率也快速翻扬。敏感的投资人应该会去做追高的动作，当然，这是一个试多单的机会。

B. 整体而言，这是一个M头的格局。

C. 在B形态来说是个M头形态，但从C形态的位置来说，却是一个W底的机会，从市场走势来说，这是一个操作难度较高的机会，能够做到不赔钱算是高手了。

D. 一度止跌的价格，也没有机会让投资人获利。形成的模式就是反弹无力格局，这个位置投资人若有进场操作，应该也是不容易赚钱的。

E. 出现极端情景，但是市场波动太快，不利于追价。

F. 形成M头形态，不利于持股。

G. 一个不是很标准的极端情景，但是在一段下跌之后出现这样的走势，进场试多单是可以理解的，最慢也要在股价站上斜率之上时，投资人就应该要持有股票。

H. 在H位置之前出现一个回调走势，但是随后就呈现了反弹无力现象，持有的股票该出脱了。

I. 又是一次极端情景试多单、守住止损线的操作。

10. 东方证券

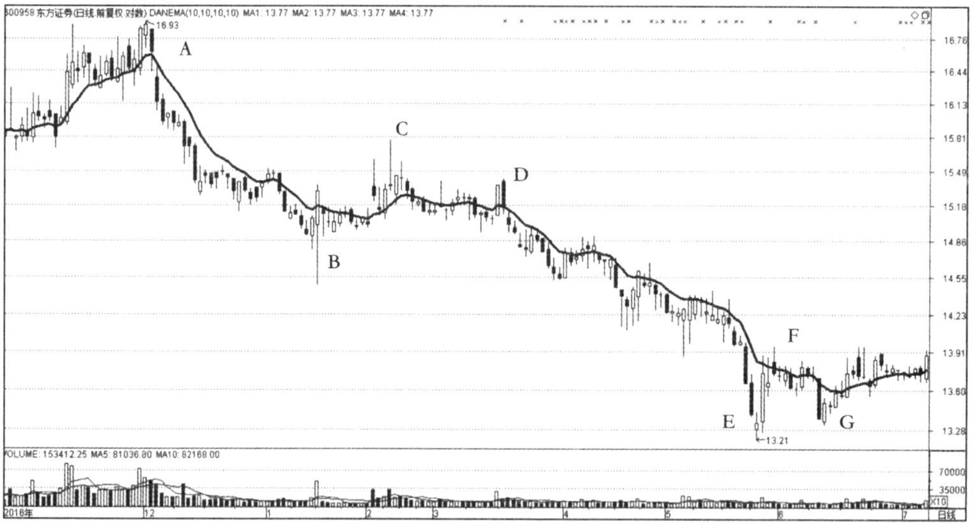

图2-4-13 东方证券(600958)

A. 斜率向下，不持有股票。

B. 一根K线大幅度波动，股价止跌了，并且站在斜率之上，可以进行试多单的操作。

C. 上涨无力=反弹无力，若进场，这笔单可能赔钱。

D. 明显的反弹无力。在D位置之后，一路下跌走势，算是明显可见。不持有股票是必要的等待，如果投资人在这种斜率向下走势时都无法忍住，那么在操作上会更加辛苦。当然，笔者不是说投资人一丁点错误都不能犯，就笔者而言，也是常常犯错的，只是在核心逻辑的指引下，不能犯低级错误，这是必要的训练，老实说，笔者也要常常如此警示自己的。

E. 就是极端情景，再试多单。

F. 反弹无力是一种在F位置高点附近的判断，但是在之后的回调走势中，投资人应该又会看到这是一个回调有撑的机会。

G. 又来一次极端情景，投资人您如何判断？

如何认识市场？市场是随机的，还是有序的？

（1）从本书核心逻辑的角度来看，市场有序时间多于随机时间。

（2）从周期来说，短期是随机的，长期是有序的。

（3）随机与有序的判断，要依据投资人所使用的方法与所站的角度。

11. 京东方A

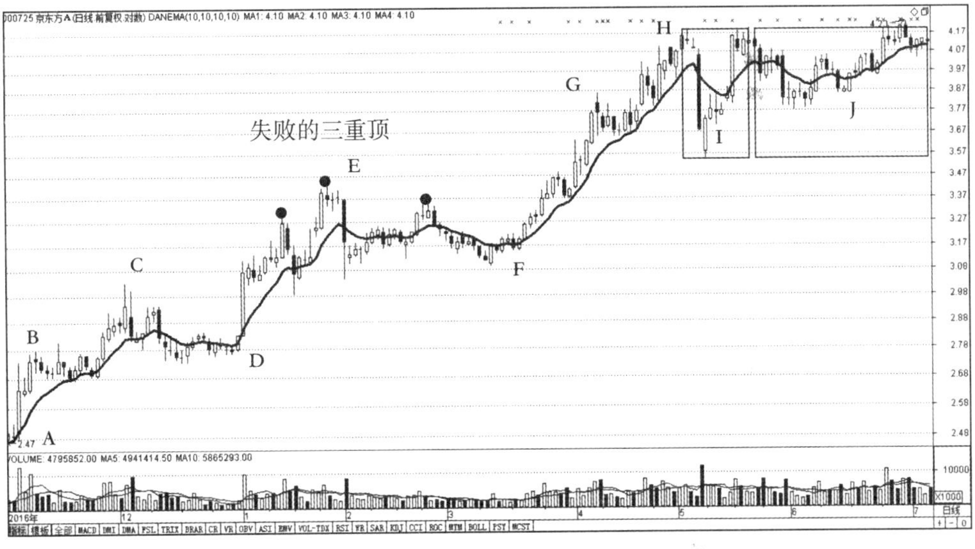

图2-4-14　京东方A（000725）

A. 斜率向上，持有股票。

B. 不创新高，调整持股。最终回调有撑，再回补股票。

C. 上涨无力，出现回调现象。

D. 止跌。小型的W底格局。

E. 一度可以形成三重顶形态，结果是一个失败的三重顶。

F. 在形成失败的三重顶之后，F位置股价站上斜率，且斜率也向上勾，从股价的结构来说，这里是持有基本仓位的时机。

G. 出现回调模式。

H. 正乖离出现，虽然幅度不是很明显，但是在上涨一段时间与幅度之后，没有继续出现强者恒强模式，投资人在此时的持股就要小心谨慎些，避免原有的获利遭到减损。

I. 一个可以被确认的震荡格局。在此价格区间中，股价应该是合理地不断微幅度波动。

J. 从J位置的股价波动，投资人可以看到市场被明显地圈住，在未来股价破坏这个结构之前，股价的操作机会应该是没有的。当然，一旦有向上突破，或是向下跌破的趋势性行情出现，就有操作的机会。如果是股票市场，只能做多，当然还是可以进行融券放空操作的，就看投资人有无此经验与能力。题外话：如果是期货与期权市场，就完全没有这个问题，该怎么着就这么着，多空两相宜。

在震荡格局被刻画出来后，将近一个月的时间内，股价走势都在区间之内波动。

图2-4-15　京东方A（000725）后续追踪结果

12. 北方稀土

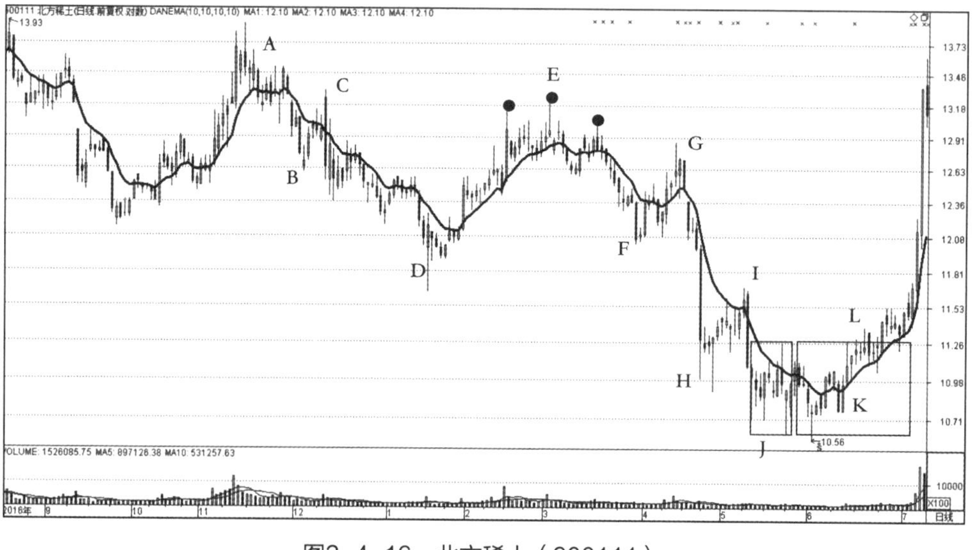

图2-4-16　北方稀土（600111）

A. 反弹无力，股价收敛、斜率走平等条件到位，A点这个位置呈现的就是偏空的模式，投资人在股价走势与形态分析中是否能够看见？笔者当然期待大家能摸清楚这样的形势。如此一来，投资人应该不会轻易进场买进股票。

B. 此处是一个极端情景，可以试多单操作。

C. 反弹无力，投资人的敏感度不够的话，可能会赔钱出场，但也就是小幅度的止损。如果投资人没有章法，只是依着自己的紊乱经验，投资时感情泛滥、缺乏理性、逻辑混乱，就会加重亏损幅度。笔者常常思考，人类到底要在如何的情景冲击后，例如大赔3000万本金，或是赔了一个亿的负债，才能有智慧地去面对投资理财，甚至是资产管理这件事情？以前古人说“吾日三省吾身”，现代的交易员、操盘人与投资经理人也许要“吾日千省吾身”吧？这有点夸张，但也表示笔者对市场的敬畏之意。

D. 又是一个极端情景，持有多单是合理的操作。

E. 此处三个点形成三重顶形态，因此，出清持股的机会有三次。

F. 又是一次机会，这次的话，要敏感度高一点的投资人才能够获利出场吧？主要是下跌的速度有点快。

G. 快速翻转而下。

H. 又是一个极端情景，进场做多，记住是试多单的模式。如果股价继续上涨，就要找机会（回调+有撑的时机）加码持有股票数量。

I. 这里没有给加码的机会，就是一次性的试多单操作而已。

J. 这个位置出现的是盘整盘，在震荡区间内，股价来回波动。

K. 在这里延续了震荡格局，基本上不至于过度交易，如果投资人过度交易了，要自我反省一下，必须避免继续犯相同的错才好，当然这也不是一下子就改过来的事情，但是在心志上很多人是做不到的，甚至连那样的心志都没有。之后，斜率开始往上蹿升，股价站上斜率时，应该是持有股票的时机，同时，因为股价还在震荡区间之内，所以只能是试多单模式操作。

L. 这个位置有两次回调有撑的机会，就是两次加码的机会，投资人至少要有那么一次是进行加码操作的。之后，股价快速上涨，幅度与速度都应该让投资人心旷神怡才是。直到M的位置，才出现上涨无力现象。

13. 兖州煤业

图2-4-17　兖州煤业（600188）

A. 三重顶，应该谨慎操作，甚至是尽量不要买卖，在还没有辨识出这是三重顶之前，股价也是在狭幅震荡的格局之中。不操作是合理的策略。

B. 有机会进场，但最终是反弹无力。

C. 有机会进场，但最终是反弹无力。

D. 有机会进场，但最终是反弹无力。

E. 这一次才是多单进场的正确时机。有一天，一个交易员向笔者提出此困扰，因为每次试多单都让他赔钱，在复盘的时候，他解释了自己亏钱原因。当下笔者意识到，一个没有多少交易经验的年轻交易员，在每天的犯错中度日（他还只是在操作模拟盘而已），薪资又不高，还有结婚的压力，这样的条件实在是让他感到辛苦，笔者知道他已经很努力地在学习，这一点不能苛责于他，而他的无奈也是笔者的无奈。只是在成为投资经理的道路上，笔者不能太纵容他，现阶段不严格要求，等到何时他才能成为合宜的投资经理？

那么，如何解决这种不断被市场逼迫的情景呢？

（1）在斜率向下的下跌趋势中，试多单的成本是必要的，问题是如何降低交易成本。第一要务是有能力抓到“大鱼身”，有这样的优势，就不会害怕试单成本太高，没有“吃鱼身”的优势辅助，这个年轻交易员的压力自然大大增加，也就更容易犯错。

（2）一个有经验的交易员在市场出现反弹无力走势时，常常会警觉到空头走势，需要耐心等待，因此确认动作很重要。机灵一点的期货交易员应该会懂得如何反手做空才是。当然，在股票市场要融券操作是不容易的。

（3）既然确认动作是必要的，那么，C位第二次反弹无力的试多单机会就不应该再度进场，而是要等待与确认。D位第三次反弹无力就更不用讲了。

（4）第四次的极端情景，是可以成功获利的试多单机会。对这个机会的思考是连续三次的反弹无力后，这次的下跌幅度已经不小了，第一次失败没有逃过，避过了二次的失败，到了第四次股价已经下跌了31%左右，符合核心逻辑的第七个逻辑——支撑与压力的斐波那契系数，意思是说下跌幅度已经得到一定程度的满足，看不到市场多方的时候，应该就是多方要开始反攻的时机。

（5）市场空方的态度如何？从当时，就是E位置的成交量来看，可以参考的是，E处的下跌幅度那么大，可是成交量却还是那么少，就是说想买股票的人几乎已经不在了。那么，还会买股票的投资人就不是短线投机客了。之后，股价走出无量上涨模式就是证明，空方力道已经衰竭。

F. 在E处试多单后，此处一段获利了结的逻辑在于M头形态出现了。

G. 下跌后，G处股价来到之前E处的位置，投资人可以把它当作是一个大型的W底形态，此处试多单操作是合理的。

H. 快速上涨，又快速下跌，这种股价走法，笔者也是难以招架的，尽量做到不赔钱就不错了。在股价大幅波动后，斜率还是持续向上扬升，在核心逻辑的模式下，斜率向上、股价站在斜率之上，就要回补卖掉的持股，这时，投资人可以持有最少数量的股票，重点是维持对斜率向上的操作。

I. 出现三重顶形态，之前的持股应该有三次机会卖掉，至少要减码。

J. 又一次试多单机会，少量买进是最合理的操作。

K. 在这里股价走得有点混乱，不好操作。但是斜率持续向上，就是以最少的数量持有。

L. 回调再加上有撑，那么，就考验投资人是否能够进场加码操作了。

M. 股价继续上涨，是否出现正乖离过大现象，还需要投资人继续追踪。

14. 大族激光

图2-4-18　大族激光（002008）

A. 这是一个有机会获利的极端情景。

B. 与A位置形成W底格局，在股价站上斜率的时候，持有股票是合理操作。

C. 开始回调。

D. 确认回调有撑，可以加码操作，但是加码幅度不好拿捏，因为已经有一段不小的上涨幅度（约有32%）。

E. 此前股价往上攻坚态势明显，但也在E位置出现快速下跌回调走势，投资人可以看到正乖离过大而没有再出现强者恒强模式，这时候投资人的警戒心应该被挑起了才是。

F. 两拨回调，在斜率继续向上攻坚时，形成了W底形态，股价站上斜率时，可以进场持有股票。

G. 这个位置的股价还在蹿升，投资人的持股获利还在扩大。

15. 泸州老窖

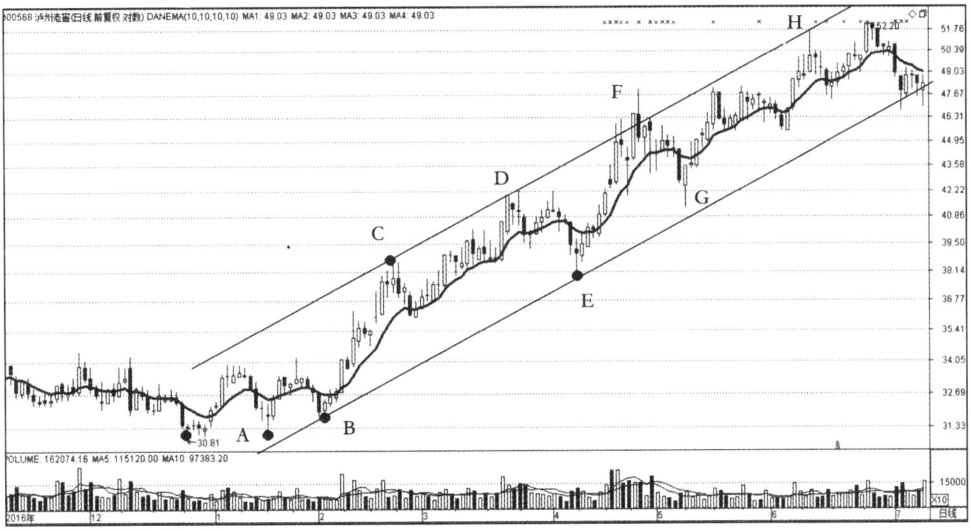

图2-4-19　泸州老窖（000568）

A. 在A位置是W底形态，但操作上应该难以获利。

B. 到了B点已经能够形成三重底模式，从核心逻辑的角度来说，此时应该是另一个进场机会，在逻辑化操作——智能交易思维下，就是在恰当的时刻做应有的行为，但是，如果投资人在A位置被迫止损结束交易的话，还能再度进场买进股票吗？斜率已经向上，也形成了三重底，从理性的角度来说，就是要持有股票才行！那么，就是持有基本数量的股票，例如1手，还是3手？可以接受这个可能再度亏损的机会吗？如果做不到，接下来的机会就没了（约上涨67%）。

C. 斜率持续向上延伸，应该持有股票。

D. 一个回调走势，加上一个收敛格局，测试了市场多方的信心。

E. 以B点、C点与E点可以刻画出上升通道。D位置的回调提供了很好的确认机会，此时，斜率再度翻扬而上，表示多方尚未放弃。

F. 回调。

G. 确认回调有撑。

H. 上涨了60%左右之后，再来一次回调。后续如何，请有兴趣的投资人确认一下，之后的行情是否沿着上升通道继续爬升，或是斜率与股价走出自己的格局！

在这个例子中投资人是否注意到三个点决定一个形态，这样的模式建议投资人要常常练习，让自己的脑子可以用直觉方式，判断出目前股价走势是处在什么样的形态？是一个形态，还是多个形态？这些判断越自然而生越好，表示投资人对核心逻辑交易模式的驾驭能力已经变强了。

16. 山东黄金

图2-4-20　山东黄金（600547）

A. 下跌走势。

B. 极端情景下进场持有股票。

C. 有了六天的快速震荡走势，投资人应该有警觉也有机会获利了结出场。

D. 在C处之后，斜率向下，当然不会持有股票，这是考验耐心的时候。但是D位置的反弹是否让投资人还有无比耐心去确认市场到底处在什么样的情况？那么一点的耐心与确认，投资人是否做到了？唯有投资人自己才能知晓！

E. 是一个试多单的机会，到F之前，股价走得有点磕磕碰碰，操作难度比较高，但是从斜率的角度来说，持有基本股票数量是比较合理的操作，也不至于完全空手。如果从事后诸葛角度来说，应该空手观望，但是可以做到的有几人？笔者自己也不敢确定，能确定的是不会完全空手。

F. 斜率向下，开始下跌。

G. 反弹而上，股价站上斜率，可以持有多单。

H. 此处快速下跌，G位置多单在操作上极有可能是止损出场的。

I. 快速下跌之后，出现极端情景，以试多单方式进场。

J. 回调压力不大，但是拖久了，投资人的耐心应该也没有了，如果已提前出场的话，那么，在J位置，股价再度站上斜率时，应该把卖掉的股票数量再回补才是，就算没有全部，至少也应该有基本的持仓量吧。

17. 中国铝业

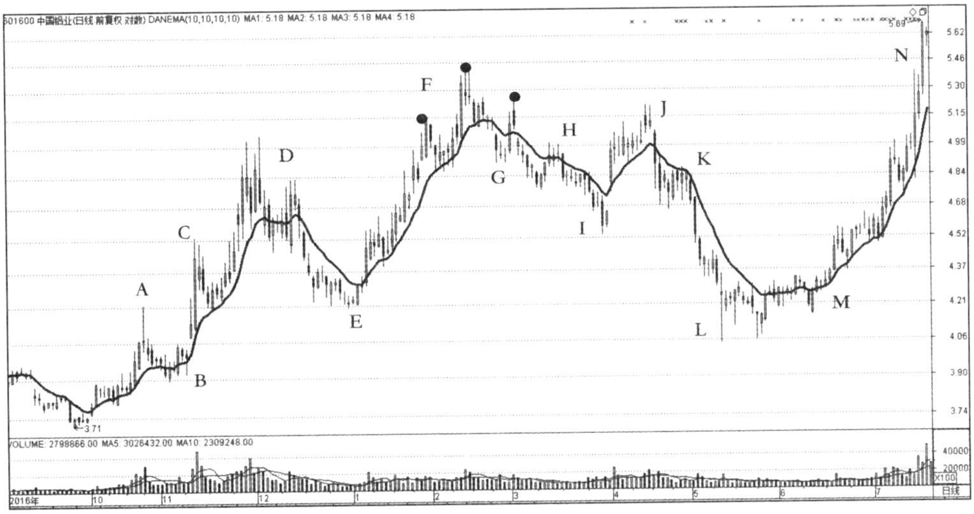

图2-4-21　中国铝业（601600）

A. 此处正乖离过大，快速回调了。

B. 这里的股价再度站上斜率，进场持有股票是合理的操作。

C. 此处还是一个正乖离过大现象，持有股票应该减码操作，在快速回调过程中调仓速度如何，就看投资人的敏感度了。之后，呈现回调有撑模式，再度把卖掉的股票回补，持仓量回到投资人认为合宜的数量。

D. M头形态，可以让投资人有足够的时间出脱手上的持股。

E. 一段下跌行情后，E位置的负乖离过大现象不是那么明显，但是在股价站上斜率之时，持有股票是合理的操作。

F. 股价快速上升到F（上涨幅度约28%），让投资人有三次机会出脱股票。

G. 反弹了。

H. 无力格局。

I. 股价直接往上攻击，标准的V形反转形态。这时候，投资人的敏感度要够高才能追价上去，持有该有的股票数量，这个数量是由投资人自己去测定的。主要原因是每个投资人风险管理与资金配置都不同，这也是到现在为止，投资人都没有看到笔者在持有股票数量上有任何建议的原因。希望投资人能理解。

J. 快速行情，快速结束。

K. 就是一个反弹无力的走势。

L. 两次进场机会，持有基本持仓量。在没有碰触到止损线前提下，多单也是有点磕磕碰碰的，因此，这一段操作难度高一些。

M. 斜率向上了，多单应该可以加码，在M处的斜率拐头向上时，投资人能否把心态由震荡格局转为向上走势，就看投资人对本书所提的核心逻辑的理解程度。做到了，投资人就可以持续获利。

N. 股价连续三天往上冲高，正乖离是否过大？是否应该将持有股票进行减码操作，就看后续股价的表现了。笔者也期待在本书出版后，知道股价的表现如何。这也是一种复盘的乐趣。

18. 苏宁云商（现名苏宁易购）

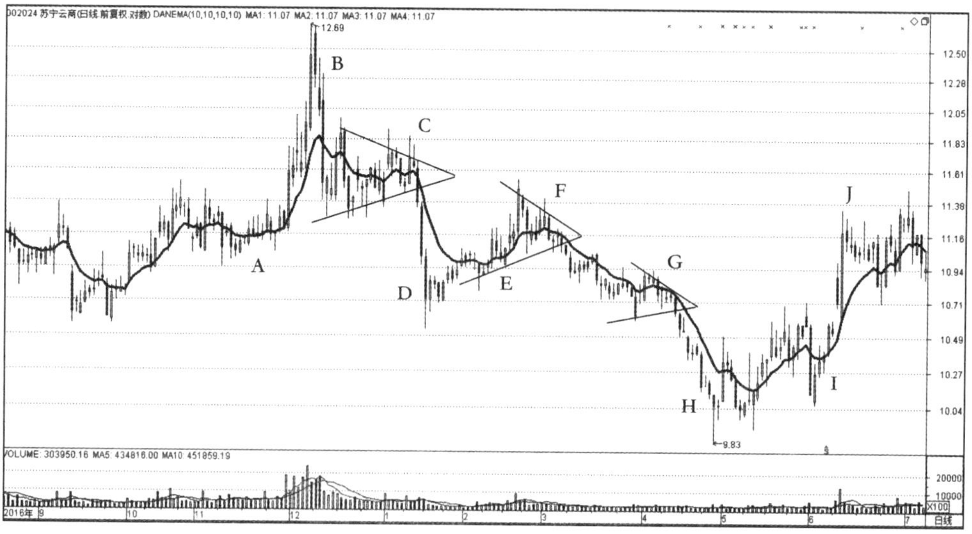

图2-4-22　苏宁云商（现名苏宁易购，002024）

A. 在此处股价震荡向上形态清楚，持有股票是合理的操作。

B. 出现正乖离过大、不创新高价、正乖离收敛模式，减码是第一要务，如果出清股票也是合理的操作。

C. 在C位置之前，股价走在一个震荡收敛的形态中，结果股价跌破收敛的下缘，走出下跌趋势。

D. 这是一个负乖离过大、不创新低价、负乖离收敛模式，进场持有股票是合理的。之后，虽然斜率有走平现象，但是股价与斜率的整体走势是偏多的，投资人应该可以看出来才是。

E. 收敛形态，下缘支撑。

F. 在此处斜率偏弱，是股价收敛后的下跌模式。

G. 在此处斜率偏弱，又是一个股价收敛后的下跌模式。

H. 股价形成止跌态势。

I. 快速回调，此处操作难度高，能做到小幅度获利出场算是不错的操作结果。

J. 正乖离过大，减码操作后，没明显涨跌走势，就是震荡盘。

19. 中船防务

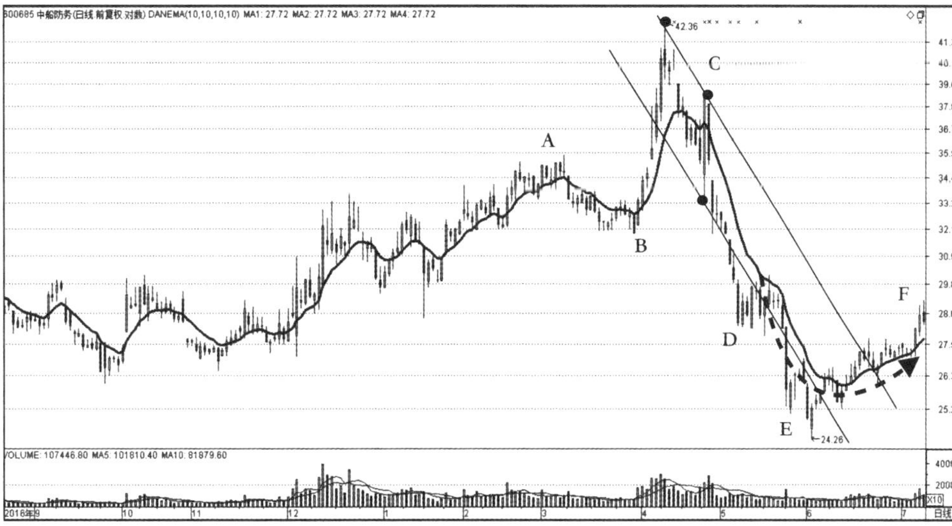

图2-4-23　中船防务（600685）

A. 多日上涨无力，斜率向下，走势偏空。

B. 股价止跌后，站上斜率，在此有股票是合理的操作。

C. 斜率从B位置开始向上蹿升，到C位置连续三个交易日不能创新高价，减码操作是合理的。之后，三个黑点被规划出下降趋势，这个通道延续了一段时间，在C点位置减码操作，看到成效。

D. 反弹无力。

E. 对形态比较敏感的投资人，应该可以在E位置看到三重底现象，虽然不是非常明显，但是在趋势追踪过程中，还是可以观察到才对。笔者也同时把斜率的拐头模式用虚线标识出来，在此处，应该可以找到三个黑点，然后画出上升通道。投资人可以试试看。

F. 股价还在强势向上蹿升当中。

20. 紫金矿业

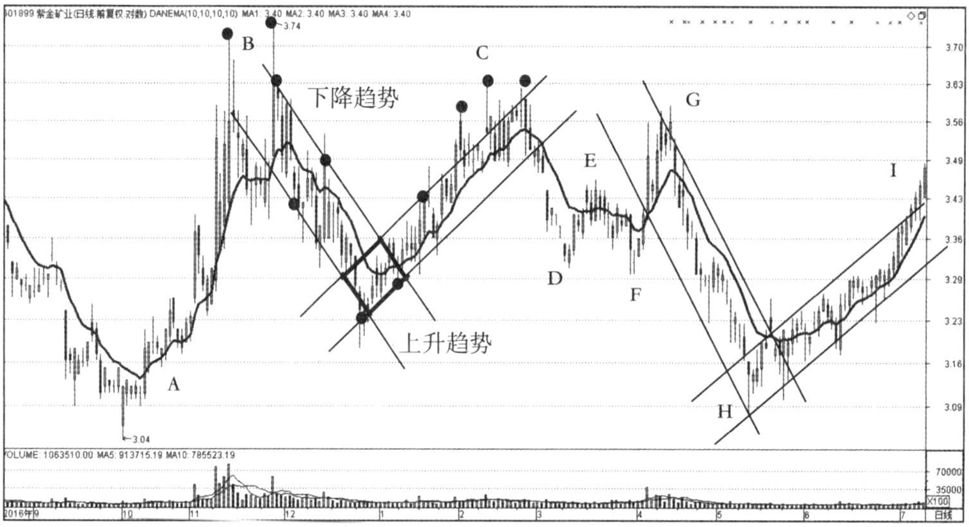

图2-4-24　紫金矿业（601899）

A. 斜率向上，应该持有股票。

B. 出现两次正乖离过大现象，投资人的持股要不减码、要不出清股票，都是合理的操作策略。之后，投资人可以看到在B附近可以点出三个黑点，形成了下降趋势。在延续一段下跌走势后，投资人又可以看到用粗黑线段画出的钻石形态，而且整个股价也由斜率上扬确认了上升通道的有效性。在钻石形态之内，股价站上斜率时，是一个进场买进股票的时机，然后，沿着斜率继续持有股票，从核心逻辑的操作模式来看，才是正确的交易行为。

C. 到了C位置出现三重顶形态，投资人有三次机会出清股票，执行获利了结的操作。

D. 在D位置出现的是试多单的极端情景。

E. 这里没有出现强者恒强走势，减码或出清股票是必要的操作。

F. 形成了W底形态，负乖离收敛、股价站上斜率与斜率由负转正，这三个时机都是投资人进场买进股票的机会。从逻辑上来说，负乖离收敛是最佳时机，随后依次是股价站上斜率与斜率由负转正，从交易系统来说这是清楚的，但从投资人的角度来说，是否被合理地执行，有可能是另外一回事。笔者期待的是，投资人在逻辑化操作中，体会从操作经验中得到的智慧加以运用，就是笔者所说的智能交易模式，这种驾驭能力的提升，只能靠投资人自己，笔者就是个敲锣打鼓的人而已。

G. 正乖离过大，有三个交易日股价没有持续创出新高价位，这时，投资人的操作就是减码或是出清手中持股。之后，下降趋势与斜率向下行走共同出现，一个明显可以被不断确认的下跌走势完成了。

H. 一个钻石形态又成形了，笔者在这里没有把钻石形态用黑线标识出来，是希望投资人可以在此练习一下，看投资人能否画出合理的钻石形态来，用意也是期待投资人能把形态的画法当作一个重要的训练，说到底，笔者把形态的辨识放在核心逻辑的第二位，斜率是第三位，投资人从一开始阅读本书到这里，或应该已经体会出其二者的重要性。

I. 钻石形态形成，斜率也持续向上扬升，在持有股票的同时，投资人应该可以享受获利，到了I处股价出现正乖离的现象，投资人要观察的是股价有没有持续形成强者恒强的走势，若有，则持股；若无，则减码或出清股票是必要的操作。

21. 上海机场

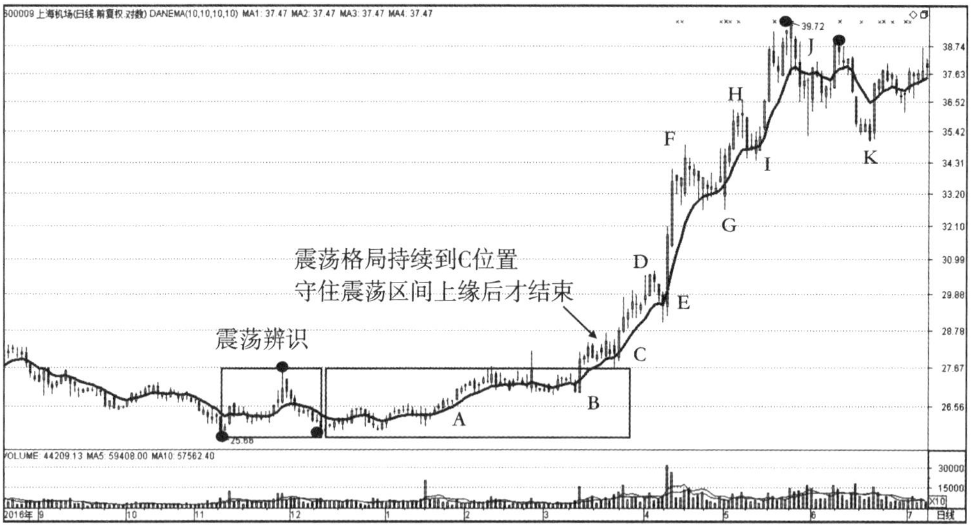

图2-4-25　上海机场（600009）

A. 在A处形成震荡格局之前，投资人可以看到由三个黑点所形成的震荡区间，这个形态一旦确认，接下来的模式就是震荡盘的操作模式，能不动就不要进场买股票，若有机会持有股票则以有赚就跑模式进行。在A位置的震荡区间里，走了三个月以上，这是一次漫长的等待，不知投资人是否能做到？还是投资人早已放弃这只股票了？

B. 还未突破震荡区间，但在B处已经有股价站上斜率的现象，持有股票是合理的操作。

C. 横向整理格局，价格区间很小，以不动为原则。

D. 回调了，减码也是合理的操作。

E. 有撑了，回补减量时的持股，减去多少股票数量，回补多少股票数量也是合理的。

F. 正乖离过大，回调了，减码操作。

G. 在斜率之上，股价出现回调有撑模式，回补股票。

H. 正乖离过大，回调了，减码操作。

I. 在斜率之上，股价出现回调有撑模式，回补股票。

J. 正乖离过大，形成M头，减码或是出清手中持股。

K. 另一个极端情景机会。

22. 中国国旅

图2-4-26　中国国旅（601888）

A. 斜率向下，不持有股票。

B. 股价不创新低，斜率走平，B之前能有试多单操作是合理的，在股价站上斜率时才进场买股票也合理。

C. 回调了，减码操作。

D. 有撑了，回补股票。

E. 回调了，减码操作。

F. 有撑了，回补股票。在此投资人要注意，回调有撑虽然是一个逻辑，但却是两个思维结合而成的。一个是回调，一个是有撑，在回调与有撑之间，必须要把它们分开思考的原因是，如果开始回调却变成反转时，表示市场趋势已经改变了。相对地，如果回调一下，就跟随着有撑的行情出现，那么，在解读上，就有不同的操作模式。在没有确认之前，投资人应该是不好操作，然而在长期的训练后，投资人应该应用自如才是。

G. 正乖离过大，又出现M头形态，减码是合理的操作。

H. 一个极端情景的试多单机会。

I. 未能出现强者恒强模式，有四个交易日没有创新高价位，减码。

J. H与J形成一个W底形态，持有多单是合理的。最慢在股价站上斜率时，就要持有基本持仓量。

K. J之后，股价虽有些滞钝现象，但没有阻止斜率与股价同步向上扬升走势，到K位置股价已经有一段涨幅（上涨约19%），也连续五个交易日没有续创新高价位，这是减码的时机。在股价持续回调过程中，投资人可以把手中的持股陆续卖掉。

L. 一个不是很漂亮的试多单机会。

M. 如果在L位置进场买了股票，在M位置可以减码，然后随着股价的下跌，把手中持股出清。

23. 中国国航

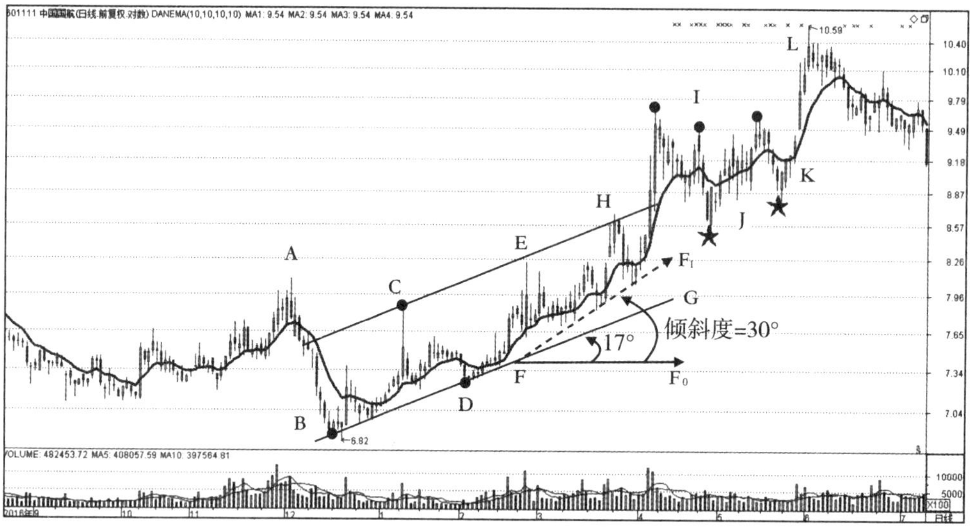

图2-4-27 中国国航（601111）

A. 一个下跌走势。

B. 从核心逻辑来说，这是一个极端情景，应该进场试多单。之后股价虽有回调，但也呈现收敛现象，这种走势如果减码操作是合理的。只是在股价又回到斜率之上时，投资人也必须把股票再回补。

C. 正乖离过大，减码操作。小幅反弹后再度测试低点。

D. B点、C点与D点形成上升通道。

E. 通道上缘压回。

F. 在上升通道中，投资人可以看到趋势的上扬，再从细部看一下，投资人会发现，FG线段的斜率陡峭程度约有17°，相对于此，FF_1（虚线）的斜率陡峭程度有30°之高。在此，笔者要说明的是，股价形态标识着股价的大趋势方向，而斜率则是从细部表明股价的变动模式，两者相辅相成并配合着使用，在趋势追踪模式上是相当有效的，至少这是笔者的认识，也是本书的精髓所在。

G. 如F说明。

H. 上升通道上缘压回。

I. 失败的三重顶。在此过程中，投资人可能会进场持有股票，然后在股价狭幅波动过程中，因操作难度高而赔钱。进一步说，如果投资人的交易经验足够丰富的话，在这种行情走势中，最好的策略是继续观望，等待进场时机。

J. 成功的W底。

K. 在确认W底之后，投资人可以在股价站上斜率后建立持股仓位，由于这是一个快速上涨的行情，投资人在心理上最好有所准备。准备什么？当市场出现快市（斜率非常陡峭）时，投资人的敏感度就要高一些。相对地，市场出现比较迟钝的慢市行情（斜率走平）时，投资人倒是可以轻松一下，慢慢地思考操作策略。

L. 正乖离过大，投资人手中持股应该陆续减码操作；在股价持续下跌时，等待下一个进场机会就好。

24. 上海石化

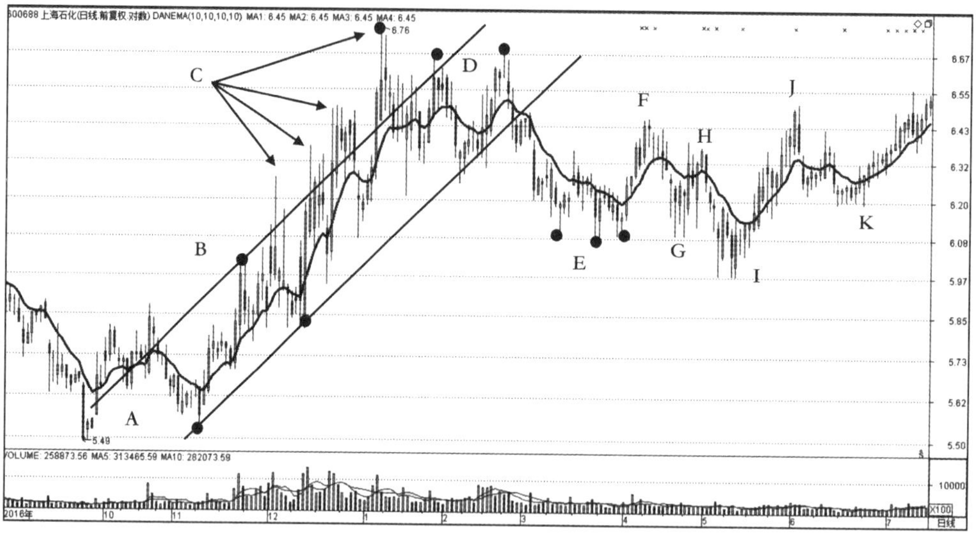

图2-4-28　上海石化（600688）

A. 下跌段。在股价站上斜率时，进场持有股票是合理的操作。同时与B点和随后的低点形成三个黑点，画出上升通道，斜率也是往上波动的，对于持股是有利的。

B. 形成上升通道。

C. 在上升通道上缘波动，出现多次的突破上升通道却又被打回到通道之内的情景，这时的操作难度增加，投资人必须随机应变。如果在这种行情中，投资人能把操作稳住，甚至小赚，那么表明投资人对于核心逻辑的驾驭能力已经相对较高了。

D. 出现三重顶，手中持股应该陆续减码，在三次上涨无力的情况下，投资人应该有较多机会出脱持股的。

E. 一个三重底形态，股价站上斜率时，可以进场持有股票。

F. 上涨无力，减码是合理的操作。

G. 不创新低价位，可观察，也可进场试多单操作，这个走势要随投资人在当时的思考操作。

H. 反弹无力。

I. 不创新低价位，股价站上斜率时，可进场试多单操作。

J. 已经有一段涨幅，不创新高的前提下，减码操作是标准操作模式。

K. 又是另一个试多单机会。行情也蛮顺利地在往上推进，这种行情是比较让人舒服的，斜率与股价的共振度越稳定，投资人持有股票时的调仓动作就可以越少。

25. 三聚环保

图2-4-29　三聚环保（300072）

A. 股价向上穿过斜率时，是持有股票的时机。

B. 在此处有九个交易日没有持续上涨，多头弱势格局已经慢慢出现，减码或是出清手上持股是合理的操作。

C. 一个试多单的极端情景出现，在C位置的急涨行情中，进场买入股票是积极的做法，在股价站上斜率再进场操作也是合理的策略。

D. 正乖离过大，快速回调过程，就看投资人能否及时出脱股票。

E. 止跌，股价上扬。

F. 未能出现强者恒强走势，回调。

G. 再次止跌。

H. 再次出现上涨无力走势。

I. 从A到I是一个收敛走势，B高点与H高点连线可为上缘，C低点与I低点连线可为下缘，笔者故意不画出来，期待投资人可以自然地看出来，这种训练是必要的，而且是重要的，能让投资人在只有K线图的情况下，也具有多维度的思考能力。这种智能化交易模式，笔者已经自我训练十几年了，挺好用的，投资人可以参考。

J. 在I位置，股价站上斜率后，试多单操作是合理的。如果投资人也执行了这样的操作，那么，投资人可以看到后续的股价快速上涨走势，从其上涨幅度看约有31%。同时在J位置出现三重顶形态，有三次机会让投资人慢慢出脱手上持股。

K. 一个急跌走势，正常情况是要赔付一些代价的，因为投资人可能会来回操作，但是赚不到钱，还要支付交易成本。

L. 在三重顶形态形成之后，L位置是一个试多单机会。

M. 出现回调走势时，手中若有持股，先减码操作才是合理的策略。但M位置也未见创新低价位，在股价反弹时，则不再以偏空看待走势。

N. 多日不见上涨走势，手中持股减码为先。

O. 标准试多单的极端情景，在负乖离收敛的过程中持有股票。

P. 股价还处在上涨段，但是从走势的强弱来说，已经需要小心谨慎了。

26. 大华股份

图2-4-30 大华股份（002236）

A. 试多单。

B. 未能强者恒强，减码操作。

C. 站上斜率，应该持有股票。

D. 先前因股价弱势，止损为要。D位置之后，未见续创新低价位，投资人的心态上要持平看待。

E. 这里再追价一次，如果投资人的敏感度不高，应该会止损出场。在笔者的经验里，这种行情也常常做得不好，不过只是小输小赔。

F. 股价经过几个月的下跌后，F位置可以发现有W底形态，也可以看到收敛形态，以C高点与E高点连线为上缘，同时以D低点与F低点连线为下缘，就可以刻画出收敛形态，而此两者配合，在核心逻辑中是一个偏多的机会。股价站上斜率后，进场买进股票是合理的操作。

G. 可以看出三个回调有撑的位置。

H. 股价快速回调，减码。随后回调有撑再度回补持仓量。

I. 上涨无力，减码。

J. 回调有撑，回补股票。

K. 股价一段上涨后，正乖离过大，减码操作是合理的策略。

L. 回调有撑。

27. 五粮液

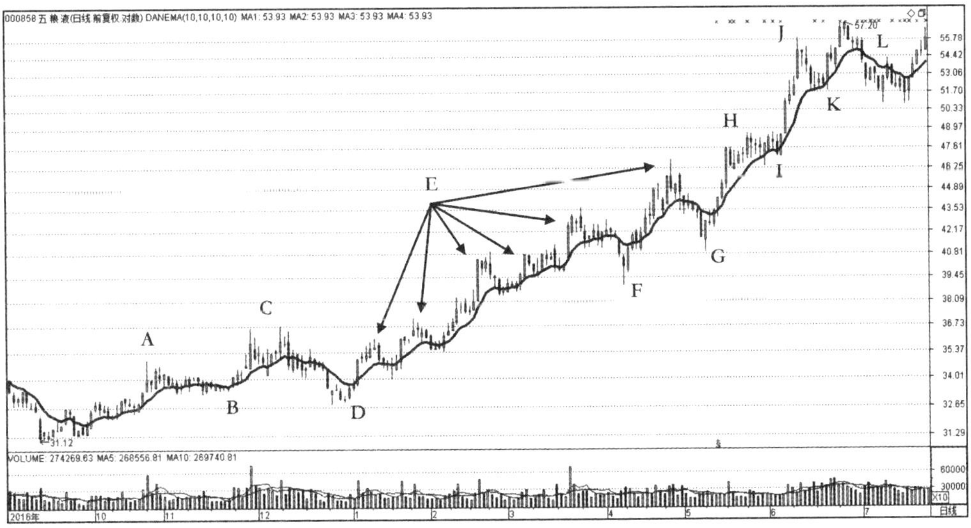

图2-4-31 五粮液（000858）

A. 上涨无力。

B. 股价在斜率之上，斜率向上，持有多单未尝不可，试多单进场就是。

C. 形成M头形态，减码。

D. 一段下跌后，再次出现股价在斜率之上、斜率向上格局，偏多看待，也是进场持有股票的时机。

E. 上升过程中，多处是回调减码机会，也同时有多处止跌回补股票的时机，这种行情走势的操作过程很辛苦，但如果投资人可以斜率的向上波动作为准绳，那么在操作频率上应该可以减少许多。

F. 止跌，回补。

G. 止跌，回补。

H. 回调，减码。

I. 有撑，回补。

J. 回调，减码。

K. 有撑，回补。

L. 回调，减码。从D开始到L位置的上升趋势中，投资人可以看到许多的减码与回补机会，然而，如果投资人有兴趣的话，可以去看看五粮液这只股票的周线图，投资人会发现更加轻松的操作模式，但条件是投资人有足够的耐心，持有这只股票足够长的时间。从2016年3月股价站上周线10日EMA的斜率之后，只有一次回调走势需要投资人进场调仓操作。

28. 恒瑞医药

图2-4-32　恒瑞医药（600276）

笔者不多做说明，投资人看看在简单的提示后面还可以增加些什么，不妨试着思考一下。

A. 下跌，斜率向下。

B. 反弹，斜率向上。

C. 回调，斜率向下。

D. 反弹。

E. 此处止跌，E与D合成为W底形态，同时斜率反转向上，股价上涨趋势形成对持有股票的最有利的模式。

F. 正乖离过大。

G. 回调有撑，斜率向上。

H. 正乖离过大。

I. 上涨无力。

J. 回调有撑，斜率向上。

K. 快速回调。

L. 试多单的极端情景，斜率向上。

M. 上涨无力。

N. 回调有撑，斜率向上。

O. 上涨无力。

P. 反弹，斜率走平。

Q. 上涨无力。从D与E形成的上涨趋势，在行进过程中有许多次的反弹与回调，这些组合造就了上涨通道中笔者在本书所强调的上涨三绝条件，后续的趋势，投资人可以使用相同模式去判断、推断，并果断地操作。

29. 复星医药

图2-4-33 复星医药（600196）

笔者不多做说明，投资人看看在简单的提示后面还可以增加些什么，不妨试着思考一下。

A. 下跌。

B. 反弹无力。

C. 试多单机会，但随后被止损。

D. 五日止跌，斜率转向。

E. 回调有撑。

F. 回调。

G. 反弹。

H. 压力。

I. 回调有撑，斜率向上。

J. 未能强者恒强。

K. 回调有撑，斜率向上。

L. 正乖离过大。

M. 止跌，斜率向上。

N. 回调。

O. 上涨无力。

P. 上涨无力。

Q. 上涨无力。

投资人是否发现，图2-4-33复星医药与图2-4-32恒瑞医药走势很类似，也就是说，许多的股票价格波动是常常相似出现的，这种相似性不是哪个市场主力做出来的，这是因为市场投资人的行为在一定程度上有相似性。更简单地说，人类的贪婪与恐惧，反映在任何一只股票上都有相同的波动模式，投资人只要把这个模式想清楚了，对于价格走势就更能坦然面对。

30. 河钢股份

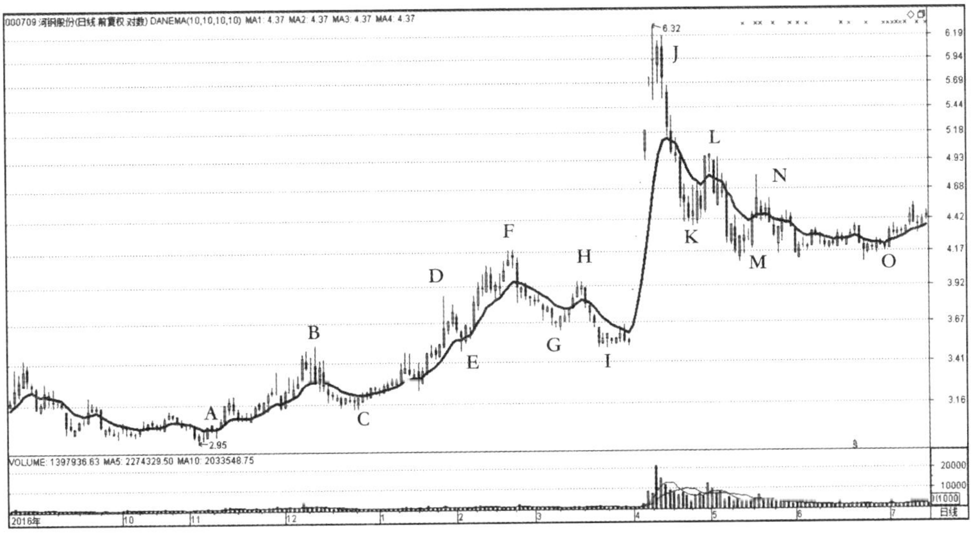

图2-4-34 河钢股份（000709）

笔者不多做说明，投资人看看在简单的提示后面还可以增加些什么，不妨试着思考一下。

A. 极端情景。

B. 上涨无力。

C. 止跌，斜率转向。

D. 回调。

E. 止跌，斜率向上。

F. 压力。

G. 止跌。

H. 反弹无力。

I. 止跌。

J. 正乖离过大。

K. 止跌。

L. 反弹无力。

M. 止跌。

N. 反弹无力。

O. 止跌。

31. 国投安信（现名国投资本）

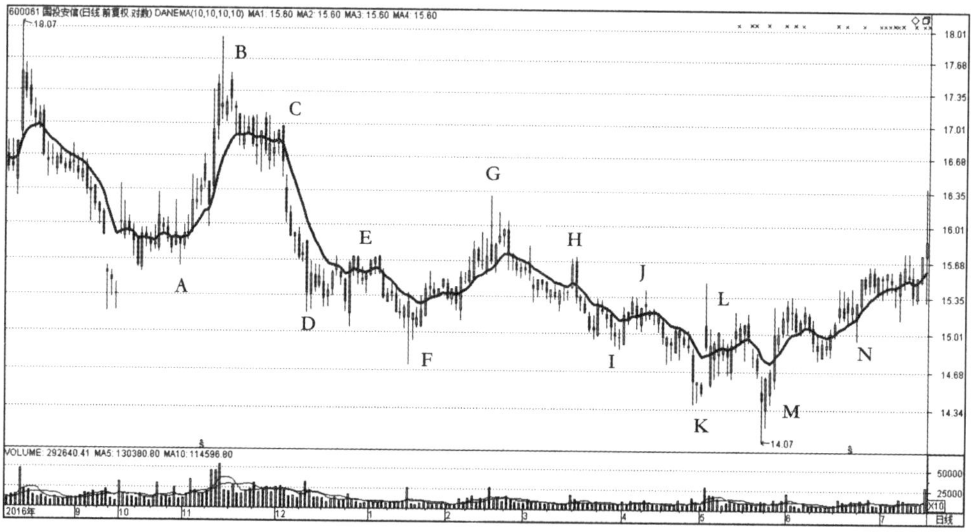

图2-4-35　国投安信（现名国投资本，600061）

笔者不多做说明，投资人看看在简单的提示后面还可以增加些什么，不妨试着思考一下。

A. 斜率向上。

B. 正乖离过大。

C. 反弹无力。

D. 止跌。

E. 上涨无力。

F. 止跌，斜率转向。

G. 上涨无力。

H. 反弹无力。

I. 止跌。

J. 反弹无力。

K. 止跌。

L. 反弹无力。

M. 极端情景，止跌。

N. 回调有撑。

32. 华夏幸福

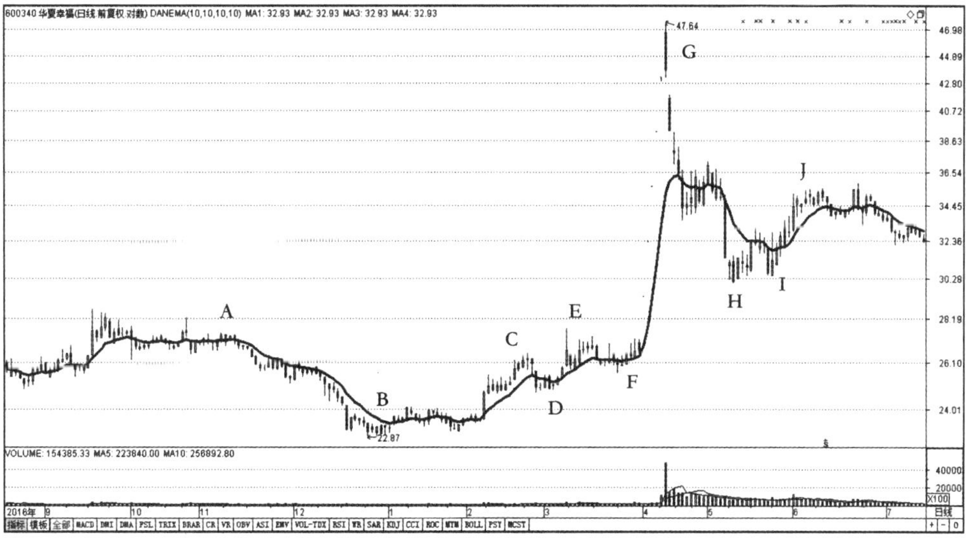

图2-4-36 华夏幸福（600340）

A. 下跌走势，不持有股票。

B. 止跌，股价站上斜率，持有股票。不久斜率走平后弯曲而下，止损。

C. 上涨无力。

D. 止跌。

E. 上涨无力。

F. 股价站在斜率之上。此股票正好遇到雄安新区“风口”，股票市场的大热点，之后随之大涨，因为是一字板涨停，应该买不到股票，只有长期持有该股票的投资人才能享有这次机会。

G. 正乖离过大，股价下跌，小心谨慎者可以出脱或是减码。此种特殊情况下的飙股，操作上难度必然是很大的。

H. 止跌。

I. 形态为W底。

J. 上涨无力。

33. 中国核电

图2-4-37　中国核电（601985）

A. 股价站上斜率。

B. 正乖离过大。

C. 多日止跌现象，股价站上斜率，可以持有多单。

D. 正乖离过大，上涨无力，以减码操作为佳。

E. 回调后，出现止跌格局。在此位置可以找到三个点画出上升通道，接下来，投资人可以此走势为大趋势的判断基础，同时以斜率为调整仓量的工具。

F. 从E与F连线开始形成上升通道。

G. 压力。

H. 止跌。

I. 压力。

J. 止跌。

K. 压力。

L. 压力。

M. 压力。

N. 大跌后，拉回到上升通道之内。

O. 止跌。

P. 正乖离过大，回调开始。

投资人要注意观察的是G到P都是趋势内的波动，而且趋势是在E位置形成的。

34. 中国交建

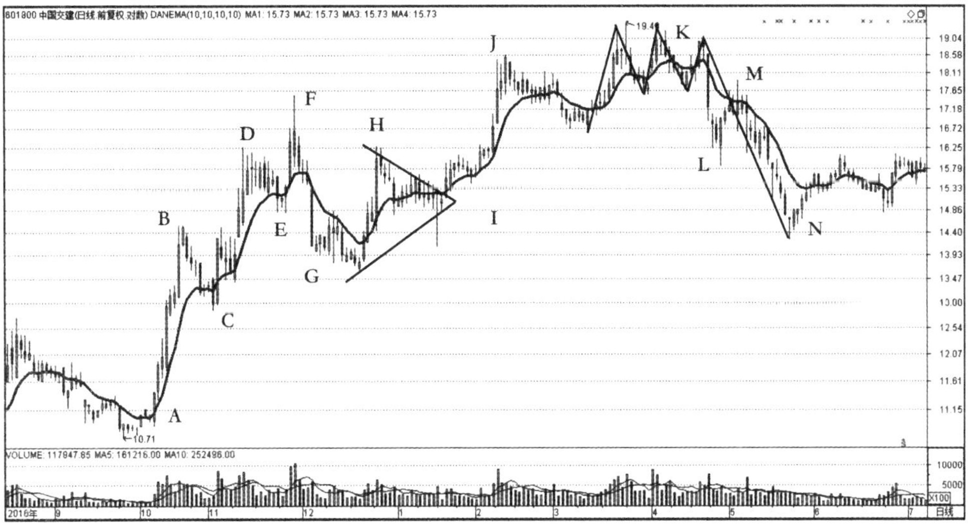

图2-4-38　中国交建（601800）

A. 斜率向上，持有股票是合理的操作。

B. 正乖离过大，不创新高，减码操作是合理的策略。

C. 回调有撑，可以回补股票。

D. 不创新高，回调。

E. 止跌。

F. 没有强者恒强走势，减码。

G. 止跌，股价站上斜率后回补股票。

H. 没有强者恒强走势，减码。斜率向上，因此只是减码操作。

I. 价格收敛后，斜率也向上扬升，回补股票是必要的操作。

J. 正乖离过大，减码。

K. 三重顶形态出现，偏空思考。

L. 止跌。若无任何持股，可以试多单操作。

M. 反弹无力，出清手上股票。

N. 从K到N是一个下跌走势，斜率也是不断往下延伸，偏空思考且不持有股票才是正确的操作策略。但在N位置，出现极端情景，可以试多单操作。

35. 华兰生物

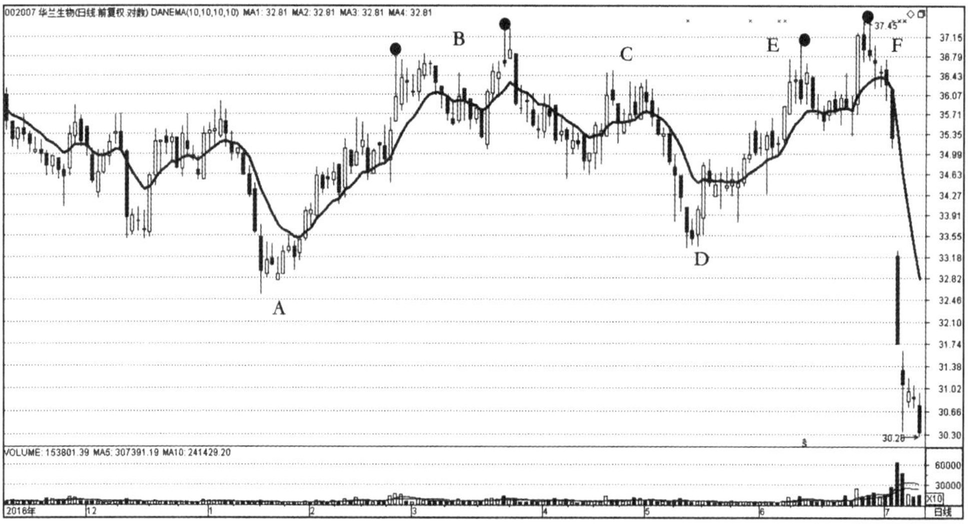

图2-4-39 华兰生物（002007）

A. 极端情景，试多单机会，或在股价站上斜率时，进场买入股票。

B. M头形态，有两次机会出脱手上股票。

C. 又是两次反弹无力，小型M头走势。随后股价沿着斜率下弯方向，出现明显的跌势。

D. 止跌，极端情景，进场买股票。

E. 有五个交易日出现上涨无力现象，出脱持股是合理的操作。

F. 形成M头，不应该持有股票。在后续的下跌中，减码操作才是。

在这里，最难的是这个快速下跌走势，除非你是内线交易者，否则连核心逻辑的智能操作也可能抓不到。如果在F位置，投资人并没有执行减码操作，那么这是投资人的执行能力问题，还是核心逻辑的系统逻辑问题，值得我们反思。

36. 中国联通

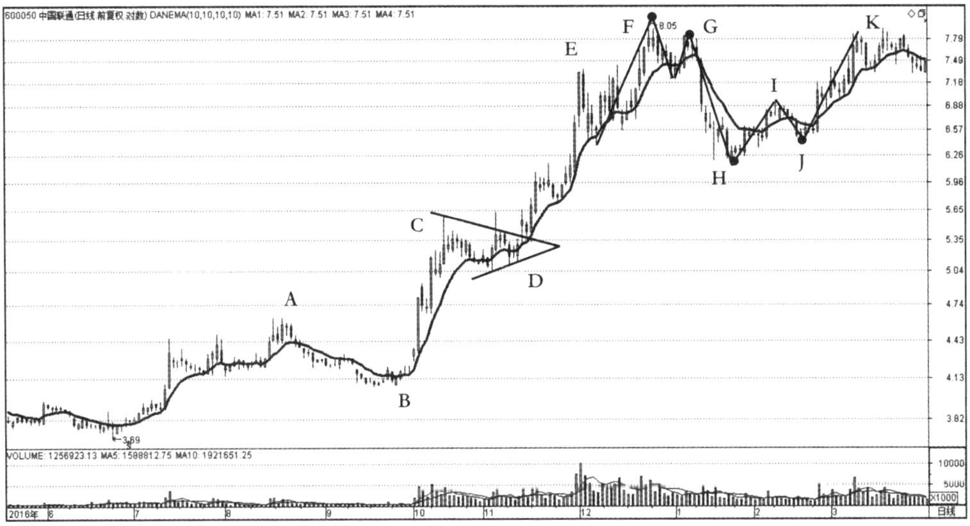

图2-4-40　中国联通（600050）

笔者不多做说明，投资人看看在简单的提示后面还可以增加些什么，不妨试着思考一下。

A. 不持有股票。

B. 股价站上斜率，持有股票。

C. 开始回调。

D. 股价收敛，股价站上斜率，进场持有股票。

E. 正乖离过大，回调走势，减码。

F. 上涨无力。

G. 与F形成M头形态。

H. 止跌。

I. 反弹无力。

J. 止跌，形成W底形态，股价站上斜率，持有股票。

K. 上涨无力，偏空思考。

37. 贵州茅台

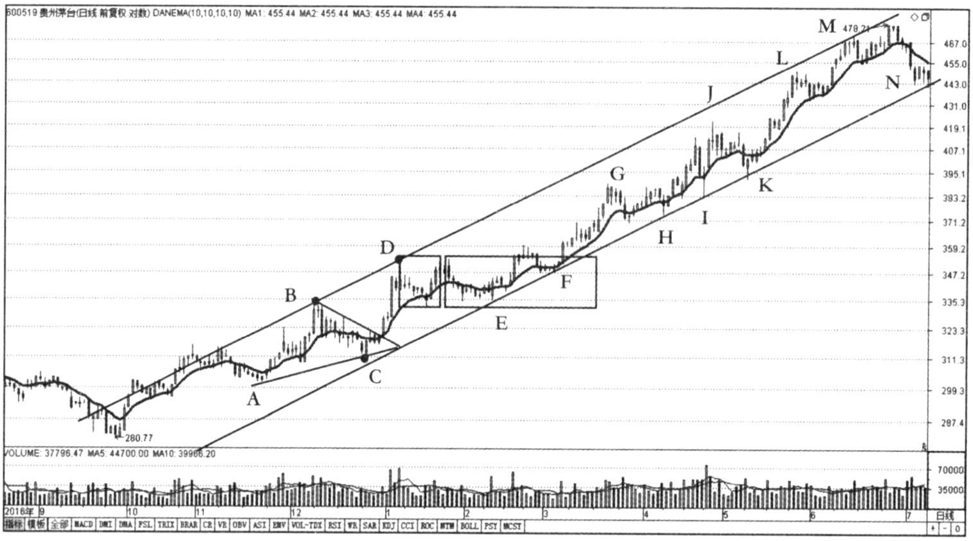

图2-4-41 贵州茅台（600519）

A. 斜率向上，持有股票。

B. 压力。

C. 止跌，收敛格局，股价站上斜率，持有股票。

D. 正乖离过大，回调走势，同时形成盘整格局。

E. 盘整的波动区间不大，在操作策略上，要么停止操作以观望为主，要么在进场持有股票时，就要有赚就跑，才是合理的操作策略。

F. 斜率持续向上攻坚，股价也站上斜率，此时持有股票是合理的。

G. 出现压力而回调。

H. 斜率向上。

I. 斜率向上。

J. 上涨无力，回调。

K. 止跌，斜率向上。

L. 正乖离过大，价位不创新高，减码操作。

M. 压力。

N. 续跌模式。

38. 汇川技术

图2-4-42　汇川技术（300124）

A. 斜率向上，持有股票。

B. 正乖离过大，回调，减码。

C. 止跌反弹。

D. 上涨无力，再减码。

E. 负乖离过大，股价站上斜率时，持有多单操作。斜率持续向上延伸，持有多单状态，中间出现压力，投资人若有疑虑，减码也是一种风险管理策略。

F. 上涨无力，回调。

G. 止跌，反弹。

H. 上涨无力，减码，之后出现急跌。

I. 止跌，反弹。

J. 多日未能上涨，偏空思考。

K. 止跌，形成收敛形态，同时股价站上斜率，进场持有股票为佳。这个收敛形态请投资人务必要牢牢学习，这是多方与空方极力攻防之后的结果，只要一方放弃攻击，或是放弃防守，那么一段大行情就容易形成。

L. 上涨无力，减码，或是出清持股。

39. 江西铜业

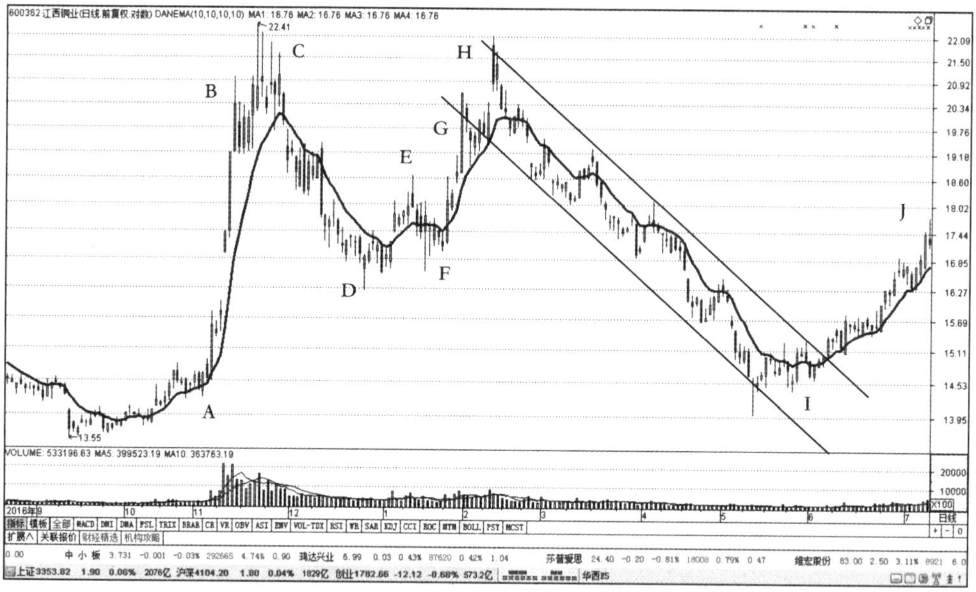

图2-4-43　江西铜业（600362）

A. 股价站在斜率之上，进场买股票。

B. 一段急涨行情之后，出现上涨无力现象。

C. 确认上涨无力，减码的最后机会。

D. 止跌。

E. 反弹无力。

F. 形成W底形态，股价站上斜率后，持有股票。

G. 压力。

H. 反弹后，未能持续呈现强者恒强格局，偏空思考。之后形成下降通道，斜率也向下弯曲，市场走势转为弱势格局，应该不持有股票。

I. 下跌趋势出现止跌，斜率也向上延伸了，股价站上斜率时，买进股票。

J. 强者恒强走势。

40. 中天科技

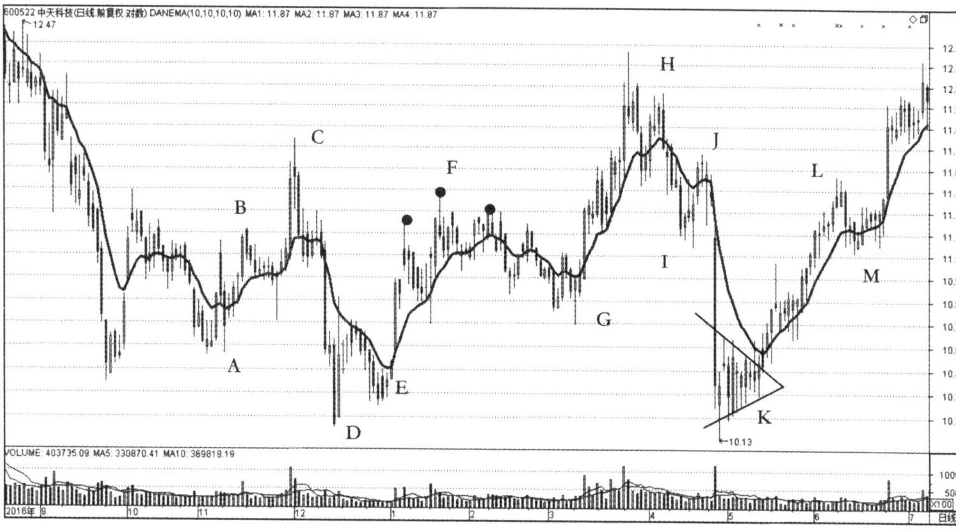

图2-4-44　中天科技（600522）

A. 大幅度震荡格局，以不动为主。

B. 反弹无力。

C. 又是急涨行情，没有明显趋势，操作难度增加，在此模式下，能不赔钱就算有很好的操盘能力了。

D. 止跌，试多单机会，但却是反弹无力走势，止损也是必要的策略。

E. 止跌，形成W底，股价站上斜率，持有股票。

F. 形成三重顶形态，在三次波动中，找机会出脱持股。

G. 止跌，斜率向上，持有股票。

H. 出现M头形态，有两次机会获利了结出场。

I. 止跌，试多单机会。

J. 多日呈现反弹无力现象，减码操作。

K. 收敛，股价在斜率之上，买进股票。

L. 正乖离过大，上涨无力。

M. 止跌。

41. 同仁堂

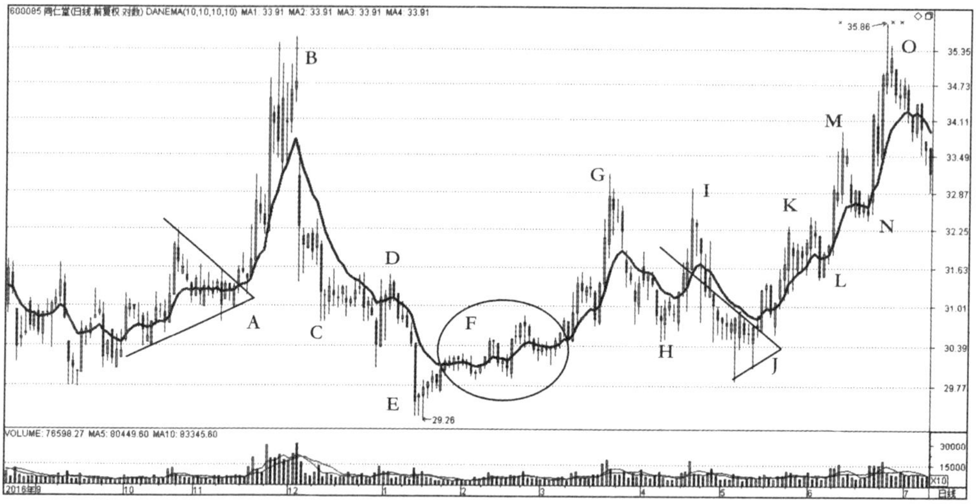

图2-4-45 同仁堂(600085)

A. 股价收敛，持有股票。

B. 没有出现强者恒强走势，减码。

C. 止跌。

D. 反弹无力。

E. 极端情景，应持有股票。

F. 上涨模式，斜率也向上延伸，但是从斜率的陡峭程度来看，不能成为进场的好时机，这种判断需要投资人有较长时间的交易经验。相对来说，在判断难度较高的情况下，因为斜率向上走势，而持有少量股票也是合理的操作策略。

G. 上涨无力，减码。

H. 止跌，股价在斜率之上，持有股票。

I. 上涨无力，减码。

J. 收敛格局，股价重回斜率之上，持有股票。

K. 压力。

L. 止跌。

M. 正乖离过大，减码操作。

N. 止跌，股价在斜率之上，可以回补持股。

O. 正乖离过大，减码操作。

42. 欧菲光（现名欧菲科技）

图2-4-46　欧菲光（现名欧菲科技，002456）

A. 在A点出现之前，股价一直在受到压制的状态，从K线图上可以清楚看到有三次攻坚行动，但是都没有成功，意思是说，多方的力量逐渐衰竭。那么到A点结束了多方的最后希望。斜率开始很稳定地往下波动，下跌趋势形成了。

B. 到了B点出现支撑，这时想卖股票的投资人暂时告一段落，股价有了反弹的迹象。

C. 但到C位置，很明显的是一个反弹无力的走势。一度有急涨格局，但没有出现强者恒强走势，就暗示多方的力量是薄弱的，而且没有攻击性的成交量在支持，也是多方的一个败笔。

D. 在D位置之前有了明显的反弹，但是迟迟没有呈现底部垫高，或是持续创下新高价位的积极状况。反而有着下跌三绝的头部降低、持续创新低价、反弹幅度小于下跌幅度模式，这个下跌模式可以清楚表明如何定义下降趋势，投资人可以多多思考，进而学习到辨识趋势的能力。

E. 止跌，斜率开始一段横向波动后，股价站上斜率时，持有股票。

F. 上涨无力，减码。

G. 回调，出现小型的极端情景，回补股票。同时，在G位置可以画出上升通道，虽然这时候才能确认钻石形态成形，但是，从G这个点开始，未来的股价走势可以被参考与应用，就是形态分析的重要工作了。在此时持有的股票，可以按图索骥地追踪股价是否持续有利，如果是，当然就继续持有。

H. 一个假突破后，被打回到上升通道里，操作模式就要减码。这个假突破是多方买股票力道过头，就是笔者常说的正乖离过大背后的逻辑：投资人不理性了，自然要被刷回来，再用学术一点的说法，在行为金融学里，投资人的行为偏差到一定的极端阈值时，市场会开启一种机制，就是价格会出现自我回归修正，这个过程会不断地重复出现。

I. 在上升通道中，出现回调有撑现象，进行股票回补是正常的。

J. 再来一次假突破，操作上还是减码。

K. 一度回调，但是股价在上升通道的上缘止跌，出现回调有撑模式，这个时候，市场多方在斜率的陡峭程度上，展现了强烈的企图心，斜率持续翻扬的走势明显说明这次不是假突破，而是真突破：在上升通道之上，又不被上升通道所规范，沿着自己的道路前行，所以这次是真突破，继续持有股票才是正确的操作策略。

斜率走出比上升通道还要强者恒强的气势，那么，斜率比通道的指导性就更强了。

43. 中文传媒

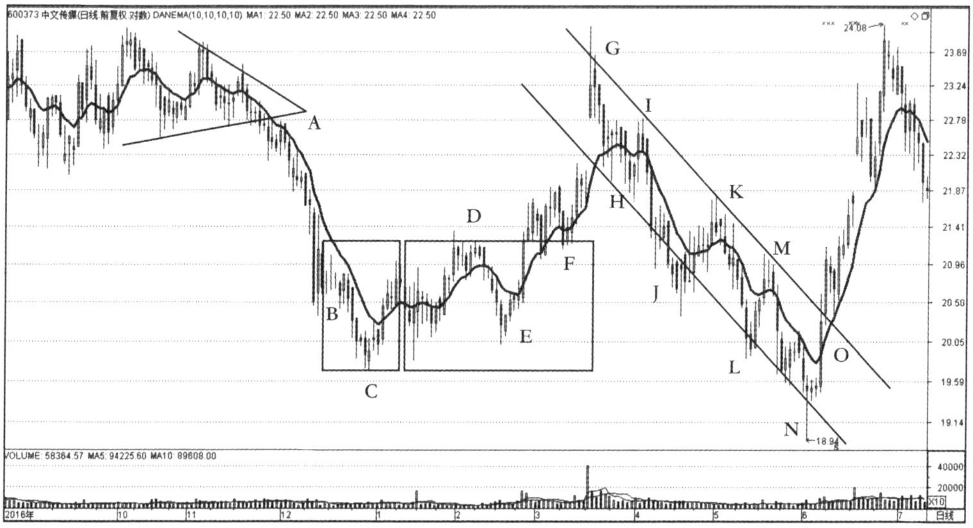

图2-4-47　中文传媒（600373）

A. 收敛向下格局，下跌走势。

B. 反弹无力。

C. 极端情景，股价站上斜率，可以持有多单。同时，走势的变化也可以刻画出震荡行情的区间，那么，接下来就是以价格的来回震荡区间作为主要判断，既然持有股票，又是震荡模式，就要执行有赚就跑的操作策略。

D. 在这个位置受到压力，连续八个交易日无法呈现强者恒强走势，减码操作才是最好的策略，这个思维对了，剩下的就是执行力，笔者见过许多人的执行力不强，包括笔者也从来不敢说自己的执行力特别强。

E. 回调有撑，再度持有股票。

F. 回调有撑，可以加码买进股票，斜率走势偏多时间较长。

G. 正乖离过大、不创新高价位、正乖离出现收敛现象，这三个逻辑同步到位了，那么就是减码操作。在斜率没有持续翻扬向上的前提下，出清手上的持股也是正常的。

H. 第一次止跌，试多单，但最后是止损出场。

I. 反弹无力，形成下降趋势通道。不持有股票为宜。

J. 止跌，不持仓。

K. 反弹无力，形成下降趋势通道。不持有股票为宜。

L. 止跌，不持仓。

M. 反弹无力，形成下降趋势通道。不持有股票为宜。

N. 止跌后，再度出现极端情景模式，斜率突破下降通道，进场买入股票，这时候还是以试多单思考比较符合核心逻辑的思维。如果投资人是长期持有这只股票，那么在下降趋势被破坏时，就可以进场回补一些股票数量，开始布局接下来的行情。

O. 这波行情的起涨点就是O位置，股价站上斜率后，走出强者恒强的走势，这时投资人的股票在股价没有呈现正乖离过大之前，就要尽量不乱动才好，如果真有情况让投资人要执行减码操作，那么，沿着斜率的方向也要持有基本的持仓量，不能完全空手，那是违反核心逻辑的操盘精神，也是令人惋惜的结果，因为投资人应该可以看到在这段时间之内，股票上涨了约21%。

44. 歌尔股份

图2-4-48　歌尔股份（002241）

A. 斜率走平一段时间，股价呈现收敛形态，斜率在A位置出现向上翻扬现象，持有多单是必要的操作策略。之后，斜率持续向上延伸，多单仓位继续持有不变。

B. 股价出现几次回调有撑现象之后，B位置的回调模式较明确，在此过程中还出现了一次小小反弹，但却证明了反弹无力的必然性。

C. 止跌，斜率再度向上翻扬，持有股票。这时也借助三个黑点，可以画出上升通道，作为接下来行情判断的依据。

D. 回调有撑。

E. 回调有撑。

F. 正乖离过大，回调。

G. 回调。

H. 回调，有撑与否是个问号。投资人要是有兴趣的话，可以追踪后续股价走势是如何变化的，是这只股票本身导致的变动，还是市场的系统因素导致股价的变动？斜率的引导作用有没有产生一定的效能？这个效能对投资人在趋势判断上有没有直接的帮助？这一连串的问题只能由投资人去找到答案！

45. 青岛海尔

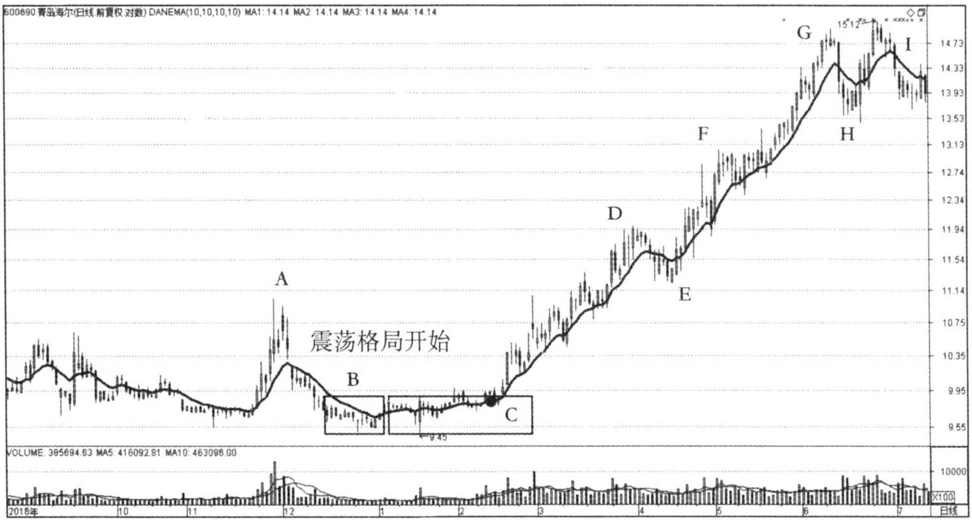

图2-4-49　青岛海尔（600690）

A. 出现正乖离过大现象，如果之前持有股票，那么，在A的这个节点上，应该做出何种交易策略是明白的，就是减码或出清手中持股。

B. 可画出震荡格局，接下来是不操作，或是有赚就跑的策略。

C. 在C点出现之前，斜率基本上是以相当缓慢的方式向上翻扬，当股价站在斜率之上时，投资人阅读本书到此处也知道，就是进场买进股票的时机。

D. 明显的斜率向上扬升格局，持有多单到此，股价出现上涨无力的回调走势。还好是一个温和的下跌走势，投资人有时间减码操作。

E. 回调有撑，如果在之前出清股票了，这时候要回补股票。

F. 这个位置的模式，应该要减码操作，对投资人来说不难。

G. 又是一段明显的上涨行情，投资人的多单应该处在获利状态。

H. 五个交易日没有出现创新低现象，止跌后，再一次反弹，但如果形成M头走势，也是合理的。

I. 没有续创新高价位，形成M头形态，偏空思考。

46. 上海医药

图2-4-50　上海医药（601607）

A. 极端情景产生后，出现斜率向上，在股价站上斜率时，持有股票是合理的操作策略。

B. 上涨无力，减码。

C. 回调有撑，回补股票。

D. 之前有上涨无力现象，甚至可以说是有M头形态迹象，到了D位置反而出现斜率走平模式，同时股价积极地站上斜率，此时投资人持有股票的话，就可以继续观察股价走势。

E. 两次上涨无力，出现回调。到了E位置又一次受到上升通道下缘的支撑，此时投资人应该受到之前两次上涨无力影响，而一度进行了减码操作，也就是说，此时是加码或回补的机会。

F. 有上涨压力，但由于斜率持续往上升通道上缘方向顶推升，因此投资人可以视状况持有股票，不急着卖出股票也是合理的操作策略。

G. 两次上攻无力走势，投资人应有足够时间减码或出清持股。

47. 三一重工

图2-4-51　三一重工（600031）

A. 减码或出清股票模式的极端情景操作，在没有持股的情况下，观察股价走势，同时在斜率向下延伸的过程中，投资人可以感受到股价反弹无力的状况，那么，投资人就可以不用着急进场买股票。

B. 一段下跌之后，请投资人注意是一段下跌之后，或者说当股价出现一定的跌幅或是涨幅之后，观察股价的极端情景才是比较有效的。

C. 到达C位置之前有一次受压行情，但没有改变斜率方向，应该可以继续持有股票。而在此位置时，上涨无力特征出现了，至少七个交易日没有呈现强者恒强走势，减码是必要的操作策略。

D. 回调有撑，回补股票。

E. 在E处之后，上涨无力或是M头形态都是偏空格局，减码是合理的操作。

F. 有一次极端情景，持有股票。

G. 未创新高价位，减码操作。

H. 股价呈现收敛形态，同时斜率往上转升走势，持有股票。

I. 正乖离过大，不创新高价位，正乖离收敛中，减码操作或出清股票是合理的操作策略。此波上涨约有27%。

48. 招商证券

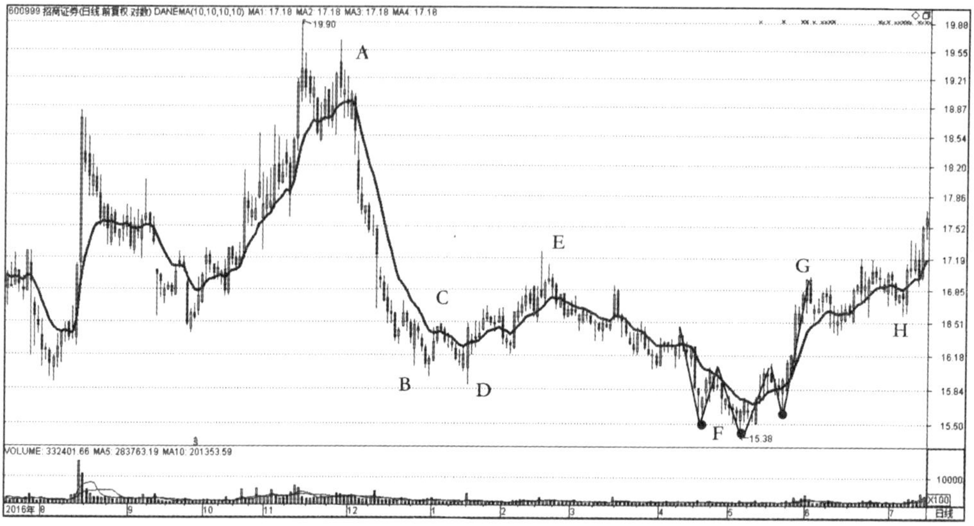

图2-4-52　招商证券（600999）

A. 出现M头形态，不持有股票。在斜率的引导下，股价明显持续下跌，这个下降通道走得顺利，投资人也不必花太多精力去思考判断了，是一个轻松行情。

B. 止跌反弹。

C. 上涨无力。

D. 止跌反弹，股价站上斜率后，持有股票。

E. 上涨无力，减码。在之后股价下跌过程，可以出清持股。

F. 三重底形态，在股价站上斜率时，买进股票。

G. 上涨无力，减码。

H. 股价出现一次反弹走势，由于是在震荡区间中发生的，因此可以进场买股票，如果不进行任何操作，也是合理的策略。

49. 安信信托

图2-4-53　安信信托（600816）

A. 急涨与急跌重复出现，不进行操作。

B. 止跌，反弹，股价站上斜率时买进股票。

C. 上涨无力，减码操作。

D. 极端情景，买进股票。

E. 反弹无力，止损。

F. W底形态形成，股价站上斜率时，进场买进股票。

G. 在此处，由于斜率陡峭程度被强化了，加码持有股票数量。

H. 上涨无力。

I. 上涨无力，减码。

50. 中国石化

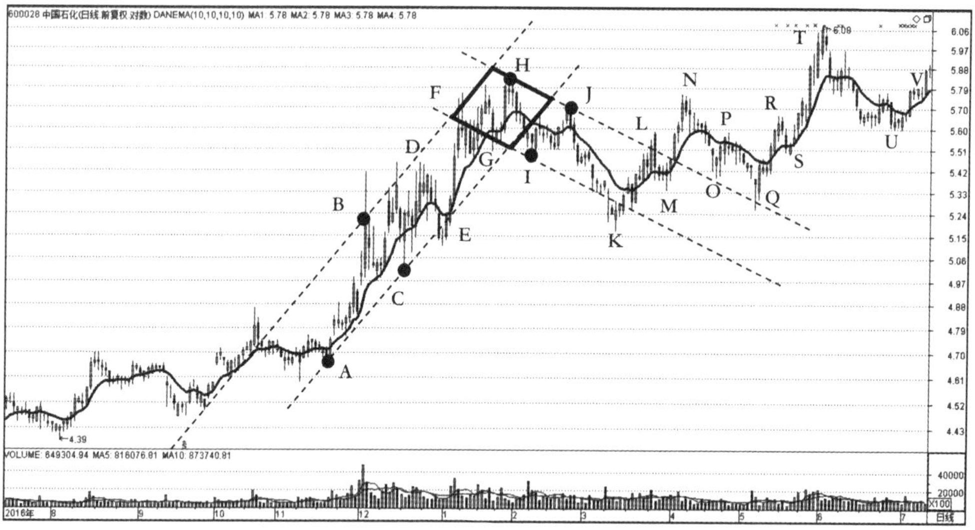

图2-4-54　中国石化（600028）

A. 一段斜率走平之后，在A位置斜率开始向上波动，股价站上斜率后，持有股票是合理的操作策略。

B. 斜率持续向上，到B位出现正乖离过大，减码。

C. 在来到C点之前，再度出现正乖离过大现象，减码操作。C点还是出现回调有撑的结果，回补股票。同时在此处，由三个黑点可以画出上升通道。

D. 回调走势。

E. 有撑，继续上涨。

F. 回调。

G. 有撑。

H. 在F位置出现的是第一次上涨无力，而H位置是第二次上涨无力，形成的是M头形态，减码或出清股票是必要的操作策略。

I. 有撑。

J. 下跌压力出现。此时也在H点、I点与J点形成下降通道，这时，整个股价走势中可以清楚看到钻石形态已经被确认，此后下降趋势操作就是主流，同时，斜率也是向下走的，整体而言，在没有改变趋势之前，空方仍会主导行情。

K. 假跌破，股价再度反弹。

L. 向下假突破，再回调了。

M. 沿着斜率向上走，下降趋势开始被改变了。从此处开始持有多单，与在K点附近买进股票相比，算是有点慢了。

N. 出现正乖离过大，减码。

O. 在回调后，负乖离变大，极端情景出现，是回补股票的时机，当然，投资人也可以把此时的机会当作是试多单的模式来操作。

P. 反弹无力，减码。在反弹过程中，股价还没有突破斜率，就被往下打，而且还真的被打下来了，那么，显示之前的多方攻坚力道是脆弱的。一个没有强者恒强的走势，就是弱势的表现，在投资人的心中就要有警戒心，有一定的敏感度，随时准备减码。从另外一个角度观察，此波的斜率一直是往下延伸的，意味着股价趋势是向下的。也就是说投资人要有两手策略准备，而不是僵化操作。

Q. 在Q处，股价又出现一次止跌反弹的机会。 投资人的选择，一个是在Q处上缘附近买进股票，另一个是在股价站上斜率时才买进股票。二者都是合理的，就看投资人在风险管理上的考量为何了。总的来说，投资人在这个节点上是应该持有股票的。

R. 上涨无力，回调，减码。

S. 有撑，回补。

T. 上涨无力，回调，减码。

U. W底。

V. 出现上涨压力，有三个交易日没有持续上涨。

51. 康得新

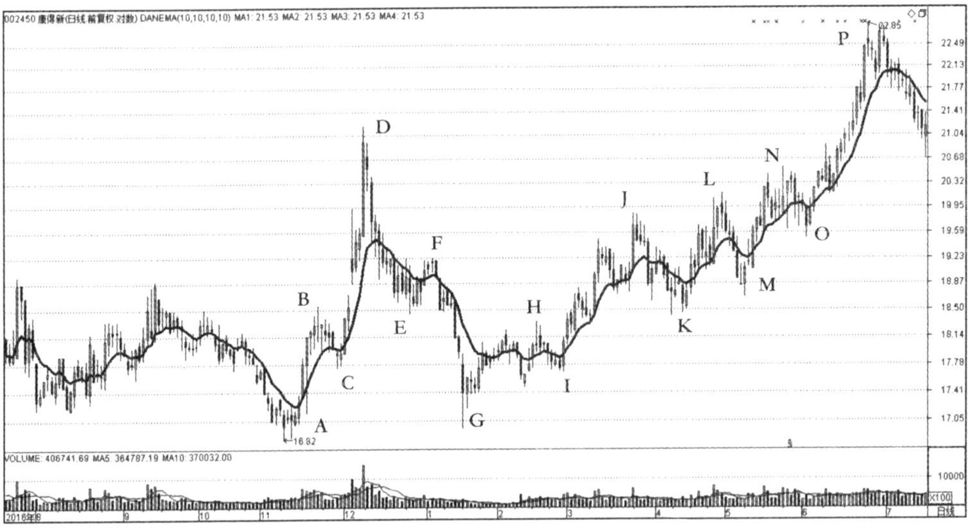

图2-4-55 康得新（002450）

A. 一段下跌后，股价站上斜率，持有股票。

B. 上涨无力，减码。

C. 回调有撑，回补。

D. 正乖离过大，减码。这是一个快速行情，操作难度很高，但只要投资人在正确的思维带领下，执行合宜的操作动作，就可以避免无谓的浪费。在逻辑上，这是必要的，但在执行上是困难的，然而也正因为如此，我们的工作才有了意义。

E. 止跌。

F. 反弹无力。

G. 试多单的极端情景，建立基本持股仓位。这是一个比较明显的极端情景走势，在此建仓持股是必要的。投资人也可以看到股价从A到D，再从D到G就是一个V形反转走势，而且它们的涨幅与跌幅是对称的，这个对称性也是有参考价值的。

H. 出现M头形态，减码。

I. 再一次斜率向上机会。

J. 包括J点在内，有两次回调走势，应顺势减码。

K. 有撑，回补股票。

L. 回调，减码。

M. 有撑，回补股票。

N. 上涨无力，减码。

O. 斜率再次上扬，回补股票。

P. 没有强势格局，减码。

52. 格力电器

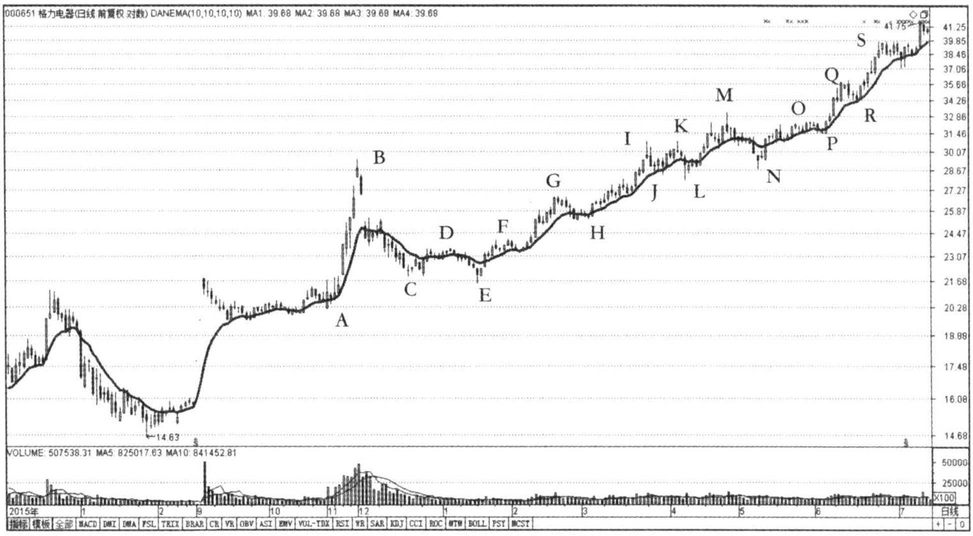

图2-4-56　格力电器（000651）

A. 股价持续在斜率之上，并在A位置斜率开始翻扬而上，持有股票，直到股价出现正乖离过大现象。

B. 正乖离过大，减码。其中出现往下跳空状况，更能够说明在市场行为出现过度反应时，投资人的仓位必须进行调整，是进可攻、退可守的操作。

C. 五个交易日呈现止跌现象。

D. 七个交易日呈现上涨无力现象。

E. 止跌，W底形态。此时市场心理应该处在较佳的偏多状态。

F. 五个交易日呈现上涨无力现象。

G. 四个交易日呈现上涨无力现象。

H. 四个交易日呈现止跌现象。

I. 正乖离现象，没有强者恒强格局。

J. 止跌，股价站在斜率之上。

K. 上涨无力。此时不能一味期待股价上涨，这是不合理的。

L. 四个交易日呈现止跌现象。

M. 至少十个交易日呈现上涨无力现象。

N. 止跌。斜率又开始向上蹿升，持有股票是合理的。

O. 多个交易日呈现上涨无力现象。

P. 止跌。

Q. 多个交易日呈现上涨无力现象。

R. 止跌。

S. 多日呈现上涨无力现象，该如何调整持股，是投资人的重要功课。

格力电器在2017年初开始一波相当大的上涨行情，这次白马股行情中，董明珠董事长也是一路加码买进自己公司的股票，这样的态度得到许多投资人的认同，笔者认为，作为一个上市公司董事长这个态度是无可挑剔的。依据核心逻辑配合着她的信心，投资人可以更加自由地操作。类似这种股票可以说是核心逻辑操作的最佳标的物。

九、资金管理与仓位建构方式

前面笔者已经针对核心逻辑在智能操作上的应用，借由许多例子向投资人进行了说明，接下来笔者希望向投资人说明资金管理的运用方式与经验，这一部分是许多投资人所关心的，因此特别把这一议题加进来，分享给投资人参考使用。首先说明一般资金管理技巧与想法。

资金管理技巧（单笔、金字塔形与菱形）：

（1）果断止损、让利润奔跑。

（2）将止损机制纳入交易系统之中。

在美国有多位成功交易者，如范·K. 撒普（Van K. Tharp）、亚历山大·埃尔德（Alexander Elder）与拉瑞·威廉姆斯（Larry Williams）等人都很强调“果断止损、让利润奔跑”原则，相信许多投资人知道这个原则几乎是所有华尔街交易员的操盘真理。他们三位都以仓位确认法为最佳资金管控技巧。

另外，埃尔德也提出2%和6%风险管理原则，所谓2%就是不要让任何单笔亏损超过账户资金的2%，如果一笔交易暴露出的风险超过这个限制，宁可放弃这次交易机会。所谓6%是指如果当月亏损金额超过当月月初账户资金的6%，就停止交易，等待下一个月再重新开始，这些都是果断止损原则。当然，具体风险标准因人而异，但考虑到随着亏损比例增加，回本难度将呈几何级数上升，因此百分比设定不能太过宽松，否则容易处于无法挽回的境地。

拥有30年交易培训经验的撒普在其《超级交易员》书中提出了四种仓位确认模式，并且以海龟的55/21突破系统为例做了比较，他认为第三种模式最适合一般投资人。

他所举例子值得投资人参考（单笔模式）：

假设当前价格为141美元，止损价位等于137美元，对应风险金额为4美元，如果账户总值为5000美元，按2.5%风控金额，则持股仓位应为（5000×2.5%）/4=31.25股，此时持有仓位为5000美元资金的88%。

如果止损价设为下跌1美元到140美元就止损出场的话，则持股仓位将是（5000×2.5%）/1=125股，这时已经超过初始5000美元的资金数量。

这种方法有几个优点：

（1）持股将控制在投资人原定的风险承受能力之内，风险金额比率也可以设定为每次1%或2%、3%，如此一来，止损比率越小，则持股数量越少。

（2）持股仓位与交易系统挂钩，交易系统的止损空间越小，则持股仓位越大，当然可能的报酬也越高；可以做到让利润奔跑的目的，获利时加大仓位，亏损时减少仓位。以每次2.5%的标准为例，5000美元资金将允许有125美元风险，在账户盈利后增值到8000美元时，每次风险可以提高到200美元，当账户出现亏损并缩水到4000美元时，每次风险也相对应缩减到100美元。

资金管理好坏与否取决于它与投资人交易系统的搭配程度，一旦设定资金管理模式，损益变化将完全取决于交易系统的逻辑。而笔者建议在止损机制与交易系统设定时，还要注意到初始仓位与后续仓位的建立，常用的是金字塔形与倒金字塔形，笔者则建议菱形，也就是将资金分成十份，以10%、20%、30%、20%、10%顺序进行仓位加码与减码操作，最后10%当作现金支应其他费用。

资金管理在交易操作上相当重要，也是困扰许多投资人的问题，到底要用什么方法才最能够赚钱？要如何做才能稳定赚钱？事实上，对每一个投资人而言，资金管理方式没有绝对的标准，这跟笔者一直在强调投资人无法复制成功交易员的模型而致富一样。如何找寻到对投资人最有用的交易资金管理模式是很重要也很难的，绝不能假借他人之法或他人之手而完成资金管理，必须要投资人花时间不断地重复失败，才能找出属于自己的模式。台湾投资人一直希望用简单的方式致富，但背后真正的执行模式并不容易，过度强调简单获利并不意味着可以幸福快乐。

交易，要简单；过程，却要细腻。这是笔者强调的。由交易策略形成简单买卖结论不难，几个技术指标、几项基本面因素凑在一起就可以得到一个结果，但是形成结果的那个过程，是由多角度、高度逻辑性等的组合之后，再经过不断淬炼，才能有所领悟，要能稳定做到甚至稳定赚钱又是另外一回事，当这些过程都做到了，投资人才能说交易真的简单最好。这一点不透彻理解并且做到，赔钱就变成理所当然的事情，投资人也就不用仰天长叹。

一般来说，投资人的资金解套方式主要有几种：

（1）达到亏损点就止损（需要高度耐心）。如果所持有的上市公司股价、基本面不佳，或上市公司营运、获利均呈衰退状态，同时整体投资环境也持续恶化，在反弹时就应该把股票卖掉，不能留恋。此时投资人要展现的是耐心，等待市场或是股票出现底部形成、极端情景形成或在核心逻辑下的进场做多机会形成，且成交量同步扩大时，再进场把原先的持股买回。这些逻辑都是可以设计的。

如若以35元买进某只股票，以10%止损方式操作，在跌破31元后，就应该立即止损，若止损前有弱势反弹行情，则可以解套，若无，则直到底部形成并扩量时，可以再度建立相同数量仓位，由于此时市场已经预备翻转，投资人就有机会解套出场。在底部形成、扩量出现前，可能所需等待时间相当长，这是必要的耐心，**投资人在市场波动中找到机会进行该有的操作，就是本书在核心逻辑强调**

的，也是智能操作的目的。

（2）巴菲特的向下摊平方式（不建议的方式）。基本上，向下摊平方式只有类似巴菲特那么有钱的投资人才可以使用，原因是他的钱多到几乎可以覆盖一只股票下跌行情的损失，直到该股票再度上涨。例如中国平安、建设银行、上海银行、中国建筑等蓝筹股，可能出现整体经济环境并未直接转坏，只是受到消息面或是心理面影响，股市大盘出现一时性的“回调”，而使投资人手上持股套牢，那么，可以在不扩大信用、不借钱买股票的原则下，利用手上闲置资金进行向下摊平操作，这种方式笔者并不鼓励，但也是一种操作模式。也就是说在持有股票的股价下跌过程中，最好是大幅度下跌之后进场加码买进，并等待随着时间的转变股价回升，进而有机会获利了结。

笔者以日本股市为例，2012年6月开始盘整将近六个月之后，在2012年第四季度开始，日本首相安倍晋三大动作让日元贬值，由77.11日元兑换1美元，到2013年4月11日的99.94日元兑1美元（贬值29.6%），市场认为日元可能贬值到120日元对1美元，但笔者不关心此事，只要日元贬值带给日本企业大幅度获利，那么日经225指数还会持续上涨（自2012年10月起涨以来已达62%），那么原先投资人持有股票就会上涨，并且可能解套。采取此项做法，投资人必须有能力确认整体投资环境变化，股市是否可能由多头市场转入空头市场，否则会陷入愈套愈多的困境，日本股市就是如此。

（3）“买强卖弱”换股操作（需要专业操盘能力）。若是投资人套牢的股票是小型股或是冷门股，一旦套牢就要找寻此时市场的热门股（专业操盘人在套牢之前就已经准备妥当），则可以卖出手上的弱势股，并买入可能的强势股，直至行情结束。所谓强势股可以指刚刚出现转折的股票，例如当日收盘价已超过10日均线，最好是斜率也同步向上攀升当中，若加上成交量出现扩量现象就更好了。投资人可以用强势股的获利弥补套牢股的损失。

（4）利用股价高波动率，在T+0操作上做出积沙成塔的结果。这个基础点是投资人应用核心逻辑时，在每天的股价买卖操作中，把市场给的趋势行情能一个个地吃下来。假设投资人的成本是10块钱，在一点一滴的有效操作后，把这10块钱的金额全部赚到了，那么，投资人的持股成本就变成零，意味着接下来投资人怎么卖股票就怎么赚。

当然，这要求投资人必须要好好学习核心逻辑的智能操作模式，更需要投资人有高度耐心的操作，才能完成。讲出来、思考清楚很容易，但不能知行合一，这些逻辑与策略对投资人就都是浮云。笔者依然能够相信爱迪生的那句名言：一分天赋，九十九分努力。

十、专业操盘人的资金管理

提到资金管理，投资人有四种观念必须先建立起来：

（1）固定单位模式。这个模式只允许你用一定数量的资金买或卖一只股票（或期货仓位），这个模型基本上对所有的投资都均等对待并且总是允许你持有一个仓位。

（2）等量单位模式。这个模式适合使用在有投资组合模型的仓位当中，它对资产组合内的所有投资项目都根据它们的单位报价，例如对一个期货单位的名目本金价值，或一只股票的名目本金价值，都给予相同的权重，持有时依据价格变动而调整仓位数量。

（3）风险比例模式。此模式的仓位调整方式建立在投资人以风险程度作为投资金额的分配标准的基础上。有时候投资人会给予所有的交易对象（股票项目）相同的风险水平并允许稳定的资产组合仓位的成长，这个模式对长期趋势跟随者来说是最好的模式，许多期货基金经理人（CTA）都会使用这样的模式，当然最后还是会因为每一个经理人的交易策略而有所改变。

（4）波动程度模式。最基本的想法是当市场出现一个单位的风险，投资人可以从中得到多少利润的概念。例如损失1块钱，投资人可以拿回多少钱，2块钱或是3块钱？当然这个1：X的X值越高越好，常见的有拿夏普值观念来做资金控管基础，或是利润分享的根据。当风险和机会之间出现合理的平衡关系，或是不平衡关系，都会让投资人思考到底要用多少风险来赚取多少的利润。这个模型适用于短线策略上密集止损的交易模式。

从金融交易市场来说，包括美国华尔街，欧洲的伦敦金融市场，目前全球最著名的资金管理方式就是凯利公式（Kelly Formula），凯利公式的出处是《信息比率新解》（*A new interpretation of information rate*）当中，解释信息流（information flow）定义时所发展出来的。

凯利公式 F =［（R+1）×P−1］/R。

其中，F=投资金额所占比例；R=交易平均获利与平均交易亏损之比率；P=系统获利率。

例如期货交易中，若P=65%，同时R=1.3，那么，F=［（1.3+1）×65%−1］/1.3=0.38，这表示投资人资金为1,000,000元的情况下，只能使用380,000元作为交易保证金，若所交易期货商品之保证金=100,000元，则可以建立380,000/100,000=3.8手仓位，通常保守操作建议取整数为3手。

凯利公式相当受欢迎，在美国有许多资深期货操盘人使用，当然这一公式在现货市场也适合，尤其是对于刚学习期货交易的投资人，更是一种在机械式交易时好用的工具。

笔者还有另一个想法，就是凯利公式也可以拿来评断一个交易员的能力好坏，因为依据凯利公式而言，策略越是有效的时候可以使用越多的杠杆或是资金，进行必要的操作；相同原理，一个交易员的操作策略越有效时，他就应该可以使用更多资金进行交易，那是最有效的资金使用模式。

除凯利公式之外，笔者认为还有许多资金管理方式，有些方式可以慢慢演变到大资金操作上使用，高端的家族办公室与大型基金经理人也可以使用。投资人可能认为大资金投资人不会使用这么量化的资金管理方式进行投资，这就错了！因为使用资金量越大的投资人，越需要风险管理，而资金配置就是风险管理的重要因子。

这里笔者大概将资金管理模式分为以下六种：固定风险、固定资本、固定比例、固定单位、固定百分比、固定风险与市场波幅。

接下来，笔者针对这六种模式分别举八个例子，有一些方法又可以再衍生出其他操作应用方式，请投资人多多思考后，再设定对投资人有利的应用方式到实际的交易中加以运用，期待投资人能真正掌握核心的观念。为了计算方便，笔者使用期货交易的概念进行说明，若是股票投资人则可以使用相对应的观念，进行资金管理模式的策略设计。

（1）固定风险：

固定风险 = 账户金额/资金数单位；

账户金额=1,000,000；

资金单位数（或交易次数）=40；

交易风险=25,000。

此处交易风险包含止损金额、手续费、滑价成本（市场冲击）。

说明：每笔只能亏损25,000，故当交易获利达25,000之后，才能增加一个交易单位数。

（2）固定资本-1：

固定资本单位数=账户金额/每一手交易之固定资金数；

账户金额=1,000,000;

单位资金数=150,000。

说明：固定资本之交易单位数=1,000,000/150,000=6.67，保守操作起见，使用6手进行仓位建立。

（3）固定资本-2：

固定资本单位数=预期或过去最大跌幅（值）/风险临界值；

最大跌幅=140,000;

风险临界值（percentage blowtorch rick）=30%；

风险临界值=当亏损达到此比率也不会造成交易者困扰；

固定资本单位数=466,667。

说明：当交易获利再次增加466,667之后，才会增加一个交易单位数，也就是说，资金达到933,334以上（466,667 × 2=933,334），才是放大仓位的机会。

（4）固定比例：

赖安·琼斯（Ryan Jones）在《交易博弈》（*The Trading Game*）一书中所提出的方式。

下个账户水平=当前账户水平+（当前交易手数 × 增量）；

账户水平=1,000,000；

增量=跌幅+保证金=140,000+60,000=200,000；

跌幅=140,000；

保证金=60,000。

说明：当交易获利再次增加200,000之后（以每一手计算），才会增加一个交易单位数。当账户水平=1,200,000时，则可以再增加一手仓位，若当前账户水平因交易亏损而减少，则交易手数也随之减少，同时也表示当交易仓位未达3手时，必须目前2手仓位分别获利达200,000时，才能再增加一个交易单位数成为3手。

（5）固定单位：

每笔交易风险=新账户余额/固定资金单位数；

交易手数=每笔交易风险/主观交易风险（可主观设定止损金额）。

说明：当账户余额增加，则可以增加交易风险，也等于增加交易手数，若处在亏损，则交易手数必须减少。

账户余额=1,000,000；

固定资金单位数=30；

每笔交易风险=33,333；

主观交易风险=10,000；

交易手数=3.33，实际可以交易手数=3手。

账户余额	固定单位数	每笔交易风险	主观交易风险	可交易手数	实际手数
2,000,000	30	66,667	20,000	3.3	3
3,000,000	30	100,000	50,000	2.0	2
4,000,000	30	133,333	60,000	2.2	2
5,000,000	30	166,667	100,000	1.7	1

（6）威廉斯固定单位：

每笔交易风险=新账户余额×风险比例；

交易手数=每笔交易风险/最大损失。

说明：当账户余额增加，则可以增加交易风险，也等于增加交易手数，若处在亏损，则交易手数必须减少。

账户余额=1,000,000；

风险比例=10%；

每笔交易风险=100,000 ；

主观交易风险=100,000；

交易手数=1，实际可以交易手数=1手。

账户余额	风险比率	每笔交易风险	主观交易风险	可交易手数	实际手数
2,000,000	10%	200,000	256,300	0.8	0
4,000,000	10%	400,000	256,300	1.6	1
7,000,000	10%	700,000	256,300	2.7	2
9,000,000	10%	900,000	256,300	3.5	3

（7）固定百分比：

固定百分比手数=固定百分比×账户余额/每笔固定交易风险金额；

账户余额=1,000,000；

固定账户风险百分比=5%（目前账户中最大可接受亏损比率）；

每笔固定交易风险金额=30,000。

账户余额	风险比率	账户风险金额	交易风险	可交易手数	实际手数
1,000,000	5%	50,000	30,000	1.7	1
2,000,000	5%	100,000	30,000	3.3	3
4,000,000	5%	200,000	50,000	4.0	4
8,000,000	5%	400,000	70,000	5.7	5

说明：计算后为1.7手，实际上建议使用1手仓位进行交易。出现获利时表示资金总量增加，因此可以增加一个交易单位（仓位），亏损时减少仓位。

（8）固定风险与市场波幅：

固定风险与市场波幅手数=固定百分比×账户余额/市场波动幅度。

这是理查德·丹尼斯所训练的"海龟"们使用的海龟资金管理模式，全球相当多操盘人知道，使用时可以依据个人想法改变内容。

账户余额=1,000,000；

固定账户风险比率=5%；

真实波动幅度（ATR）=2.3%。

说明：计算后可以得出交易手数为2.2手，实际上建议使用2手进行交易。投资人也可以使用10天、20天或是30天的标准偏差平均值，这是策略设计上的问题。

账户余额	固定比率	风险金额	市场波动幅度计算			可交易手数	实际手数
			市场波动	名目本金	波幅金额		
1,000,000	5%	50,000	2.3%	1,000,000	23,000	2.2	2
2,000,000	5%	100,000	3.0%	1,200,000	36,000	2.8	2
4,000,000	5%	200,000	2.9%	1,400,000	40,600	4.9	4
8,000,000	5%	400,000	3.2%	1,600,000	51,200	7.8	7

在使用资金管理方法之前，笔者需要提醒投资人应先有一个观念，没有一套资金管理逻辑可以一劳永逸，因为这些方法各有其优点也有其缺点。因此，在使用时建议依据自己的需要与当时投资环境的变化，进行方式的替换，或是方式的组合。所谓组合指的是不同方式中有其不同考虑参数（因素），投资人可以将这些不同的参数重新组合，并设计出属于投资人的模式，这是有意义的事情。

从风险管理角度思考，投资人第一要件是能够生存下来，事实上，使用各种资金管理方式的最终目的，就是要能持续在不断出现的狂风暴雨中，度过可能失去所有的威胁，而淬炼出生存能力，并由此得到交易实力的提升进而获利，再则可以稳定获利。

巴菲特在2013年的股东会上说得好，你必须对某些事情热爱才可能做好。如果你对所做的事情绝对热爱，这是一个巨大优势。而且也会很自然的是，你的专注度将提高你的产出率。巴菲特又说他热爱思考公司的问题，热爱思考公司的投资项目，也热爱评估投资公司的专业经理们，更喜欢思考公司的业务，并且是他生命的一部分。

笔者看到新浪财经这样的报道时，心中有相当大的感动，一个已经83岁的老人，还如此热爱他的工作与事业，有一天他会交棒给下一任CEO，他强调其长子成为公司非执行董事一职，为的是要保持公司目前文化特质不会被改变。他如此安排，对投资他的投资人而言，是一剂强心针，也值得效仿。

记得美国有位投资经理欧文·卡恩在2015年2月27日因离世而停止工作，

这一年他有109岁。笔者在新闻上看到这个消息时，心中更加坚定永不退休的心志。一直以来，笔者也从没有想过退休，希望能工作到没有办法呼吸为止，这样的心志就是由自己工作的热情与专注所带动的意愿，这种意愿令人感到舒畅，让人没有懈怠之理。当然，笔者不是要投资人也跟笔者有一样的心志，那是没有意义的，除非投资人自己也能热爱资产管理到一定程度，也就自然而然会有相同的思维吧。

笔者要再次强调，交易中的资金管理并不容易，不管是小额投资人或是握有大笔资金的基金经理人，能成为那1%稳定获利的生存者，绝不是三言两语的事情，真诚地期待投资人能了解。就像过去30年在国际上投资CTA基金（Commodity Trading Advisors）的几乎是主权基金、保险公司、资产管理公司、基金公司等法人机构，他们的专业度绝对足够，但为何还要付出2%管理费、20%绩效费，请别人协助管理资金？有更甚者，美国文艺复兴公司詹姆斯·西蒙斯的大奖章基金，可以收取每年5%管理费，并且收取44%绩效费，又是何德何能呢？不，他们就是能平均每年给投资人20%收益率，而且是扣除所有费用之后的结果。

第三篇
全球交易中心篇

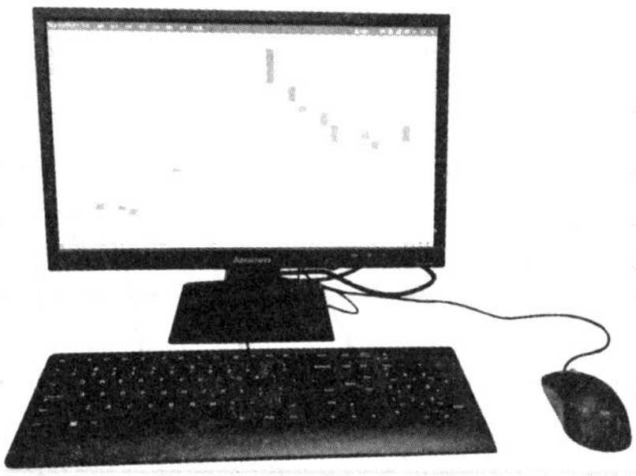

下单员没有交易决策能力，交易员可以承受些许风险，操盘人可以管理几个交易策略，而投资经理要带领交易团队创造绩效。在全球交易中心里面，领导者永远需要更多的交易团队，一起超越困境，一起共享成果。

笔者认为：

交易世界不需要个人英雄，投资人要的是有赚钱习惯的赢家们。

第一章

从交易员、操盘人到基金经理人的自我训练

一、练习！纵千万次也不足

笔者在2015年3月离开职场后，原本打算自己成立投资公司，完整地把核心逻辑在自己可以百分之一百掌控的体系下，发展以核心逻辑为基础的资产管理交易模式，如此就需要很多有用的交易员，训练交易员也成了笔者的重要工作之一。

说来也是幸运，在准备成立公司的当下，笔者在素有千年古都之称的成都有了新的工作机会，几经思考，最终把组织交易中心、交易团队的事情先搁下，待日后有机会再说，就算机会没有了，对笔者而言也是可以的，因为交易中心的成立需要庞大的人力与物力，绝不是笔者一个人可以完成的，如果没有遇到合适的人，相信也有其他人会去做。尤其是在国际上的避险基金都已经做到了，在亚洲地区能有此认识与热情的人肯定不是很少的，既然如此，就没有非笔者不可的道理。

在笔者心中，如果未来能有以成都为出发点，发展成都全球交易中心（参考图3-1-1），是笔者在资产管理路上的一件好事。日后，就算笔者无法完成此事，也能借由此书的发行，让越来越多的人更有信心去成立这样的交易中心，不管是成都或其他城市的金融市场更能因此而具有更强的资产管理竞争力。再从全球角度观察，中国的资产管理市场也以Fintech（金融科技）为名，再结合人工智

能，或有机会发展得更好、更具实质力。

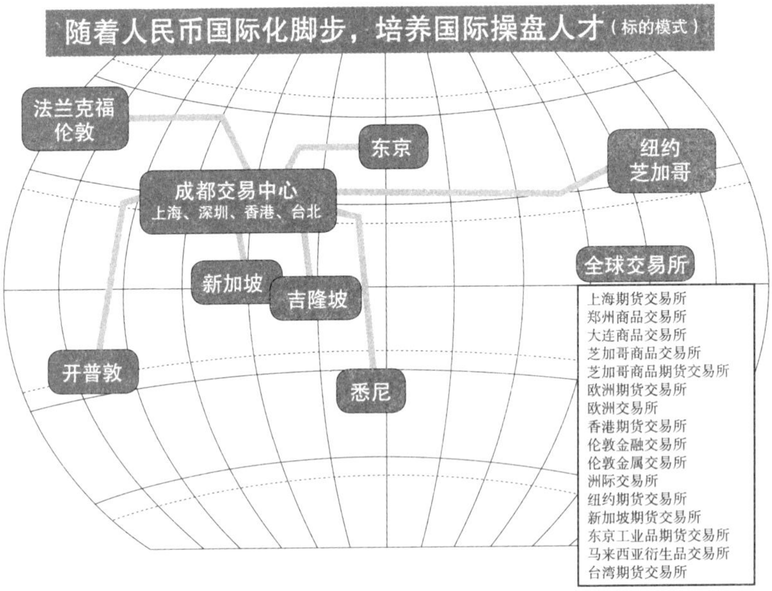

图3-1-1　全球交易中心架构

退一万步想，笔者现在把核心逻辑的重要策略分享给投资人，是意识到未来市场会是完全的实力至上，投资人如何提升自身的交易能力，这是必须要努力的。笔者不认为核心逻辑对所有人具有绝对有效性，但是，这是笔者认为最好、最有意义的基础部分，再往上叠加的策略与操作模式更多，如果不能把本书所提到的交易素质训练好，把核心逻辑驾驭好，笔者是不会认为他（她）能在交易上有何表现。如果投资人有更好的策略，也让笔者学习，更是一段佳话。只要投资人您在看此书时，能获得操作上的帮助，就是笔者的最终期待与最大满足。

如标题所写，练习是纵然有千万次的经验也稍嫌不足的。

接下来的练习题中，笔者以10个例题，与投资人一起思考如何驾驭核心逻辑。笔者的答案在例题之后，期待投资人能够有效掌握。注意要点如下：

请投资人在本书中下笔练习，做出投资人自己的决策。

重要的是在自己学习、理解核心逻辑后，如何驾驭这七个应用逻辑，并且灵活地在每一个机会中使用。灵活应用的最高原则，是投资人获利，没有获利一切都是空谈。

有时候，为了达到获利，可能会需要把核心逻辑的部分内容暂且放下，这是必要的。例如，原本可以获利出场的一笔单子，为了遵守七大核心逻辑的各个次逻辑，操作到最后由原本有获利机会，变成止损出场，这种固化的缺乏灵活应用的思维，不能有效地让利润落袋为安，将一手好牌打成烂牌，在运用上是个禁忌。尤其是初学者最容易遇到这种问题。

投资人可能把自己主观意念与核心逻辑结合一起，以为如此将会有更好的获利机会。这是非常不建议的学习操作模式，因为投资人应该在完全驾驭核心逻辑后，再来思考如何超越核心逻辑。意思是说，投资人对核心逻辑不能随意结合自己或他人的交易思维。这种选择误差问题，就像规定巴菲特必须执行索罗斯的策略，或者强硬地要求索罗斯执行巴菲特的策略一样，令人无法理解。先模拟、后超越才是最好的学习方式。

至于如何把核心逻辑与资产管理结合起来，就要参考每一笔资金的属性，笔者多年来一直强调正确地界定资金属性，才能设计出正确的交易策略，进一步才能得到正确的交易结果。例如，短线的资金去做长期策略，这是有问题的；相对地，像笔者目前自有资金属于长期资金，就不会以短期模式进行核心逻辑的操作，如此理解，才能让资产管理变得有效。

在长期策略上，一笔正确的交易（大鱼身）肯定胜过九笔错误（小鱼身）的操作，这是笔者的重要经验。当然，如果是短期交易模式，也有相同的操作结论，只是不能一概而论就是。最终来说，得到资金的有效应用、自己满意的操作结果才是最后的答案吧。

投资人在练习时，就要思考资产管理是长期操作技术问题，更是世代传承的问题，交易是一门有关人性的科学与艺术，但是却被许多人当作是赌博。开始时，笔者有些无法理解，后来发现，“韭菜”之所以存在，是因为他们必定要存在，才能成就投资人的获利机会。所以，我们要努力“割韭菜”，而不是成为市场上的“韭菜”。

巴菲特常常强调**投资不需要太聪明，稳定的情绪控制才是获利的关键**。这是非常正确的，也是非常重要的，所以，本书以逻辑化操作为主，结合投资人的智慧相互为用进行操作，是一种智能交易模式，期待投资人培养的正确交易习惯，就是有效的逻辑化操作买卖方法，加上有纪律的逻辑化交易执行习惯，以及不断优化的投资人操作模式，为的就是学习巴菲特的经验，日后能整合投资人自己的核心逻辑，如此笔者就心满意足。受篇幅控制，笔者只针对多单操作部分做必要的解答。试空单部分就让投资人再另外自行练习。

二、核心逻辑智能操作练习题

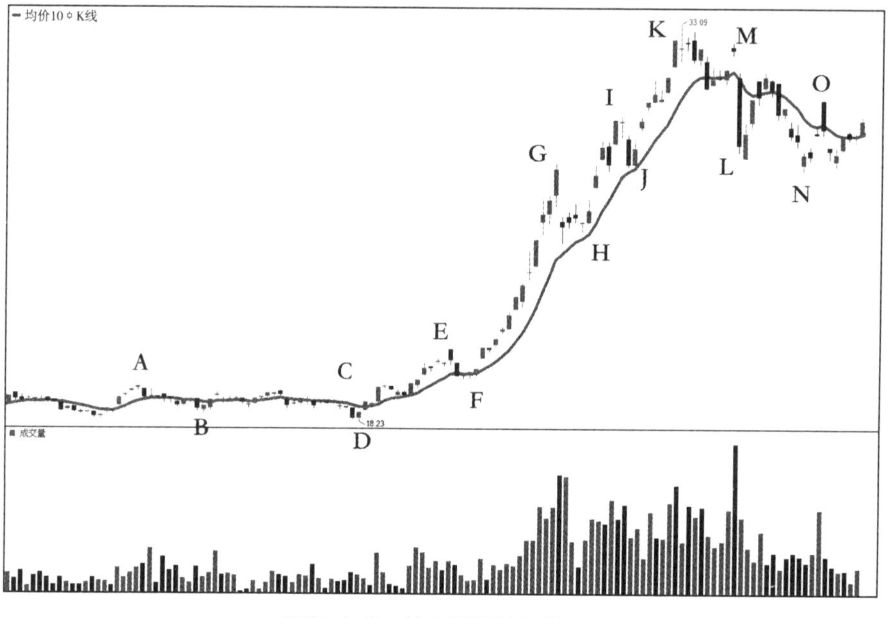

图3-1-2 核心逻辑练习题-1

投资人的答案？

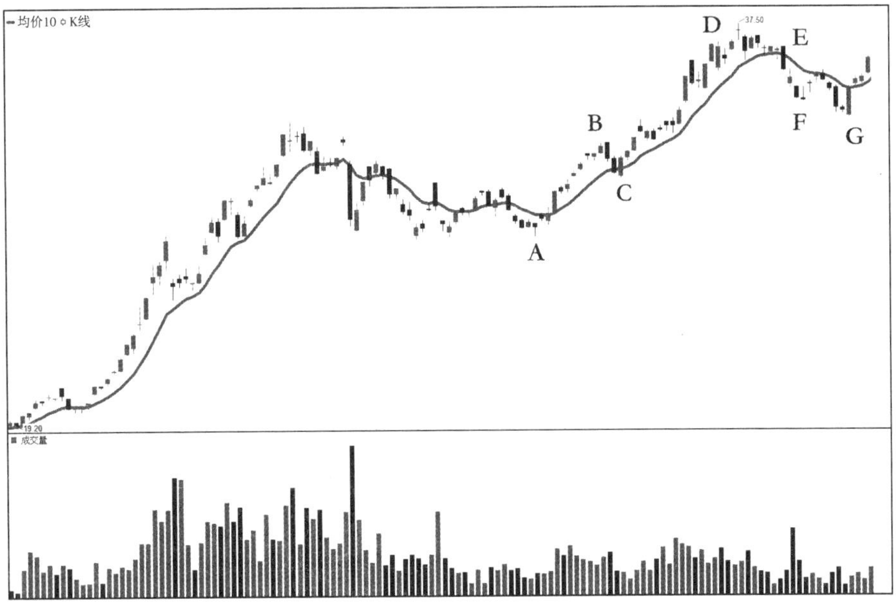

图3-1-3　核心逻辑练习题-2

投资人的答案？

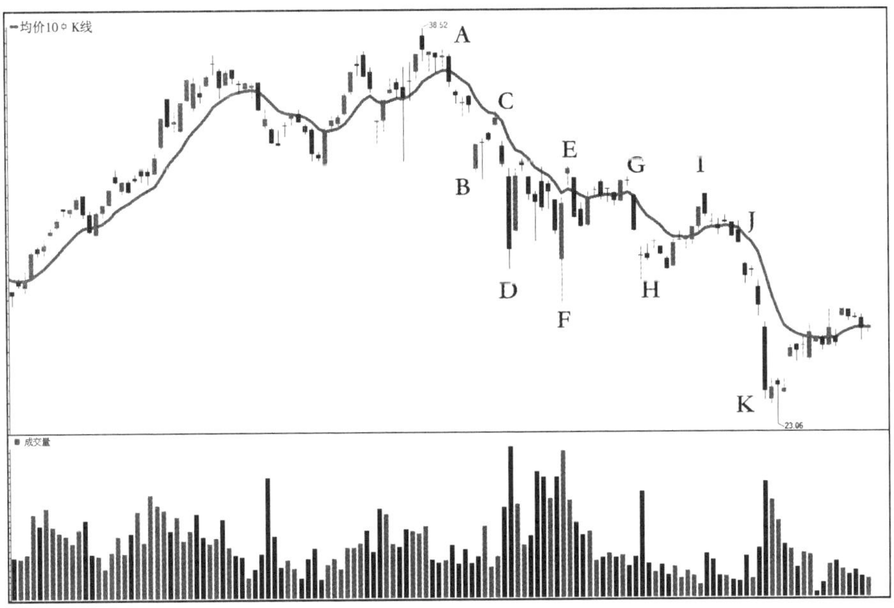

图3-1-4　核心逻辑练习题-3

投资人的答案？

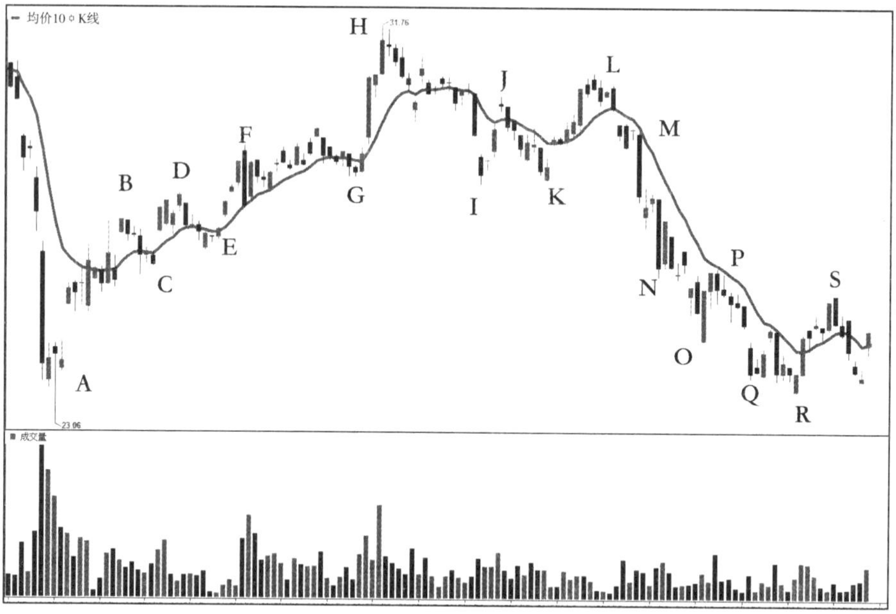

图3-1-5　核心逻辑练习题-4

投资人的答案？

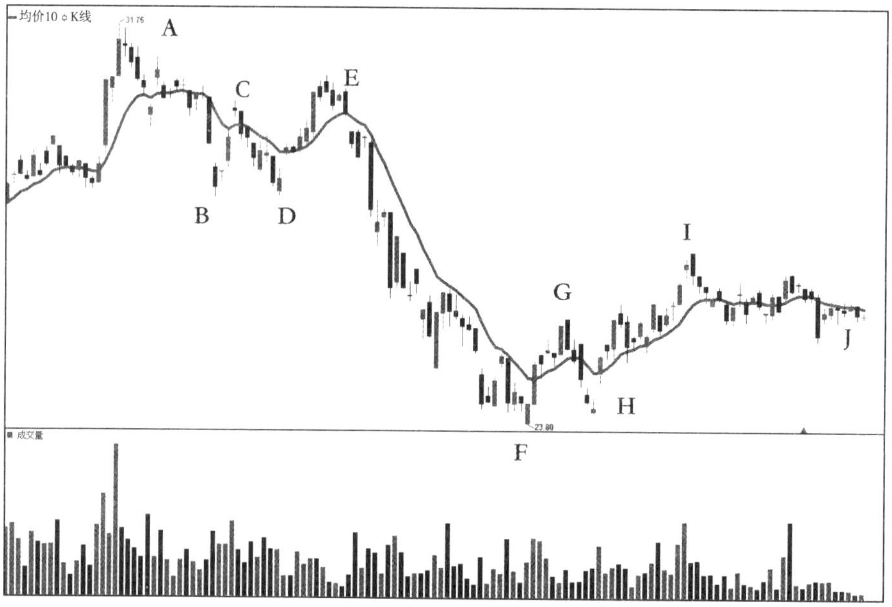

图3-1-6　核心逻辑练习题-5

投资人的答案？

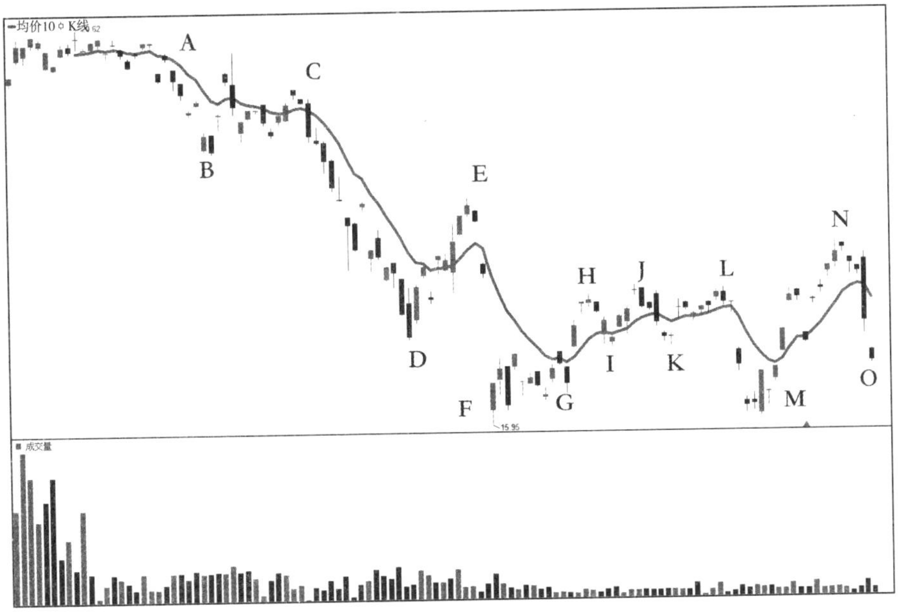

图3-1-7 核心逻辑练习题-6

投资人的答案?

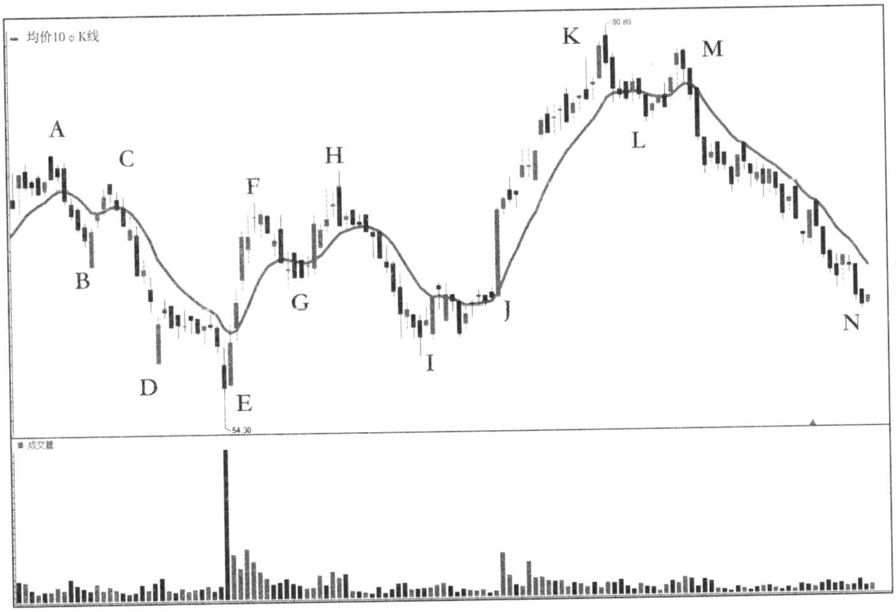

图3-1-8 核心逻辑练习题-7

投资人的答案?

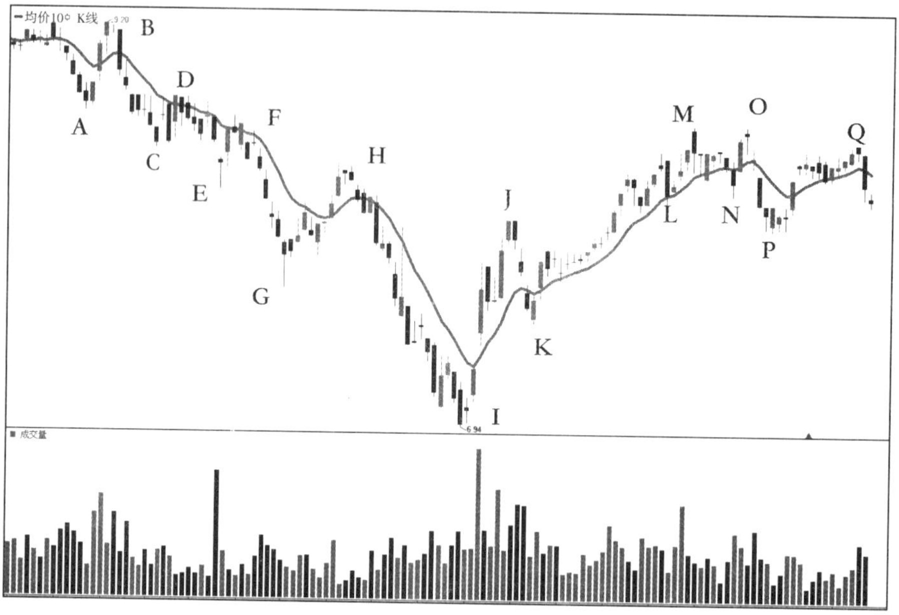

图3-1-9 核心逻辑练习题-8

投资人的答案?

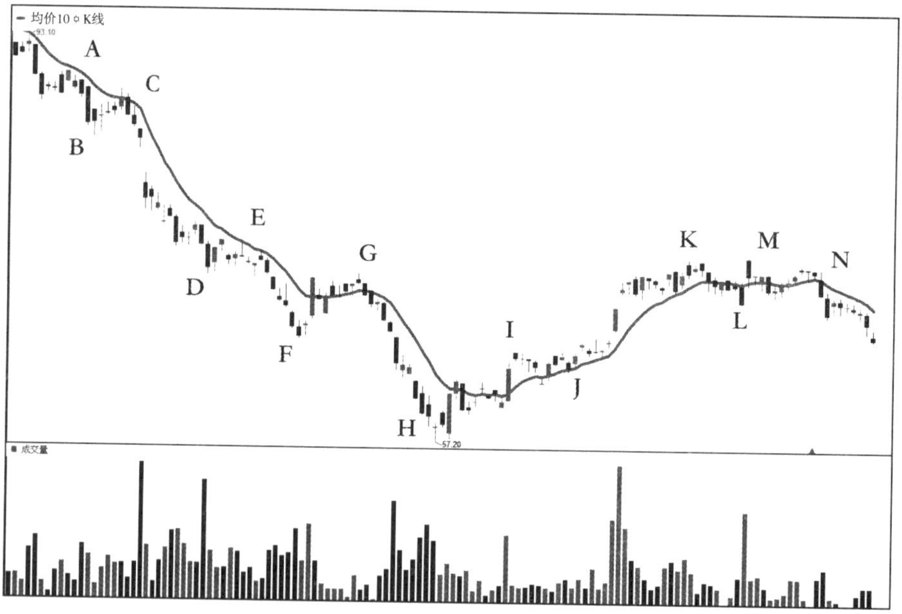

图3-1-10 核心逻辑练习题-9

投资人的答案?

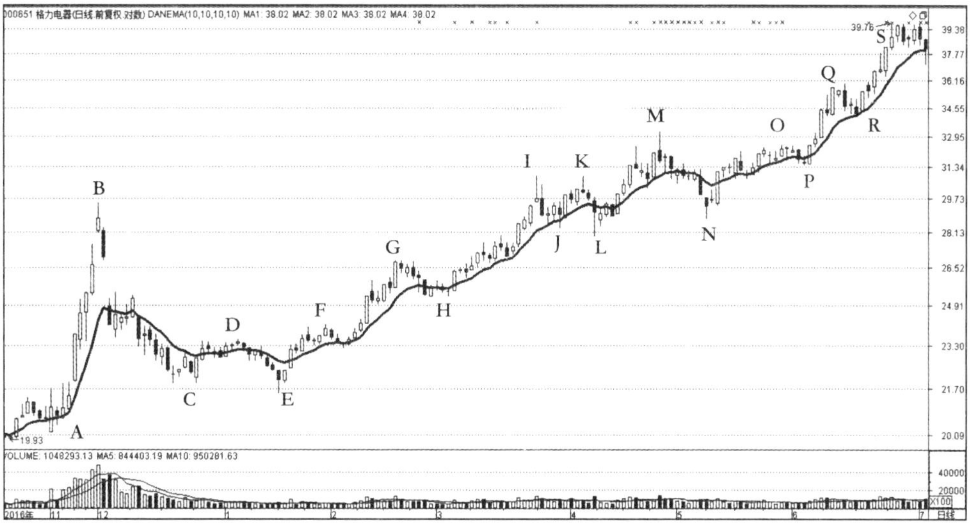

图3-1-11　核心逻辑练习题-10

投资人的答案？

三、练习题参考解答

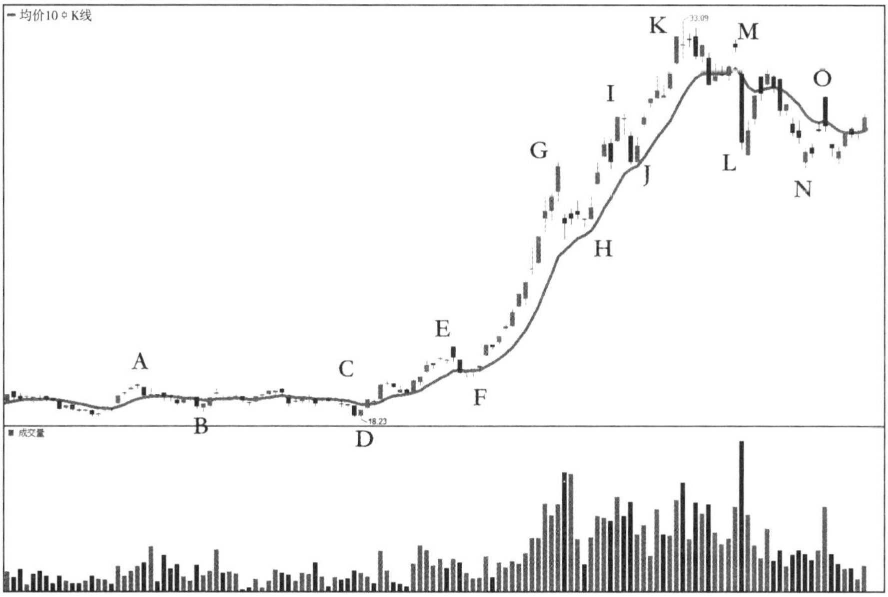

图3-1-2　核心逻辑练习题-1

从A处到D处是震荡盘，基本上不动。

D处之后斜率向上，进场持有股票。斜率持续往上发展，继续持有多单。

E位置出现试空单机会，多单获利出场，先减码并继续观察价格是否变成回调无撑现象，结果是回调有撑。

F位置是进场机会，原因在于斜率向上，随后，顺利地在G位置获利出场。

H、J处也是相同情境。

L与N处之后属于反弹无力走势，此时交易策略或说是应对策略，应该抓紧机会在获利状态下及时出场。原因是没有出现强者恒强现象，必须小心操作。

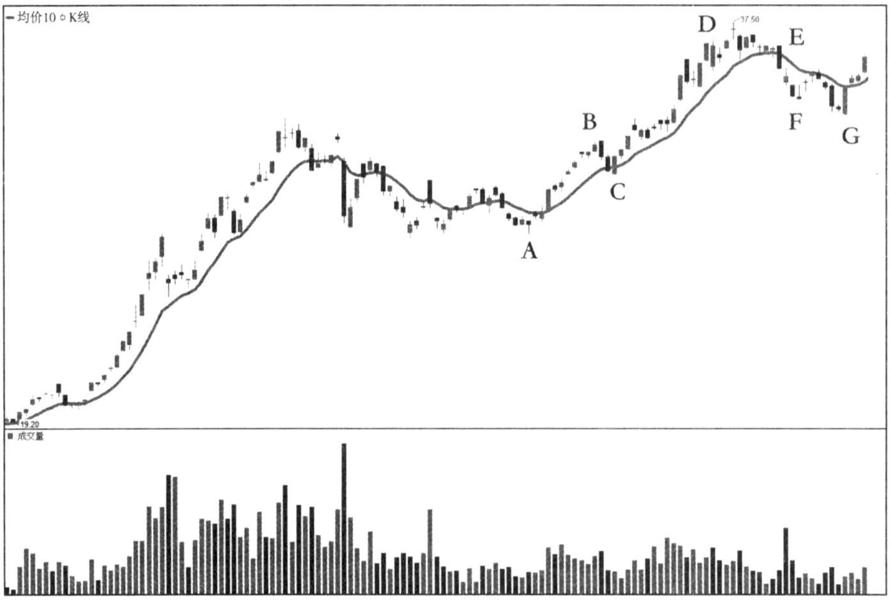

图3-1-3　核心逻辑练习题-2

A和C处都是试多单的获利机会。

C位进场买进买权后，在斜率依旧向上、回调有撑的前提下，再度进场加码操作。（题外话：如果投资人有机会卖出看涨期权收入权利金，把仓位由期权模式转化为买进股票模式，获利应该会更高。）

F位的试多单机会，应该会被止损出场。

G位应该在价格站上斜率之上后，才进场试多单，是否获利有待市场多方表态，严格说，必须持续出现强者恒强才行，因为这是持有多单的必要条件。

很多交易员无法把“强者恒强、弱者恒弱”作为持有股票，或是期货操作的重要交易思维上的行为指导，这是非常可惜的事情，期待投资人不要犯相同的错误。

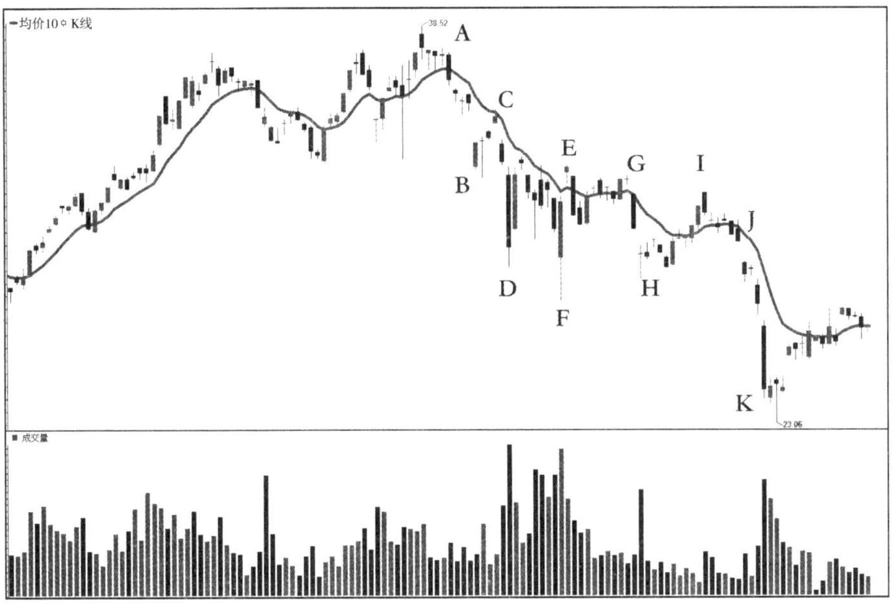

图3-1-4　核心逻辑练习题-3

B位以试多单模式进场，敏感度高的投资人有机会获利出场；但是对核心逻辑驾驭能力较差的投资人可能把有机会赚钱变成止损出场。

D、F处是很好的极端情景，在负乖离持续扩大、不再创新低价、负乖离呈现收敛状态条件下，是试多单的好机会。

E位的机会的结果应该是止损出场。

H与K处是非常标准的极端情景，也是试多单持有股票的时间点。

K处的机会因为上涨速度较慢，所以获利性应该不会比H处的机会好。

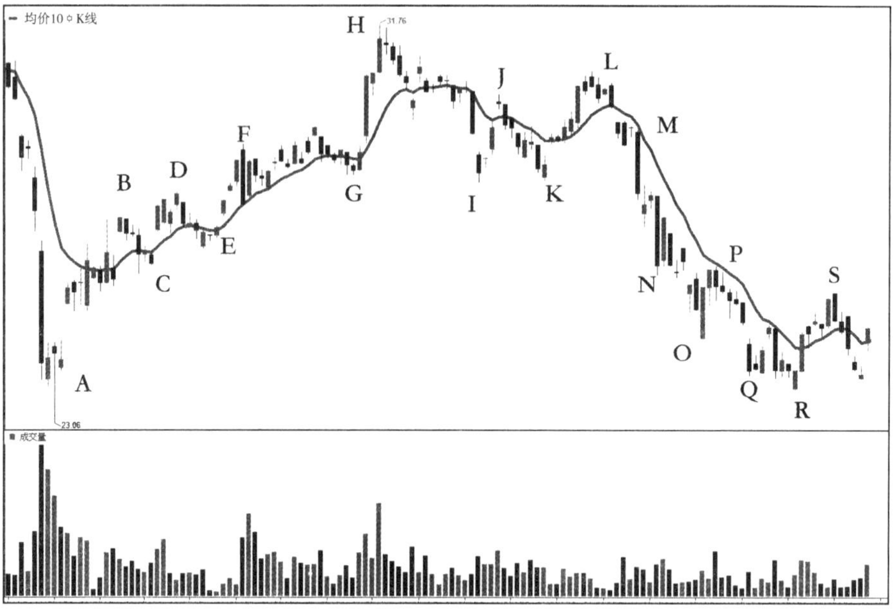

图3-1-5　核心逻辑练习题-4

这是一个不好操作的实例，连笔者都没有把握能够操作顺利。投资人可以清楚看到，整个市场价格的波动相当的紊乱，遇到这种行情能够做到不赔钱，就算是有交易能力的操盘人了。

纵然如此，在A、G、I、K与R等位置，因为波动性不是特别明显，投资人要能尽力做到有赚就跑，虽然获利幅度可能不大，但把这样的机会当作是交易上的自我训练也行。总之，对交易员、投资人而言，不能浪费每一次的操作机会。

其他的亏损如果能够做到损失最小，那么投资人就成功了；能把核心逻辑驾驭成功的话，小赔大赚是必要的模式，但是如何才能做到持续性，就是投资人的企图心问题了，赌徒无法长期从事资产管理。

在“赔该赔的、赚该赚的”的逻辑化操作中，期待投资人掌握核心逻辑，驾驭核心逻辑，让市场的机会在投资人的努力下变成报酬。

笔者诚心希望投资人能够不再拿“韭菜”来揶揄自己曾经的失败，那种感觉、那种心态不是交易者该有的。

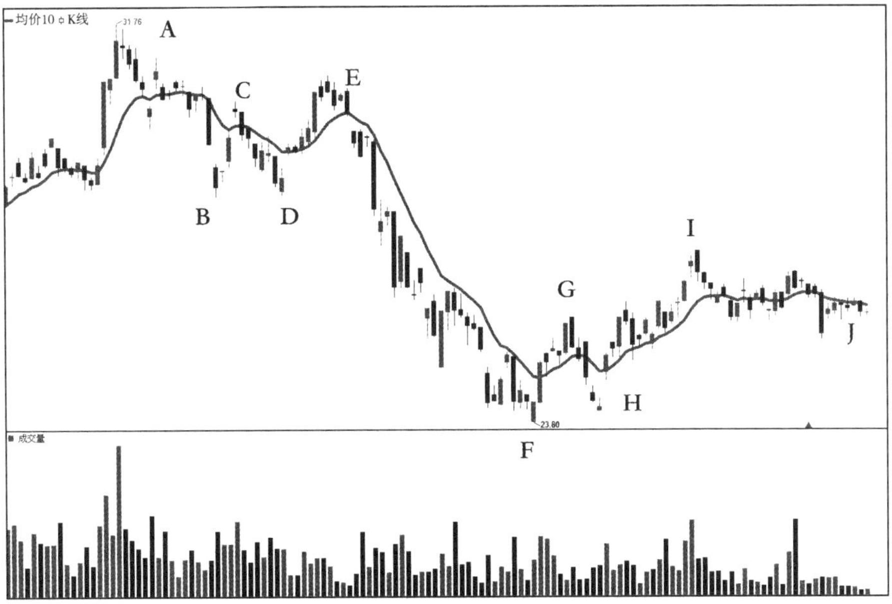

图3-1-6　核心逻辑练习题-5

B、D、F与H等位置都应该是标准的试多单机会。

这四次试多单的机会中，在D之后的E是试空单（可以卖出手中持股，也可以融券卖出股票）的进场机会，此时是多单获利，市场没有创新高价，同时斜率已经下弯，相信投资人应该也知道在核心逻辑的操作模式中，就是要空手为佳，进而不会有E到F的亏损可能。只是投资人能否做到，倒是值得思考。

一般来说，要能做到多单之后，随即反手做空，若不是市场老手，或是计算机程序交易者，可能做不到。投资人的心性如何培养，会是最大问题。

然而，投资人是否可以想象，为何笔者主张“逻辑化操作=智能交易模式”？逻辑化操作的重点就是以纪律执行当做之事，形同计算机程序交易，不是吗？这种能力就是把投资人的脑袋所思所想的东西，变成计算机的运行模式，也是结合人脑智慧与高度纪律性的行为，而能成为智能操作模式，也是本书所强调的。

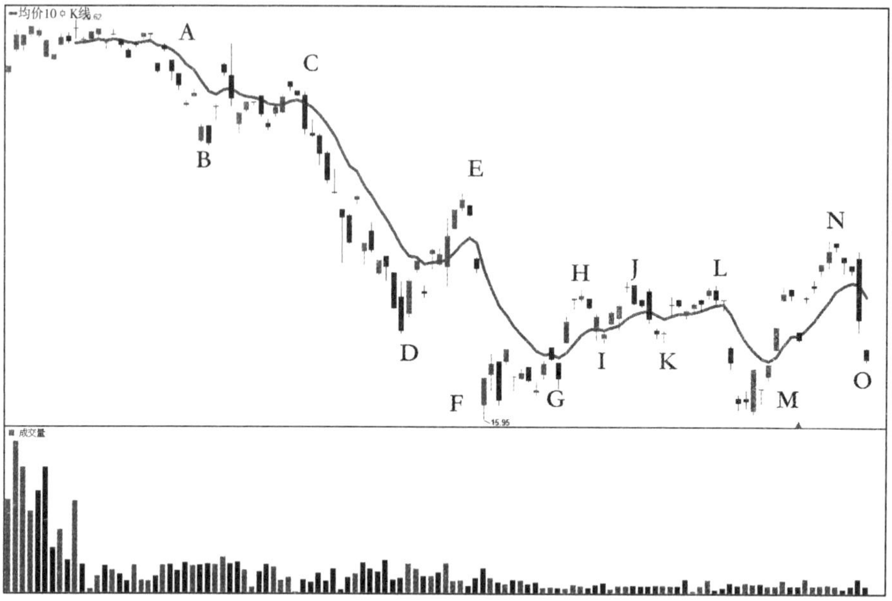

图3-1-7　核心逻辑练习题-6

B位试多单后，在没有强势行情下，投资人需要有敏感度，才能获利出场。

D到E处的操作机会，应该是可以获利的。

F、G、I与K等处要获利需靠敏感度。

而M位是应该有较好的获利才对。

在E、L处之后出现向下跳空现象，而且是岛形反转，这样的情景不容易处理，连笔者也不易处理得当，这是市场必然现象，也提醒投资人，包括笔者自己，在交易上没有完美的胜率，我们都是向较高的盈亏比、较高的胜率目标前进。

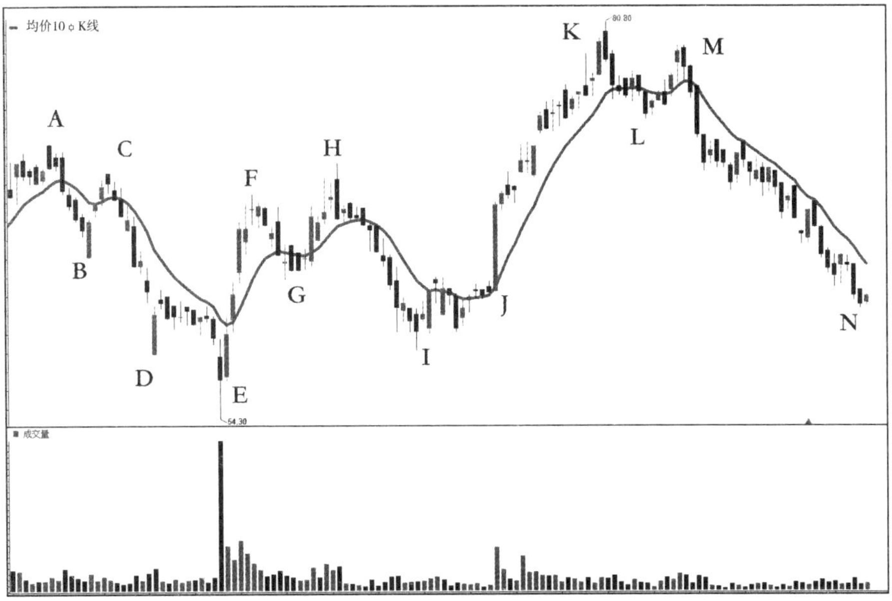

图3-1-8　核心逻辑练习题-7

基本上，B位置、E位置、G位置、J位置与L位置皆有试多单获利机会，在操作上也是相对轻松，尤其是E位置与J位置的上涨速度很快，在以多头试单策略进场持有股票来说，快速上涨是最好的。

但是D处与I处则不一样了，D处应该会止损出场；另外，I处略有获利机会，却需要投资人的高度敏感特质才能抓住。

就市场波动来说，能够避掉C到E处、H到I处、M到N处的下跌趋势，也是不错的操作结果，这是笔者与投资人都要努力之处。

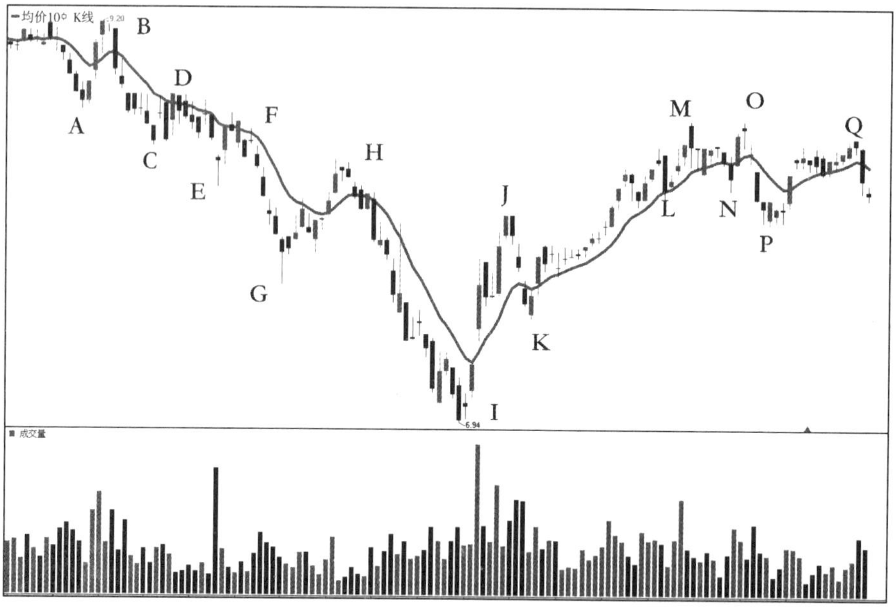

图3-1-9 核心逻辑练习题-8

可交易的各个点位，应该不用笔者多言。笔者要说的是，在操作G到H、I到J与K到M这三个区段时，务必要取得更高的获利，就是更大的“鱼身”，才能有足够的利润空间去弥补在其他不易操作机会中失去的部分。

如果投资人的短线策略运用得宜的话，应该有更好的操作绩效。

大趋势策略要求投资人在趋势掌握上有极高的趋势辨识能力，同时在交易仓位建构时，仓位管理的稳定性也不能马虎。

如何才能做到识别能力与稳定能力呢？还是要在逻辑化操作的模式下，投资人才有机会做到。因为核心逻辑给了趋势辨识能力，而在执行核心逻辑操作时，投资人也培养了一个逻辑一个动作的习惯，当然，在执行面上的灵活性——核心逻辑的驾驭能力，才是投资人要自我培养的重要功课。

这个练习题的操作难度不低，但是只要投资人可以有效地驾驭核心逻辑，笔者相信还是可以有好的操作结果。

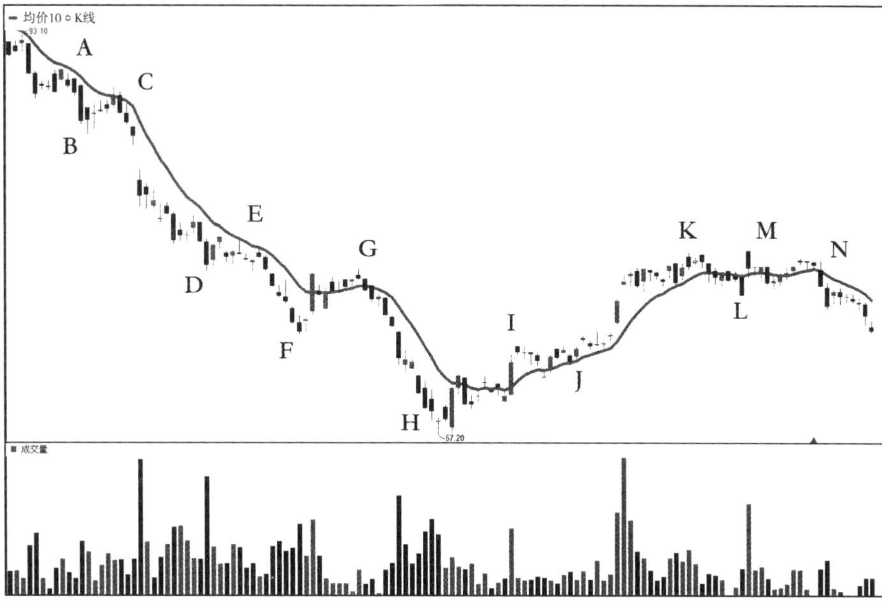

图3-1-10　核心逻辑练习题-9

如果这个例子可以融券卖出股票来操作，那么，在交易面上也是可以增加获利机会的。

在A处开始要融券卖出股票，然后B到C处是走反弹无力格局，因此在B到C之间，或者是在确认C处为反弹无力之时，开始加码融券卖出股票，增加获利。

之后的E与G处也都是反弹无力的格局，在空头行情没有改变之前，投资人可以稳住获利，在下跌期间获利效应更大。

市场在下跌一段时间，并下跌一段幅度之后，H位是又一次试多单的极端情景机会，投资人应该可以看到才是。

I处是减码机会，J处是很好的加码点，K处之后是横向整理格局，投资人应该可以看得出来。而笔者想要问，投资人在未来的相同机会下，能否知行合一？

图3-1-11　核心逻辑练习题-10

在A之前，投资人可以清楚看到股价站上斜率，并在A位置斜率开始翻扬而上，此处应该开始持有股票。直到B位出现正乖离过大，可以减码。之后，C位的五个交易日出现止跌现象，应该回补股票。但是好景不长，在D位有七个交易日出现上涨无力现象，一直到E位才止跌，在E位也形成了W底形态，持有股票是合理的。

F位置有五个交易日出现上涨无力现象，需要减码操作。在G位也是持续四个交易日出现上涨无力现象。之后在H位四个交易日出现止跌现象，回补股票。股价走到了I位才出现正乖离现象，此时的股价没有呈现强者恒强格局，自然要减码操作。然后在J位呈现止跌现象，同时股价站在斜率之上，还要把股票回补。

之后，笔者不用多说，投资人也可以看出来，从K位到S位都是上涨无力与止跌上涨的交叉模式。如此反复，股价也就走完了大半年的时间。

四、量化因子与逻辑思考

到此为止，投资人可以看到自己的认知与笔者的不同，在这部分投资人不要有绝对的对与错思考，对投资人而言，对笔者而言，能在自己的交易过程中不断积累财富才是唯一。而本书想要传达的是笔者经验，期待对投资人有所助益，这才是本书的目的，本书不是要告诉投资人一份秘籍，学会之后就能从此过着幸福快乐的日子，那不是笔者可以做到的，那要靠投资人自己努力争取。

正如程序交易跟设计者一样聪明，交易员依靠人性交易，本书的逻辑设计也跟笔者一样聪明而已，笔者能相信的是，核心逻辑在笔者经验中是最好的基础部分，当然这些不是笔者全部策略，但笔者认为连这种小策略都驾驭不好，更大、更广的操作模组就不用说了。

讲到交易策略，在以程序交易为主的量化选股方面，是利用数量化方法选择股票组合，并期望该股票组合波动过程中，有效地执行买进与卖出后，能够获得超越基准收益率（例如上证股指数）的投资结果。有关量化策略绩效评价要从两个方面来考虑，一个是报酬，另一个是风险。只是报酬越高的策略并不能成为好的策略，应该综合考量报酬与风险之间的关系，结合各种情景才能判断一个选股策略的优劣。简单来说，量化策略需要考虑的是在承担多大风险情况下，投资人最终能得到的实际收益率为何。甚至有时候，投资人最后要买进的是这个投资策略的有效性，而不是公司或投资经理人的名气，那么，如何判断这一有效性呢？又是另一个层次的问题。一般来讲，只要投资人懂得交易操作模式，懂得如何在市场上获利，大概就知道要什么投资策略才能达到获利预期。

有时，投资人会反问，如果投资人懂得交易赚钱，那么自己来做就好了，干吗还要把钱交给一个不熟悉的投资经理？问题在于，投资人可能没有时间操盘，或者投资人资金庞大，以至于必须分散投资，把一部分钱交给值得信任的投资经理与交易策略。所以，投资人必须先相信一件事，一个投资经理的程序设计能力只跟他的聪明才智一样，不应再多一点奢望的。也就是如此，投资人要不就是知道如何赚钱，然后自己花时间、精力、财力等，去获得所期待的报酬，去承受必要的风险；要不就是找到可以信任的投资经理与交易策略，然后去做自己想做的其他事业或富有乐趣之事。

进一步说明，在量化策略的股票市场，投资人可以把选股策略总的来分成两类：第一类基本面选股，包括因子效益模型、风格轮动模型和板块轮动模型。第二类价格波动选股，包括资金流模型、动量反转模型、预测模型、非预测模型、趋势追踪模型和筹码选股模型。受限于篇幅，笔者只简单介绍多因子模型。

在国际上，多因子模型是应用极为广泛的一种选股模型，而在A股市场更是许多股票型投资经理的最爱，因为多因子模型简单好用，而且容易做成量化模型，而对于定性模型部分，则由投资经理的主观偏好、交易经验、个人风格来决定。其原理基本上是采取一系列的基本面因子、价格面因子、市场面因子等作为选股标准，满足（比例式满足）这些因子的个别股票则被选入投资组合并买入持有，不被满足的个别股票则被剔除并卖出股票。

一般投资人或是投资经理认为多因子模型相对来说比较稳定，因为在不同市场条件下，总有一些因子会发挥作用。但是笔者并不这么思考，多因子模型的有效性在于，不同时期投资经理要给予不同的持有权重，这些权重还要包含周期的挑选、标的板块的选择、持有比例的选择等，就是说投资经理永远在权重与比率之间纠结，在这个自我折腾中，做出绩效以满足投资人与投资经理的预期。

笔者把市场上常用的因子罗列如下。

1. 基本面

（1）估值模型。市盈率、市净率、市销率、市现率、企业价值倍数、PEG等。

（2）经营成长。营业收入增长率、营业利润增长率、净利润增长率、每股收益增长率、净资产增长率、股东权益增长率、经营活动产生的现金流量增长率等。

（3）盈利能力。销售净利率、毛利率、净资产收益率、资产收益率、营业费用比例、财务费用比例、息税前利润与营业总收入比等。

（4）股票规模。流通市值、总市值、自由流通市值、流通股本、总股本等。

（5）红利多寡。股息率、股息支付率等。

（6）杠杆比例。负债权益比、资产负债率等。

（7）市场预期。预测净利润增长率、预测主营业务增长率、盈利预测调整等。

2. 价格面

（1）动量反转。环比涨跌幅比较、前期涨跌幅比较等。

（2）价格波动。股价、估价、经验价格等。

3. 市场面

（1）盘面变化。前后期换手率、成交量比、价量分析等。

（2）波动模式。股价振幅、时间结构波动、历史与隐含波动等。

五、交易上的智者与愚者

成为智者，还是愚者，这是选择问题，也显示投资人对财富的态度。交易员通常是由具有短线交易特质的人担任，或是需要从短线策略开始训练的初级交易员，因此，他们的交易智慧比较偏向交易态度的磨炼。

当然，从交易员、操盘人到基金经理人，每一个阶段投资人都有必要经历、研究短线交易能力，短线一直是基础训练，所以投资人自我培养的理财能力，或专业资产管理机构对此都很重视。把交易当作赌博的人，难以理解下面的这些内容的意义。

1. 财富态度与短线交易

（1）智者一块钱一块钱地赚，愚者只想快速赚大钱。

（2）智者顺势设立获利目标，愚者没有方向。

（3）智者重视交易经验积累过程，愚者想要找到交易“圣杯”。

（4）智者发展操盘优势，愚者卖弄交易劣势。

（5）智者不断学习交易风险控制技术，愚者放任风险的存在与扩大。

（6）智者能习惯于处理交易上一次次的亏损，愚者慌乱于亏损情景。

2. 短线交易心态

（1）智者积极发展量化方法与有效益的交易模式，愚者想着消极怠惰的事情。

（2）智者全心投入交易，愚者只是玩心放荡博弈欢乐之情。

（3）智者重视交易细节，愚者忽视交易细节。

（4）智者努力超越自己，愚者希望不劳而获。

（5）智者为交易亏损找方法，愚者为亏损抱怨 。

3. 短线交易习惯

（1）智者事先拟定交易计划，愚者不愿事前规划交易细节。

（2）智者清楚交易优先顺序，愚者不愿意花时间厘清轻重缓急。

（3）智者对今天的交易风险做好控制，愚者今天的风险明天再说。

（4）智者分配交易时间与研究时间，愚者的交易时间无可参考。

（5）智者不断整合自己与别人的交易经验，愚者只看重自己的意见。

4. 短线交易价值观

（1）智者知道交易基础为何并从哪里做起，愚者只想快速干大事、赚大钱。

（2）智者恪守交易与生活诚信，愚者在许多面上常常轻诺寡信。

（3）智者对交易与生活同样的尽职尽责，愚者过度轻浮于交易与生活。

（4）智者愿意在交易上与人合作并且让利分享，愚者在交易与生活中认为利己是唯一道路。

（5）智者在培养有益于交易的人际关系，愚者在乎可以赚大钱的人际关系。

5. 短线交易个性

（1）智者从学习到发展创新自己的交易模式，愚者只有原样模仿与不断探听。

（2）智者做适合自己个性的交易模式，愚者向成功者妥协并利用成功者。

（3）智者在交易常规中寻获自己独特之法，愚者在技术指标层面因循守旧。

（4）智者对交易敢想敢干并且控制风险，愚者对风险不学习而且优柔寡断。

6. 短线交易信念

（1）智者追求正确的交易观念而且坚持到底，愚者无法辨识失败的性质而轻言放弃。

（2）智者在交易上思考失败重新再战，愚者在成功与失败间翻腾不定。

（3）智者对交易市场乱流尽量保持临危不乱，愚者却在不确定的经济变化中感情用事。

（4）智者以愿意冒险之姿面对交易风险，愚者对交易的严峻性只想如何脱离。

（5）智者获利非只用于自己更多用于他人，愚者获利而夸大自己生活与炫耀己身。

六、交易的思维与原则

1. 交易思维的界定

（1）情绪控制。EQ比IQ重要，这是巴菲特的名言，也是投资人必须要理解、执行的。如果你无法改变自己的弱点，成为一个有成功习惯的交易员，那么，至少要建立起适合自己赚钱的交易体系。

（2）入场时机。建立交易系统，什么时候持有股票，什么时候该收手出场。

（3）风险管理。不要因为随意进场而老是处在不利情景。市场不会因为你赔钱而有任何的伤心难过之情。

（4）经验价值。在资产减损、赔钱过程中，投资人的意志力才会有好的磨炼，才会知道自己当初只是在赌博，不是在赚钱。

（5）仓位价值。一个人的理智来自对错误的厌恶程度。因此，投资人必须拿自己的钱来面对市场的残酷考验。

（6）市场波动。请记得，没有人有义务为了让价格持续上涨付出失败的代价。也就是说，大幅度下跌是上涨的起点，同时大幅度上涨是下跌的必然条件。

（7）条件止损。如果你想要满仓，那么你的仓位是否与市场价格走势产生共振现象就格外重要。逻辑止损、随机止损、策略止损、技术止损都是很好的方法。因此，没有充足出场因素，而投资人不让利润奔跑，如何责怪别人。

（8）交易标的。操作容易赚钱的股票（期货），就是它们的价格变量非常少，甚至只有一个因子。蓝筹股、ETFs都是很符合标准的对象。

（9）专心一致。投资人不要同时持有过多股票，要让自己专注在容易获利的模式上。尤其是一只股票不断创新高价格时，要与它和平相处。

（10）赢家心志。事实上很多人想赚钱，但是在缺乏自信的状态下，容易走弯路，例如在短视近利引诱下参与内线交易；又或利用计算机速度与制度缺陷，想主动误导市场投资人的高频交易。赢家在离交易所遥远的地方运筹帷幄，可以抓住市场趋势，赢得财富。

（11）资金分配。通常在现金、股票、债券、外汇、贵金属、农产品、能源各领域中，配置合宜的资金比例，进行最佳的主动管理操作；近年来，市场以ETF形式的被动型管理为主流，原因是主动型基金绩效无法满足投资人的需求。

（12）私募基金。20世纪70年代开始扩大盛行，从欧洲、美国到亚洲，私募基金仍是未来趋势，但目前多数绩效卓越的基金经理人慢慢倾向以设立家庭办公室的方式进行操盘。主要是各国政府金融监管机构对私募基金的管制越来越趋向严格，让他们的操作策略无法顺利进行。

（13）一生磨一剑。能够有机会以一个人的一生来磨亮一剑，这是多么幸福的一件事，不论你做的是什么行业。

2. 操盘时机的一些原则

（1）请记得，尽量在极端情景才进场，虽然那是不容易做到的！

（2）不知道风险在哪里时，尽量不要建立仓位。

（3）大部分时间中，除了承认错误、修正错误之外，没有什么事可做。

（4）投资人常常讲股票的股性问题，其实可以用波动率来解释。

（5）便宜东西要变成昂贵的，一定是要付出必要代价才能成就。

（6）赌流动性，不是一般投资人可以做的事，但投资人就是喜欢小型股。

（7）机会来自你准备得足够充分，就算那只是一个运气。

（8）市场在高度收敛行情（状态）下，记得绷紧神经。

（9）注意消息面变化是分析师的工作，不是投资人的事。

（10）仓位与趋势共振有多重要，赔钱的知道，赚钱的在乎，“韭菜”不知道。

（11）没有创新高价的多头是假的；没有创新低价的空头也是假的。

（12）波动率不是代表过去或现在，而是代表未来，虽然真真假假。

（13）跟风是散户市场特征，因此“韭菜”也多，所以确认动作很重要。

（14）类股轮动是机会，但不是永远的进场机会。

（15）只买强势股，只卖弱势股，那么你就是多空股票策略经理人。

（16）假日前，减轻仓位是必要的。尤其是在A股的短期市场策略。

（17）不会试单，就别进场了，否则会常常浪费钱、浪费时间。

（18）短线交易时，成交量的作用最大。其他时间可以忽略。

七、交易个性测验（交易员、操盘人与基金经理）

从完全顺从核心逻辑那刻开始，我才开始享受交易的乐趣。

市场是客观存在的，它有绝对权力，因为赔钱或赚钱由它说了算。

当藐视价格波动模式时，我就看到自己站在黑暗门之前，随时会被推入门内。

利弗摩尔的最大价值，是他告诉我们要不断修正自己的错误，因为利弗摩尔是失败的例子；相对地，因为有利弗摩尔的前例，巴菲特目前的成功就是投资人应该要学习的对象。一个是失败的，一个是成功的，投资人要选择哪一个作为目标呢？

1. 交易员

从自己是一个愚者开始，思考交易的一切事情，思考如何让自己成为一个智者。我们都不是有绝对优势的交易者，但是，为何这样认定？又是什么样的基础，可以让所有人在同一个标准下同台竞争？那个标准是，我们在贪婪与恐惧前，都是一无是处。

而把资金面、心理面、基本面、技术面、风控面结构化的能力，是交易员要全层面向自我训练的起点。

2. 操盘人、基金经理人

交易员应在智者的基础上，让自己逻辑化操作的高度客观与有效灵活操作的才能与经验结合，成为一个有能力与自己对话、与市场对话、与对手对话、与世界对话、与生命对话的资产管理者。操盘人到基金经理人的路程遥远，却是有方向性的。

如果操盘人可以自我成长，进入基金经理人模式最少要5年，而交易员进阶到操盘人，需要多少时间？应该要3到5年。意思是说，从交易员到基金经理人要8到10年的时间磨炼。

那么，基金经理人应该可以帮助他的交易员成长、帮助他们的投资人资产壮大，这是一种资产管理者自然而然感受到的责任，没有这种责任感，他们就只是为自己交易的交易对手而已，他们没有进入资产管理领域。

难道单纯的在市场上，赌赌输赢、博一下概率不好吗？不可以吗？当然可以，如果你用的是自己的钱。然而对资产管理者而言，你就是交易对手而已。

巴菲特在2016年的股东大会上，再次强调财务预测是一件愚蠢的事。不只是财测，在金融市场上的任何预测也是无益的，只有明确的解决方案，在本书是逻辑操作法，才是投资人必备的能力。在此能力下，自然而然地投资人的投资智慧将带领投资人前往正确方向，得到正确结果，这是笔者一直相信的。

对于巴菲特的投资智慧，笔者满心同感，以前的工作内容一直在避免做这种事情，很高兴也没有受到多大的毒害就毕业了，现在完全使用自己的资金，做自己的核心策略，终于可以在真正的基金经理人角色上，发挥自己多年来的经验与能力，这是一件好事。

3. 交易个性测验

交易员、操盘人与基金经理人如何自我辨识资产管理能力？

对于操盘人与基金经理人，在交易上的人格特质培养不容易，但是非做不可。

接下来是笔者期待投资人自我挑战正确思维的问答模式，希望投资人能够认真思考后写下答案。通常而言，每个人的价值观、策略模式、经验、资金规模、风控方式等条件、因素或有差异，笔者提出的自身经验、自身理解仅供参考，期待的是投资人以此为出发点，创造属于投资人自身稳定获利的交易思维。

不管投资人是基金经理人、操盘人、交易员、一般投资人、社会新鲜人、市场老手，您一定有自己的想法，但是回答这些问题时，期待投资人以资产管理者或基金经理人角色自居，来回答下列问题。（如果投资人的基金经理人没有这些成功要素，或离这些要素太远了，那么，投资人应该知道如何操作才是。如果投资人觉得这些是曲高和寡的，那么，投资人也就知道自己的资金属性为何。）

请投资人以填空方式作答，之后参考笔者的答案（或说是思维）。

（1）基金经理人在股票、期货与期权市场投资、交易的根本原则是【　　】。

（2）基金经理人训练纪律的基本模式是【　　】。

（3）管控不同资金规模的投资人，最类似而且是无可救药的致命伤是

【　　】、【　　】。（可以多填）

（4）成功的投资与交易，通常都是来自基金经理人的【　　】等待机会来到。机会出现时有过人的【　　】来辨别机会的真假和机会的大小。

（5）机会出现前交易者需要耐心，但在确认机会出现时，交易者需要有【　　】。

（6）当出现交易策略错误时，要有敢于改正自己错误、认赔出场的【　　】。

（7）从资产管理角度，交易者必须具备：a.【　　】；b.【　　】；c.【　　】；d.【　　】；e.【　　】，等等态度与技能。（可以多填）

（8）从金融专业角度而言，与投资人自己的交易系统有最直接关系的是【　　】。

（9）自己过去最容易犯的错误是什么？请列举三种：【　　】、【　　】和【　　】。

（10）基金经理人在衡量投资绩效时，可以使用的方法是【　　】、【　　】、【　　】、【　　】、【　　】、【　　】等。

（11）基金经理人与普通投资人在本质上的区别是【　　】。

（12）基金经理人能够不断进阶、成长的重要依据是【　　】。

（13）基金经理人对市场的认知是在有限与无限中，正确地把握分寸，不会在【　　】下，出现绝对性的判断，例如，主观判断市场行情的趋势会绝对上涨或是会绝对下跌。

（14）【　　】是基金经理人战胜市场的唯一路径，而且不保证成功。这也是基金经理人素质培养的捷径。

（15）如何在【　　】之间拿捏稳当，是基金经理人能力的一部分，如果过于【　　】地操作，就容易陷入困境，尤其是持有大资金的基金经理人。

（16）基金经理人在交易上，有很强的【　　】分类意识。

（17）运气是一种毒药，尤其是对【　　】来说。因为他们只是利用趋势，而没有想要战胜趋势。

（18）对于基金经理人来说，如何形成自己的核心逻辑，并且做到【　　】，是比其他事情还要重要的工作。

4. 笔者的答案（思维）

这些只是笔者的想法，给投资人参考，请勿以绝对的对错判断，而要在不同的思维体系下，增加投资人自己的操盘经验。

（1）基金经理人在股票、期货与期权市场投资、交易的根本原则是【顺势创造、逆势调节】。

（2）基金经理人训练纪律的基本模式是【正确判断 → 合理推断 → 执行果断】。

（3）管控不同资金规模的投资人，最类似而且是无可救药的致命伤是【对市场与自己能力的无知】、【知与行不能合一】。

（4）成功的投资与交易，通常都是来自基金经理人的【耐心】等待机会来到。机会出现时有过人的【细心】来辨别机会的真假和机会的大小。

（5）机会出现前交易者需要耐心，但在确认机会出现时，交易者需要有

【决心】。

（6）当出现交易策略错误时，要有敢于改正自己错误、认赔出场的【果断执行力】。

（7）从资产管理角度，交易者必须具备：a.【良好的心理素质】；b.【正确的资金管理方法】；c.【强烈风险意识和长期操作观念】；d.【被实战证明有效的交易逻辑】；e.【在交易与生活上的高度自律】，等等态度与技能。

（8）从金融专业角度而言，与投资人自己的交易系统有最直接关系的是【交易灵活性的驾驭能力】。

（9）自己过去最容易犯的错误是什么？请列举三种：【情绪化交易】、【过度投资】和【随意盲目投资】。

（10）基金经理人在衡量投资绩效时，可以使用的方法是【最大回撤率】、【年化报酬率】、【年化波动率】、【夏普值】、【索提诺指数】、【信心指数】等。

（11）基金经理人与普通投资人在本质上的区别是【能否依据自己的交易逻辑持续稳定地执行交易，并从市场中获取自己应得的利润与承受应有的风险状况】。

（12）基金经理人能够不断进阶、成长的重要依据是【交易规模与交易绩效的稳定性】。

（13）基金经理人对市场的认知是在有限与无限中，正确地把握分寸，不会在【有限制条件】下，出现绝对性的判断，例如主观判断市场行情的趋势会绝对上涨或是会绝对下跌。

（14）【大量且长期的交易磨炼】是基金经理人战胜市场的唯一路径，而且不保证成功。这也是基金经理人素质培养的捷径。

（15）如何在【贪婪与恐惧】之间拿捏稳当，是基金经理人能力的一部分，如果过于【急躁】地操作，就容易陷入困境，尤其是持有大资金的基金经理人。

（16）基金经理人在交易上，有很强的【成功和失败】分类意识。

（17）运气是一种毒药，尤其是对【基金经理人】来说。因为他们只是利用趋势，而没有想要战胜趋势。

（18）对于基金经理人来说，如何形成自己的核心逻辑，并且做到【完全驾驭核心逻辑】，是比其他事情还要重要的工作。

八、交易员特质筛选调查表

请以交易员或操盘人的思维回答各项问题，并且尽量按直觉填写。若没有任何想法，直接跳过，请勿刻意回答。所有回答将成为日后进行训练时的重要参考，故务必诚实作答，避免延误交易员的训练实效。交易员不需顾虑回答的好与坏，在交易团队中，让交易员茁壮成长，良好的相互理解对交易员是最好的帮助。

1. 策略

（1）交易策略应该被归为何类？

回答：

（2）交易员最倚重的投资原则为何？（投资哲学）

回答：

（3）什么样的投资经验将影响交易员发展投资策略与方法？相比最初，近来的策略有什么变化？

回答：

（4）什么样的情况下会修正策略？面对这样的情景，你将如何应对？若是所处团队交易策略失效，又如何应对？

回答：

（5）交易员的策略优势为何？此策略是否是利用市场的缺乏效率？或有其他方式？

回答：

（6）此策略的投资标的和市场的范围涵盖哪些商品？

回答：

（7）选择不同时间周期的准则为何？决定进行某笔交易的流程为何？

回答：

（8）交易员如何做投资研究？试单后，如何确认有效？有使用量化的软件或模型吗？你的量化模型思路为何？

回答：

（9）目前为止，你的赚钱策略是什么？哪些期货品种、上市股票、期权等是你最有兴趣的？

回答：

（10）你会建立自己的模型（交易策略）吗？你如何与较没经验的交易员合作，创造新的研究方法？

回答：

（11）向不同专家学习到的各种策略，你如何有效整合，并发挥到最大效用？期待交易导师给予什么样的协助？

回答：

（12）超过多少交易资金，你会改变既有的交易策略？

回答：

2. 投资组合建构与风险承受度

（1）如何建构你的投资组合及风险管理？每日的风控标准为何？如何细化这些准则？

回答：

（2）目前各品种的资金配比如何？就配置比例而言，在过去经验当中，试单的最小金额是多少？你是否曾经超额交易？如果有，事情的经过与后续为何？

回答：

（3）投资组合平常的最大仓位为何？对于投资组合而言，哪些仓位（品种）最重要？

回答：

（4）对于你认为最重要的品种，你投入的资金占总资金的比例是多少？这些比例是如何确定的？

回答：

（5）对于不同流动性品种，你是否有不一样的仓位配比？交易员如何定义流动性？

回答：

（6）总资金使用杠杆是几倍？什么样的情况或环境，会让你改变杠杆倍数？

回答：

（7）交易员是否使用期权避险？

回答：

3. 交易执行

（1）交易信号发出后，如果你在团队当中，你将会如何执行这些信号？如何避免来自不同交易策略对冲的问题？

回答：

（2）有止损策略吗？仓位止损模式为何？为什么？如何平仓？

回答：

（3）股票平均持有时间多长？一年平均周转率（交易总金额／本金）为多少？

回答：

（4）期货平均持有时间多长？

回答：

4. 市场时机

（1）什么样的市场状况对策略是有利的？现在的市况对策略有什么影响？目前的策略使用多少资金？你的失败经验为何？

回答：

（2）此策略在什么样的情景下会赚钱？什么样的情景下会赔钱？

回答：

（3）什么样的市场因素是此策略最大的挑战？面对此挑战，你如何确定它会成功？

回答：

5. 交易专业度

（1）你的学术背景与经验为何？请评估自己的工作经验，或直接的交易经验为何？

回答：

（2）从交易的角度，交易员工作经验的深度与广度是否恰当？这些经验是否表示交易员能成功执行目前交易中心的策略？

回答：

（3）针对曾经失败过的经验，交易员认为该如何重新出发？

回答：

（4）交易员过去的绩效纪录为何？此绩效与现在的策略是否相关？

回答：

（5）交易员与其他交易员、交易导师、管理阶层的互动如何影响交易？交易员认为交易中心应该如何设定仓位？交易与投资决定和资金控管架构为何？

回答：

（6）交易员在过去的团队合作经验为何？是在什么样的领域？有何不一样的经验？

回答：

（7）交易员会投入自有资金，成立新的对冲基金吗？交易员会期待交易中心投资你吗？

回答：

6. 风险管理经验

（1）请交易员明确说明风险管理哲学，自有的投资策略、资金配置与风险承受度之隐含假设为何？

回答：

（2）交易员对交易中心的交易策略若有不同意见，如何反应？是否思考更好的方法、优化策略后，再提出讨论？过去的经验为何？为何别人没有接受你的想法？

回答：

（3）交易员怎么辨识风险？利用什么内部方法测量风险？哪一种方法最关键？

回答：

（4）交易员所持有仓位本身也存在市场风险、信用风险、流动性风险与波动性风险，应该如何衡量与管理？特殊策略中是否有潜在的特殊风险？

回答：

（5）交易员的投资组合是否经过压力测试？在什么条件（假设）下进行的？谁负责检查压力测试结果？多久执行一次？

回答：

（6）此仓位是否有人负责风险管理？此人受过何种训练？此人在过去公司（学校、个人、家庭）内还需负哪些责任？

回答：

（7）是什么样的风险管理因素导致最大下跌的经历？哪些投资准则被修改过？

回答：

7. 交易员生活

（1）开仓前后的生活时间分配，及手上有单子（仓位）的时间调配为何？

回答：

（2）交易员对可能遇到重大生活灾难，如家庭事故、个人健康、男女感情等有哪些预防措施？复原计划为何？

回答：

（3）对于重要家人、朋友的突然失去，有何心理准备？

回答：

8. 杠杆

（1）策略应用杠杆之基本原理为何？交易员如何定义杠杆？如何定义超额杠杆？

回答：

（2）一般杠杆使用程度如何？最大的杠杆是多少？此仓位曾使用过的最大及最小杠杆是多少？什么因素会导致交易员减少杠杆使用？

回答：

（3）什么情况会造成高杠杆的仓位遭到巨大损失？如何避免？

回答：

（4）曾经持有仓位的最大杠杆是多少？

回答：

（5）所使用杠杆比率，曾被经纪商强制取消吗？若有，请提供说明。

回答：

9. 投资资金

（1）曾经管理的资产中，最大金额有多少？

回答：

（2）交易员对自己的管理资产预期成长率为何？

回答：

（3）有无设定资产目标与达成计划？

回答：

（4）交易员在随着管理资产增加，策略的负荷能力有无设定成长计划？

回答：

10. 量化检视

（1）交易员如何检视自己的历史绩效纪录？

回答：

（2）最高绩效报酬目标多少？此绩效是否达到（客观）？

回答：

（3）会与其他类似策略的仓位做比较吗？若有，绩效报酬如何？

回答：

（4）此仓位的波动性为何？

回答：

（5）交易员管理资产的时间多长？其间有何变动？当时为何停止交易？

回答：

（6）策略的变化造成哪些历史绩效的改变？

回答：

（7）交易员的资产最大回撤（Max. Drawdown）期间多久？花了多少时间复

原原来的资产水平？交易员能接受最大的资产减损为多少比例？

回答：

（8）绩效为正且最大之月份为几月？为负且最大之月份为几月？这些月份是否合乎仓位绩效的预期，是否合乎风险管理的准则？

回答：

（9）交易仓位对持有成本的敏感度为何？多少比例是最佳的？

回答：

11. 经验、判断与直觉

（1）就交易而言，最重要的经验是什么？

回答：

（2）交易员如何将自己的投资策略及风险管理解释给其他人听？

回答：

（3）交易员如何取得别人的信任？如何处理情绪上的问题？

回答：

（4）交易员持有仓位产生的压力如何处理？

回答：

（5）交易员是否真的对仓位管理尽心尽力？应该如何做到？

回答：

（6）交易员所说的是否合乎其投资逻辑，且能切实按照他所说的去做呢？

回答：

九、私募基金（对冲基金）的尽职调查

（1）投资哲学以及核心原则？

（2）经理人投资策略与方法如何形成？

（3）经理人如何做投资研究？潜在仓位如何确认及筛选？

（4）影响投资组合建构及风险管理的是什么？

（5）一年平均周转率有多少？

（6）经理人对不利的状况有足够经验吗？如何面对？

（7）什么样的市场因素是此策略最大的挑战？面对此挑战能成功吗？

（8）工作经验的深度与广度是否恰当？这些经验是否表示经理人能成功执行目前的策略？要注意那些曾经失败过而重新发行基金的经理人。

（9）经理人过去的绩效如何？此绩效与现在的策略有何相关？

（10）创办人与执行长是主要投资专家吗？

（11）员工人数多少？中后台与投资专家之比例多少？

（12）有多少投资专家？投资专家被雇用多久？在产业中被雇用多久？组织／员工有容易更换的情形吗？

（13）投资长、营运长、财务长、研究部负责人等工作职责有合理划分吗？

（14）除了管理费绩效费外还索取哪些费用？

（15）有使用高水位法吗？门槛报酬率（hurdle rate）多少？如何计算？高水位会重设吗？有多少比例的资产位于高水位下？如果此基金正经历回撤，绩效需增加多少才可赚得绩效费？

（16）清算与赔偿条款为何？有无闭锁期、预警期？流动性条款与基金所投资产的流动性一致吗？

（17）有提前赎回费用吗？此费用是付给基金还是公司？（应付到基金中）

（18）提前解约有延迟吗？有任何赎回政策的变卦吗？

（19）经理人怎么辨识风险？利用什么内部方法测量风险？哪一种方法最关键？

（20）此基金是否有人负责风险管理？此人受过何种训练？此人在公司内还需负哪些责任？

（21）是什么样的风险管理因素导致最大下跌的经历？哪些投资准则被修改过？

（22）资金如何进出基金？存在哪里？谁为投资基金签名（中介人）？保管者够独立吗？

（23）经理人对可能遭遇的重大灾难，如计算机、系统、软件、电子通信出错，以及火灾、恐怖攻击等有哪些预防措施？复原计划是什么？

（24）对于重要的服务商突然失去功能，有何备案？

（25）最大的仓位占市场的平均交易量的比例是多少？

（26）策略应用杠杆之基本原理是什么？经理人如何定义杠杆？如何定义超额杠杆？

（27）经理人是否持有基金或是管理公司很高的股份？经理人投资于基金或是管理公司的净值为多少？此经理人是否会调整自己的投资？理由是什么？

（28）基金管理公司有无从事经纪业务、自营业务、其他事业？有产生任何冲突或增加价值吗？经营层是否另外还有会分心的业务？

（29）与其他CTA有何关系？（有其他基金投资、赞助？）原始本金来自基金经理人还是投资人？（当原始本金由大的避险基金赞助提供，他们可做新基金的指导顾问，因此可以减小启动风险）

（30）如果有赞助关系，赞助人是否有能力或其他特别安排？此赞助人是否有操纵/影响基金的能力与意愿？

（31）赞助人是否与新基金共享交易设施？若有，赞助人看得到交易吗？赞助人可以利用这些交易吗？他们会对基金的能力与交易灵敏度造成影响吗？

（32）赞助人是否将其在新基金中的利益榨干，进而减少经营阶层的动机？赞助人是否持续增加其原始投资？赞助人是否有任何会造成新的经理人负担的特别协定？赞助关系有无日落条款（关系随时间减少）？经理人是否保留买回赞助人利益的权利？

（33）基金管理公司的历史状况和发展计划是什么？管理公司是否较注重于增加资产而不是经营绩效？是否对管理费用比绩效费更加注重？管理公司是否曾调整收费结构？为什么？

（34）董事会组成状况？董事会有哪些权利？

（35）基金内含超过一个策略吗？

（36）使用多种策略有综效吗？

（37）管理机构的所有资产与其管理基金的所有资产各有多少？管理公司的每一档基金的资产成长历史，及加总的成长历史情况如何？

（38）管理资产的预期成长率是多少？有无设定目标与达成计划？随着管理资产增加，策略的负荷能力（capacity）有无设定成长计划？

（39）此基金是否有一定的程序让钱流入？是否对于资金流入加以限制？

（40）有分离的账户吗？这些账户是否受管制？有多少比例的资产受分离账户管理？分离账户如何设立？申赎条款是否与分离账户不同？

（41）投资人的组成（是很多散户还是集中的法人机构）？是否集中同类的投资人？最大的三群投资人人数为多少？

（42）有无较好的清偿条件、费用、透明度等？

（43）绩效报酬的目标是什么？此绩效是否达到（客观）？

（44）绩效是否与客户预期相同？

（45）与类似策略的基金比较，绩效报酬如何？

（46）此基金的波动性如何？是否与当初公布在介绍书上的相同？

（47）绩效纪录是否有被稽核？

（48）取得较好历史绩效的经理人还在吗？

（49）策略的变化造成哪些历史绩效的改变？（新策略需要时间证明，应确实分割过去的历史资料）

（50）审查最大下跌（Max. Drawdown），此基金多快可以复原？无论正负，最长的净值趋势为多少？经理人能接受最大的下跌为多少？

（51）绩效为正且最大之月份为几月？为负且最大之月份为几月？

（52）这些月份是否合乎基金绩效的预期，是否合乎风险管理的准则？

（53）基金对税的敏感度如何？有多少比例的报酬是已实现及未实现的？

（54）提供给投资人的透明度为何？有无特别的透明度合约？

（55）经理人如何与投资人联系？频率如何？经理人是否揭露投资组合实际状况？

（56）提供给投资人哪些信息？（管理资产的成长、净利及毛利成长、市场／商品的仓位持仓、风险比例、公司／基金／经营层的变动）

（57）资产净值多久计算一次？投资人什么时候可收到净值报告？

（58）是否修正基金净值？频率如何？

（59）公司注册证明。

（60）基金注册证明。

（61）管理账户的净值报表。

（62）交易模组改善纪录及相关研究报告。

（63）我们是否对此投资的策略及风险觉得合理？我们可以解释给其他人听吗？

（64）我们是否相信经理人？他有任何个人或是情绪上的问题吗？他有任何不诚信、过度自我、骄傲、不重视细节、过分乐观，或其他个人问题吗？

（65）我们对投资是否感到压力？这是一个热门的基金吗？此基金下架得很快吗？我们有足够的时间去适当地实地查核吗？基金经理人是否感谢我们基于未来的合作关系而实地查核呢？

（66）经理人是否真的对于基金以及投资人尽心尽力？

（67）经理人所说的是否合乎其投资逻辑，且能切实按照他所说的去做呢？

（68）经理人在私人领域方面是否有直接影响投资稳定性的行为偏差？这些偏差是暂时性的，还是具有累积性质？如何建立其影响力的评估模式？

第二章

全球交易中心的理念

一、资产管理：浅谈股票定量因子

笔者在撰写本书时看到一本有关量化交易的书，笔者认为那是一本很好的书，英文名字是*Your Complete Guide to Factor-Based Investing*，翻译过来就叫《你的投资因子完全指南》，这是一本告诉投资人如何应用投资因子进行量化选股的书。

投资人都可从网络上找到很多有关投资大师们的投资理念、投资逻辑的内容，但是投资人常常无法清晰地把他们的言行进行量化。投资人常常希望用定量分析手段去理解他们如何做到超额收益。他们是因为每年都有好运气才做到，还是有属于他们自己的交易系统才能把年化报酬率做得那么好？这些可以说是全球股票投资人的共同疑问，也是最想学会的交易技术，但问题不是那么容易，首先你要有一生磨一剑的心志，但是光这一点就很难做到，主要是很多自称为交易员的人不愿意给自己斩断后路，都在模棱两可的状态下，为自己的错误找借口。

笔者也看过一篇针对巴菲特与索罗斯的归因分析文章，指出巴菲特的超额收益来自价值和质量因子，而索罗斯的来自相对动量因子与时间序列动量因子。从这个分析投资人或许可以得到一个结论，所谓的投资秘籍，就是找到正确的投资方式，并且一生坚持使用，如此而已。但是笔者并不这么认为，因为定量技术更需要定性能力来辅助才能相得益彰、事半功倍。

在书中最重要的因子投资是什么？同时投资时可以使用的因子有哪些？

因子投资就是从长期投资角度，有逻辑、系统性地投资股票资产或是期货品种，甚至是期权市场，并且定期再平衡这个过程。一般来说，价值因子投资就是投资估值较便宜的价值股，例如市盈率低的股票。当然，要注意一点，低市盈率必须是市场错估股票造成的，而不是因为该股票营运绩效太差了，导致股票被抛弃，而使得股价下跌，进而使得市盈率下降，这两个情况是完全不一样的结果，很多投资人常常混淆。

而在国际市场上，比较流行的因子有波动率因子、中小市值因子、价值因子、动量因子、财务指标因子、筹码因子、行为因子、关注因子等，都是投资人所熟悉的。重点来了，如何筛选这些因子？如果可以使用的因子有上百个，投资人又使用什么样的标准来确认他们的有效性呢？该书提出五个标准让投资人参考。

（1）耐久性。不能长期有效的因子不可以使用，因为经过多个市场牛熊周期检验的因子，才能证明它的可利用性。事实上，投资人会发现那些短期有效的因子，常常跟赌博有关系，例如市场主力因子。

（2）普遍性。这个因子在不同的行业、不同国家、不同资产类别与不同时间周期上都能够很好地、大范围地被使用，这种较高适应能力的因子，才是投资人要寻找的东西（笔者实在不愿意说那是秘籍）。

（3）坚固性。一个因子，在特定可能情况下，其定义或者是衡量指标的参数如若进行微调，也不会对最后结果有超出预期的影响力。有效的因子应该还是要有一定的稳定性，在我们编写程序、回测策略结果时就是不能出现太多的具有分散性的参数群，好像是很多座山头一样分布在各处。

（4）合理性。指一个因子能够产生的收益，不论从传统金融学还是行为金融学角度来说都能被解释。

（5）可操性。指一个在实盘上可以使用的因子，在考虑所有的（直接和间接）交易成本后，仍然有超额收益可得。

把上述的因子投资作为交易的基础，那么投资人就是做主动管理的投资人。但问题也就跟随而来了，主动型管理常常会面临跟踪误差，就是说你的资产组合表现有时候会优于市场，有时候会比市场表现差。因此作为一位投资人，也许在基金经理人比市场表现好的时候不会有任何意见，可一旦表现比市场差的时候，投资人就会开始埋怨、后悔，并且开始怀疑基金经理的投资因子是不是开始不适合现在的市场特征了，甚至赎回资金。接下来投资人马上想到的是，该不该做出投资组合的调整呢？这种人性弱点不仅发生在我们的周围，说不定我们自己也会如此行之，也就不要去怪罪投资人赎回资金了。

所以，笔者在听到谁表示何种策略如何有效时，第一个想到的是，这个策略在赚什么钱？又到底在赔什么钱？这两点不能说明白，那么这个策略不用也是一件好事情，免得将来遭殃。

最后，定量因子的设计也好，寻找也好，投资人得知道一个基金选股的方式方法是什么？系统逻辑为何？执行方法是什么？那些东西才是投资人能够赚钱的核心内容！要寻找的不是基金经理人，任何人只要能高度执行正确的交易策略，最后得到的结果都应该是一样的。

二、全球交易中心建设

1. 全球交易中心概念

全球交易中心概念在笔者心中存放许久，在本书的前面也谈到一些，本章中笔者把整个架构的轮廓介绍一下，如果投资人有兴趣可以参考看看。

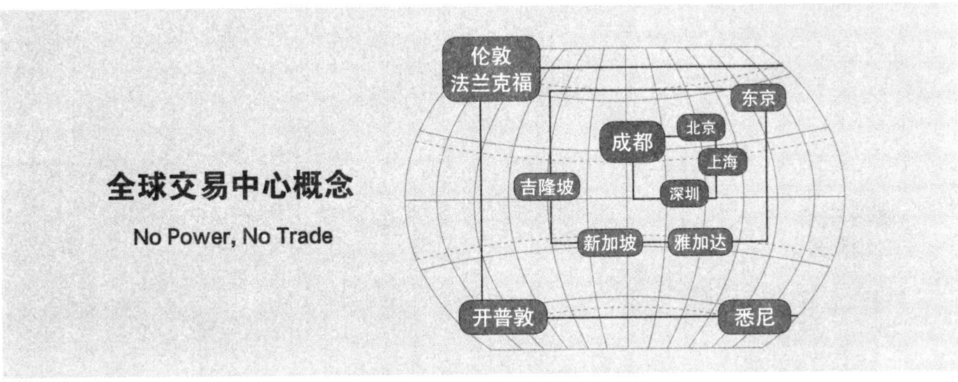

图3-2-1 全球交易中心概念

"全球"就代表在交易中心里，不会只有中国市场的股票或是期货等商品交易，还要有目前中国金融市场刚刚萌芽的期权市场，这些交易工具都会是交易中心的重要部分，也可以说没有这些工具，交易中心就没有存在的可能。此外，全球化的交易中心还要把触角扩大到国外，例如亚洲、美国、欧洲等所有交易中心认为值得交易的市场，当然，这些市场通常指的是二级市场，较少碰触一级市场与场外交易。

可是，全球交易中心真的不碰触一级市场与场外交易吗？当然不是这样的，而是从比例上来说，除了外汇市场是现货交易外，在其他策略需求下，交易中心也可以进行场外交易。倒是最近几年，国际上有交易中心概念的CTA公司也好，避险基金公司也罢，甚至是公募基金都在发展全球化智能交易，现在几乎也不分场内与场外，只要风险可以控制，在竞争压力越来越大的此刻，所有投资经理无不绞尽脑汁为投资人赚钱。还有一个趋势是，许多避险基金也在股票现货市场加紧脚步，企图扩大交易广度与深度，这种趋势也会是全球交易中心未来的挑战。

2. 全球交易中心业务开展

在全球交易中心平台上，有许多可以做的业务，如果整合起来，就会类似一个投资银行。

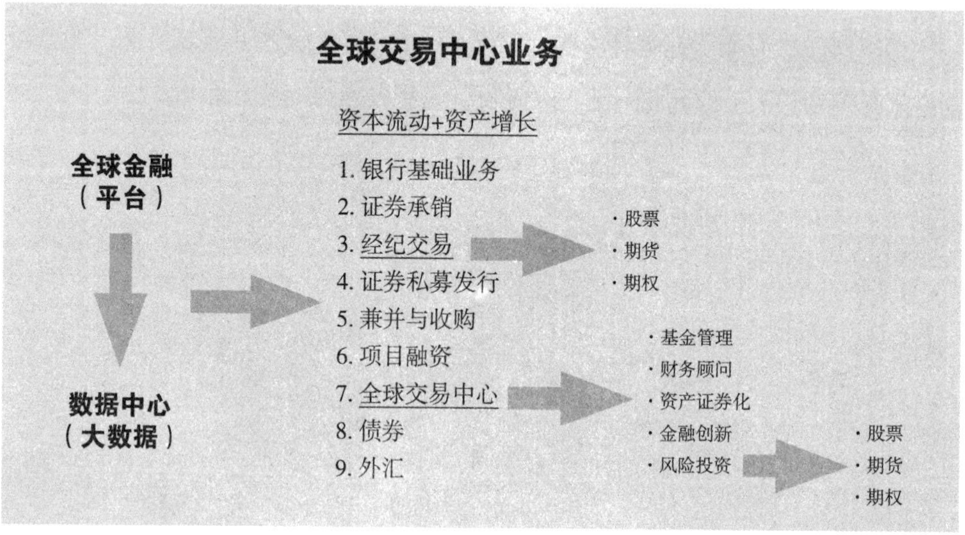

图3-2-2　全球交易中心业务

但是笔者在这里指出其他业务的目的在于将经纪业务与交易中心业务结合起来。在这两种业务上延展出来的，例如融资，可以自有资金进行融资借贷，这增加了对闲置资金的有效利用，最简单的做法是把资金在每日的逆回购平台上操作。

兼并与收购，其目的在于投资其他避险基金资产。有时候部分私募基金经营不善，导致基金公司无法经营而必须关门时，公司可以进行收购，以其客户资产为评价对象，因此能找到高端资产客户，也是一种营销模式。如果该公司有较好投资能力的投资经理，也可以一并纳入公司，更是好事一件。

债券与外汇的操作就更不用讲了，那是必要的重要市场，在公司的投资经理人选分配上，也应注意这两个市场获利机会是较大的。

在经纪交易与交易中心后面所能做的就是单纯的交易策略执行，这方面可以视为交易中心重要收入来源。因为篇幅限制，细节就不多说，如果投资人想成立自己的交易中心，就依据自己的需求慢慢增加内容或细部规划就好。

3. 交易技术能力演化过程

图3–2–3是交易技术能力演化过程。在交易中心，交易技术是维系中心正常运行的核心。

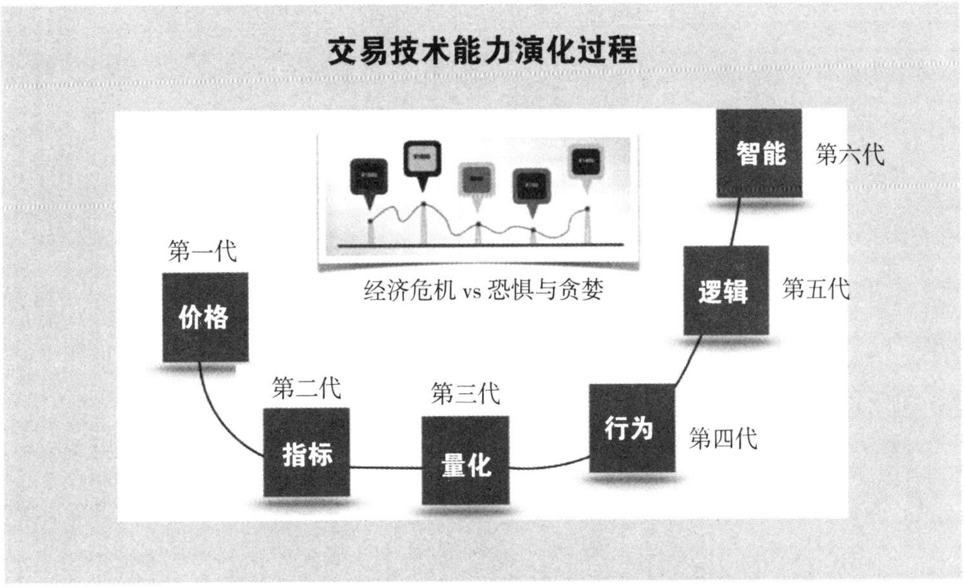

图3–2–3　交易技术能力演化过程

就交易技术而言，从第一代只是看价格变化就可以买卖，那是在第二次世界大战之后，全球的信息传递还相当蛮荒的时代的必然，当时，以美国与欧洲为主的金融市场，在交易技术也没有什么发展的情况下，投资人就只能以价格进行交易。

第二代交易技术，是从统计原理中发展出技术指标开始的。自那以来，几百种技术指标陆续被发明出来，那时已经是以美国市场为主，在华尔街有很多人对技术指标趋之若鹜，好像找到了赚钱的聚宝盆一样。

近30年来，由于电脑发展的推波助澜，一些法人机构与专业投资人开始使用电脑编程替代人工交易。主要是电脑编程技术的发展让更多法人机构愿意投入更多资金，练就自己公司的交易管理平台，尤其是这几年影响甚大，这形成了第三代量化交易市场。

但是在量化还没有进入大规模操作前，投资人虽有电脑相助，但是由于人类思维的有限性，加上人性行为仍然干扰着投资人的操作绩效，这时候，投资人开始注重对交易行为的分析，企图规范人类交易员的情绪影响，第四代行为金融学派就出来了，它与电脑编程相结合，也造就了逻辑化操作的市场氛围。

第五代的逻辑化操作，一般在非常有交易经验的投资人身上发现，但是只要投资人的交易逻辑无法清楚地交代，无法让学习者理解其交易系统的设计原理与应用方式，那么，逻辑化操作就只能给一个人使用，也就是发明这套交易逻辑的人才能使用。但是如果交易策略的设计者能把交易逻辑系统化成为一个可以被执行的交易模式，那么，剩下的就是学习者自己要超越自我的地方。

例如，本书就是逻辑化操作的最好例子，不管是交易策略还是执行模式，笔者在本书中，清楚讲明斜率的应用原理何来，利用众多图例来说明核心逻辑的应用，这些都曾经是黑盒子里的东西，而笔者一次性把它们分享出来，也无非希望分享自己的经验总结，或能带给投资人一些在投资上的帮助，笔者也就满足了，别无他求。

到了2017年，不管任何地区、任何行业都在讨论人工智能技术如何影响我们的生活，当然，就交易技术来说，也是充满着对人工智能的恐惧与期待，因此第六代就是如何提高逻辑化操作的驾驭能力，即是智能交易模式的来临。

4. 交易员选拔与训练

图3-2-4是交易员淘汰赛。在技术上，我们不断在努力精进，在人才训练上也是不遗余力地希望能找到可用之才，这是所有避险基金、CTA基金与交易中心经营者的重要工作，因为没有可用的交易员、操盘人与投资经理，整个交易中心就不复存在了。但是，就笔者的观点来说，当投资人有能力交易任何一个市场的任何一个交易标的，那么，投资人本身就是一个全球交易中心了。

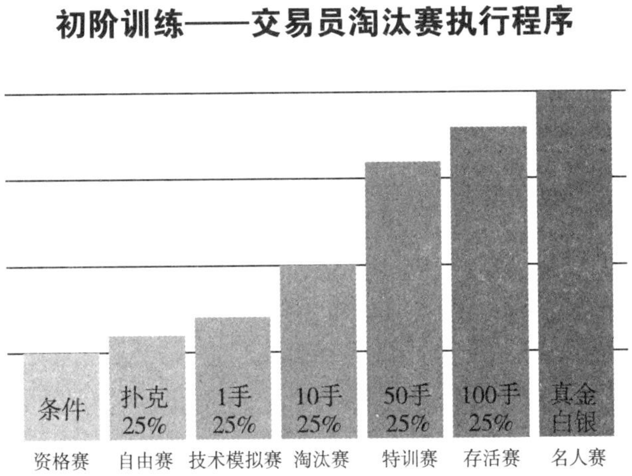

图3-2-4　交易员淘汰赛

在训练交易员方面，笔者建议要在交易员淘汰赛中寻觅人才，在严格淘汰赛过程中，如果一千个应试者中看到一个到两个交易员崭露出头角来，算是幸运的了。如果完全没有这样的不断筛选，一旦交易员失效或是离职，那么，交易中心就会出现很大问题。因此，不断训练交易员是交易中心的重要工作。

就筛选的程序而言，投资人可以参考一个交易中心应该如何设计筛选模式，图3-2-4只是参考方式。投资人如果应试一个交易员，也必然要有心理准备，如何过五关斩六将，赢得交易中心的青睐，踏上成为投资经理的征程。虽然成为交易员没有万里长征那么辛苦，但是投资人也要有一生磨一剑的准备，否则迟早还是要被淘汰。在交易的世界里，投资人绝对不要妄想可以蒙混过关。在交易时，你很难以理智看待损益，这时你若不再由最高认知（稳定获利）引导自己感情与意志，会使交易过程一塌糊涂，甚至自我矛盾、自我冲突、自我抵消，跑一大段冤枉路而不自觉，所以，在交易时如何发挥最高理性功能，是操盘人的重要功课。

还是那句话，或许只有具备精神病患七个特质——理性、魅力、专注、坚毅、无畏、正念与行动的人，才会选择成为一个投资经理，这不是痛苦的选择，而是心甘情愿的付出，唯此方得其乐。

图3-2-5是智能+算法。交易中心里的工程人员，除了编程技术外，还要知道许多的算法，这些算法都是为了替操作模式营造最佳结果。操作模式有四个大架构，分别是：辨识趋势、追踪趋势、风险管理、仓位构成。

投资人可以这样理解，所有的交易策略设计都离不开这四个架构所形成的不同交易模式，意思是说，投机策略、双向策略、套保策略、套利策略等，都要在这四个框架下去思考与设定必要交易条件。

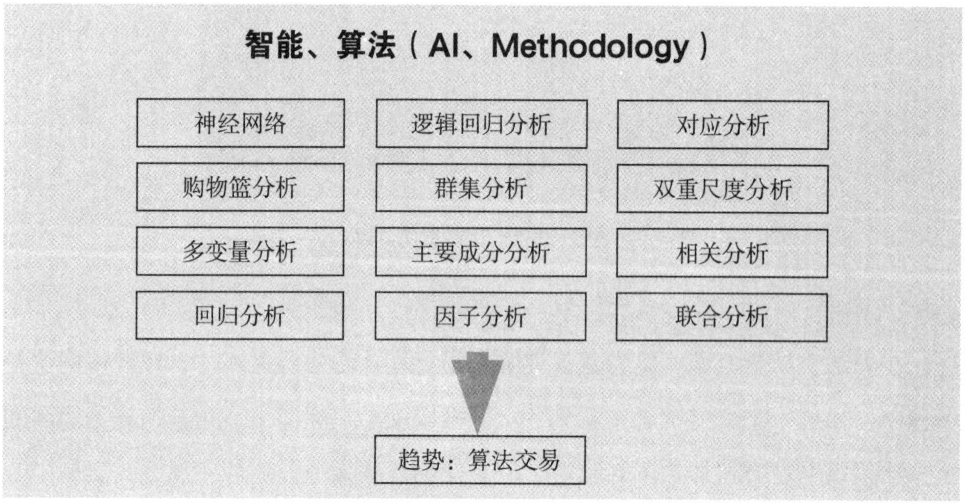

图3-2-5　智能+算法

图3-2-6是交易单体的组织图。交易中心的交易单体，即为投资股东或是投资人赚钱的一个事业部门，这个事业部门单独存在，也是整个交易中心的单细胞组织。单个细胞发挥该有的功能，两个单体细胞发挥应有的功能，三个、四个、五个直到任何一个单体都能发挥自己的功能时，单体越多则赚钱来源、通道越多，这对交易中心来说是经营上的重中之重。

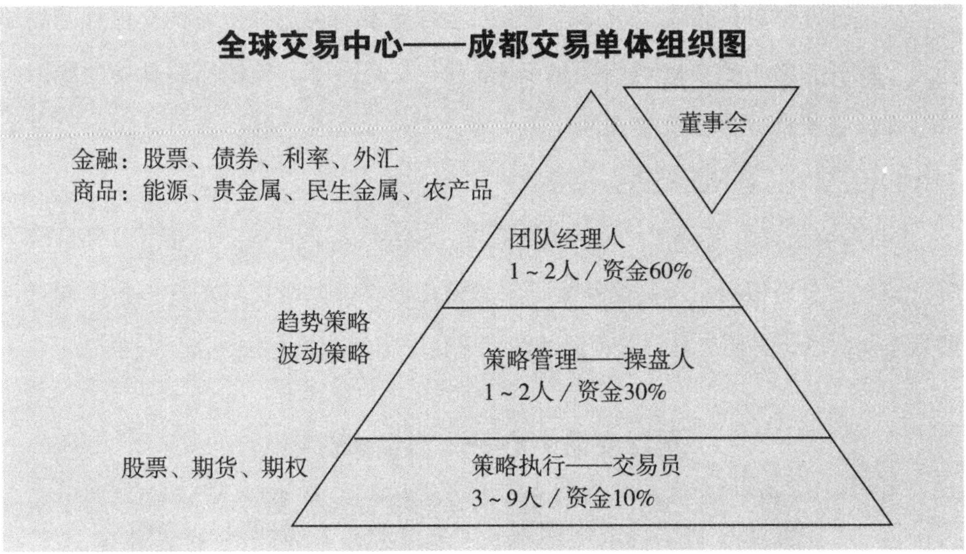

图3-2-6　交易单体组织图

更重要的是，他们的功能是可以被复制的，同时也是可以被剥离的。

图3-2-7是全球交易中心人才网。交易中心既然是管理财富的地方，那么，这些人就应该是具备各种能力之人。

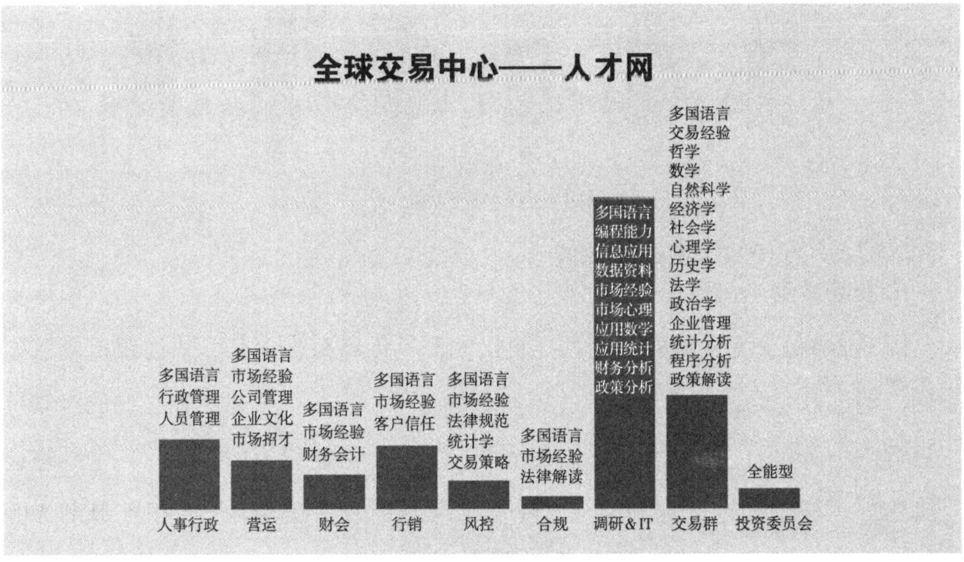

图3-2-7　全球交易中心人才网

从全部九个单位来说，包括投资委员会成员都有自己该具备的全面性的高端能力，此外，最为重要的当然就是调研&IT与交易群了，他们所要具备的能力也最多样、最严格，因此这些人的比重大概占70%～80%之多，意思是说，交易中心100个人当中，有70～80人是属于这两个单位的。

图3-2-8是交易桌分布。交易人才有了，就要安排他们各尽职责。分别是两个单位、六个交易市场，一是交易桌，二是做市商桌。六个交易市场包含了现货、期货与期权三个必要工具。从地区的角度来说，当然就是亚洲、美国与欧洲了。

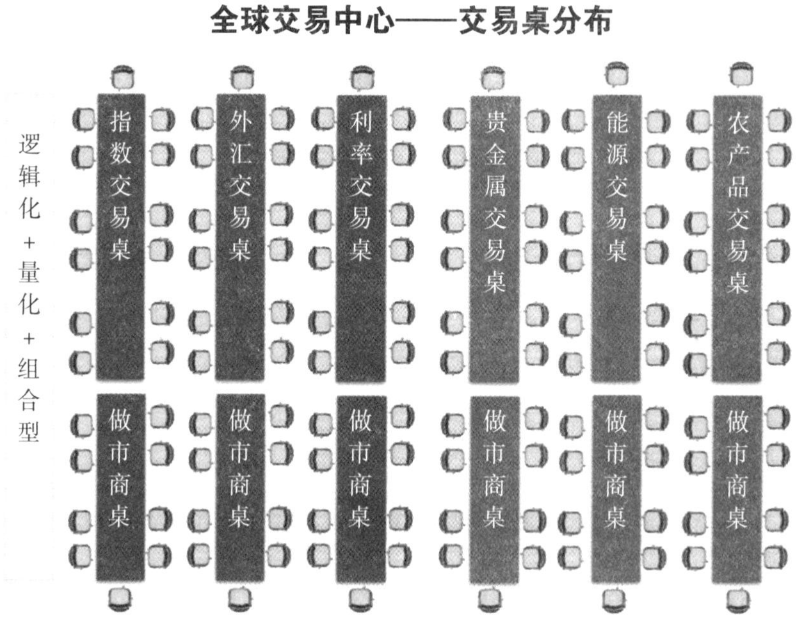

图3-2-8 交易桌分布

5. 交易策略

图3-2-9是交易策略群。笔者把自己的交易策略分类出来，或许跟市场有些不同，但笔者可以说明的是，这些策略都肯定可以执行，同时，在必要的时候可以进行由小而大的资金操作，不会受到资金大小而影响该有的绩效。一个策略会受到策略逻辑架构、资金大小与属性、风险承受力高低等因子的相互牵动，因此，投资人在使用时必须谨慎思考，才能在交易世界中占有一席之地。

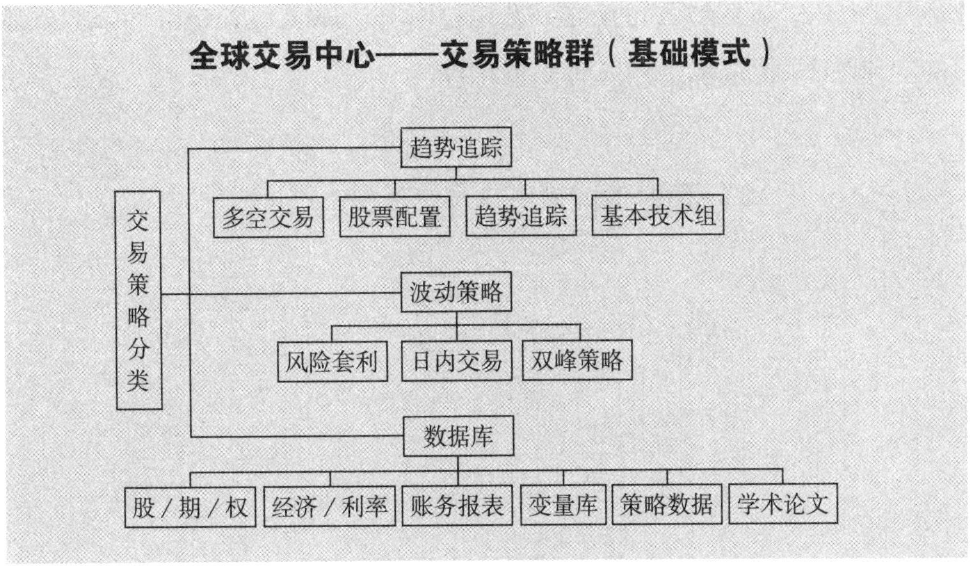

图3-2-9　交易策略群

那么，在这些策略的前端要有什么呢？就是数据库。

如果投资人只是某一个人理财需求，当然没有必要谈什么数据库。但是，对于数据的来源与正确性，投资人要如何思考与避免不必要的风险产生，就要有数据源的概念了，就好像一般投资人应该会在有较大名声的软件平台上进行必要的理财动作，法人机构更是如此，如何得到正确信息资源，如何辨识信息的正确性，都是重要的工作，如果轻忽了资料源，那么，等于随时抱着一个可能导致自己破产的东西。

图3-2-10是CTA趋势追踪策略执行结构图。这个策略执行结构图有点复杂，不是本书可以一次性说完的，也不是本书要讲的重点。但是，笔者还是稍微提醒一下，在市场策略被执行的过程中，最要紧的是风险承受程度，由于每一个投资人、交易员、操盘人或投资经理人能接受的风险程度不同，在如何承受风险这一块，没有人可以说清楚，但是在市场价格波动过程中，大家都知道只有控制住风险，才能谈及利润。

还有交易员的权限问题，如果是个人投资人没有太大问题，自己随时依照自己喜好或是需求去执行就好，但是法人机构就不能这么随意了，每个交易员能做的、不能做的，都要有明白的区隔，尤其是不同市场的波动率变化产生的风险都不同，如何规范就成为交易中心的主要工作之一。

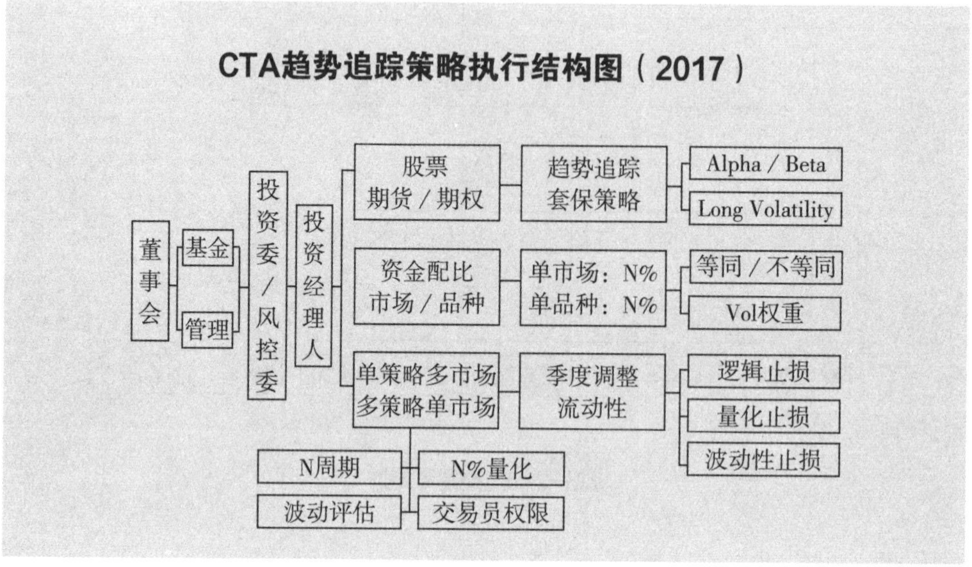

图3-2-10　CTA趋势追踪策略执行结构图

图3-2-11是交易策略形成流程图。交易策略的设计是调研与IT部门的重要工作。

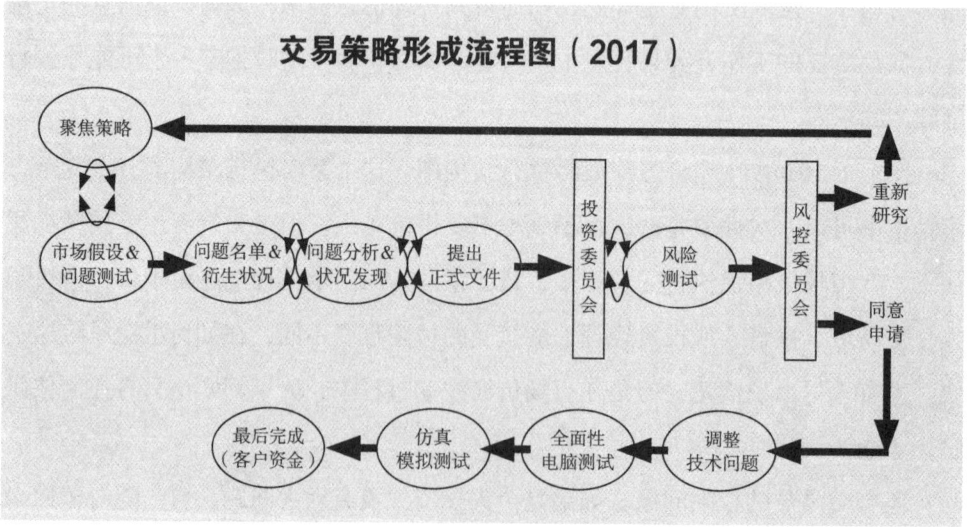

图3-2-11　交易策略形成流程图

在有了一定的思考方向之后，有许多工作要去确认，一般来说就是进行回测工作，但是笔者所说的回测不是利用TB、TS、MC之类的一般投资人所用的工具，而是在指想法产生、检验想法后，先去说服风险管理委员会、投资委员会，再拿着自己的资金到市场去验证，如果能融入目前的交易系统了，才会拿到客户账户，或是基金账户里去实践。

这与一般的模式不同，在一般的私募公司，只要在一般的编程平台上设定、回测完成了，就会拿真金白银去执行交易，这是相当粗鲁的做法，当然，如果是自己的资金也就无所谓了，但是如果是投资人的钱，笔者还是认为谨慎一些较好，至少要尽到该尽的职责，能力与尽责是要分开来看的。

对投资人而言，投资经理人是一个有能力又尽责的人是最理想的了。

图3-2-12是品质定量标准。衡量一个交易员、操盘人与投资经理的能力，有定性标准与定量标准，因为笔者在前面已经讲了许多定性的思维，在这里，笔者

	加权指数	台湾50	台湾50操作	台指期操作	基金操作
净值	24.65	21.84	21.35	23.73	19.99
总报酬	146.52%	118.38%	113.48%	137.29%	99.90%
交易期间（月）	124.3	124.3	124.3	124.3	124.3
交易年数	10.4	10.4	10.4	10.4	10.4
年化报酬率	8.74%	7.57%	7.35%	8.37%	6.71%
年化波动率	20.72%	22.29%	22.40%	16.95%	7.85%
无风险利率	1.00%	1.00%	1.00%	1.00%	1.00%
夏普值	0.42	0.34	0.33	0.49	0.85
报酬风险比	2.62	2.12	1.93	4.02	5.46
最大回撤	56.02%	55.75%	58.90%	34.15%	18.29%
相关性	0.94	1.00	0.99	−0.65	0.90
最大报酬	6.74%	7.00%	7.11%	14.55%	2.47%
平均报酬	0.04%	0.04%	0.04%	0.04%	0.03%
最小报酬	−6.68%	−7.00%	−7.07%	−9.80%	−2.10%
偏度	−0.29	0.02	−0.06	2.17	0.24
峰度	6.19	7.73	7.64	35.04	5.93
胜率	53.86%	54.71%	52.97%	64.52%	52.85%
平均胜率报酬	0.89%	0.91%	0.95%	0.42%	0.36%
失败率	46.14%	45.29%	47.03%	35.48%	47.15%
平均失败率	−0.95%	−1.01%	−0.98%	−0.65%	−0.34%
盈亏比	0.94	0.90	0.96	0.64	1.05

品质定量标准

一般采用模式

1. 总回报率
2. 年化报酬
3. 年化标准差
4. 夏普值比较
5. 索提诺比较
6. 报酬风险比较
7. 回撤比较
8. 相关性比较
9. 生存能力比较
10. 市场波动比较
11. 失败率vs成功率

等……

图3-2-12　品质定量标准

稍微提一下定量标准，这个模式当然也是由笔者的经验中所获得的，仅供投资人参考，因为笔者也不能说哪种方式是对的，哪种方式是错的。

这些标准都是利用统计技巧而得的，所以我们在使用定量方式检验一个策略执行结果，或是更细致的执行过程中的检验时，应用统计技巧是不可缺少的，也因此请投资人务必要把统计技巧学会才行，不然只是拿着钱去当别人的小白鼠。

这些统计工具在网络上可以找到其定义、应用方式与使用时机等，投资人有兴趣可以自行学习，如果投资人还是一个学生，那么，在学校里把应用统计学、应用数学、应用哲学等课程（如图3-2-7人才网所提）好好地学一下，否则到了职场上，可能会有无力感。

图3-2-13是交易员、操盘人、投资经理的工作。这里把交易员、操盘人与投资经理分类，为的是更细致地把他们的工作划分与规划清楚。在三个不同级别的工作中，又分了两个不同阶段，或许投资人会觉得很麻烦，但是笔者的用意是，公司的经营也好，交易中心的运行也好，都是为了赚钱，那么，就是一个交易中心也应该把赚钱的事情给规范起来，没有规范就容易混乱，这不是我们愿意看到的，相信每一个交易中心的成员也都不愿意看到。

	工作内容／策略	交易对象／模式	代表公司／人物
初级交易员1.0	执行客户（高端人员、基金经理人）指示	现货、期货、期权	投行／证券／期货／期权公司
初级交易员2.0	大单／交易权会／佣金、奖金收入	宏观、微观／特定品种	QFII交易员／基金交易员
自主操盘人	日内交易／波动率交易／主动交易	特定市场／主观、程序	自营、代操、自有
市场操盘人	市场预期／制度折损／创造交易机会	全品种、全市场	霸菱李森、住友滨中泰男、摩根大通布鲁诺、阿马兰斯布莱恩等
基金经理人	全市场／全策略、全程序／毫秒、微秒	全市场／大型买方	避险基金、共同基金
超主观经理人	超策略、超程序	全品种、全市场、大资金特定策略	巴菲特、索罗斯、高频西蒙斯

图3-2-13 交易员、操盘人、投资经理工作

图3–2–14是交易策略群细项。在策略上，大体分为趋势追踪与波动策略两种。

每一个交易策略分类都很清楚，而且在其大分类项下也有细分类，这些策略分类都需要有人来管理，意思是说，每一个策略都要请一个交易员、操盘人或投资经理管理，并且保障每一个策略都能被正确地执行与做好风险控制。

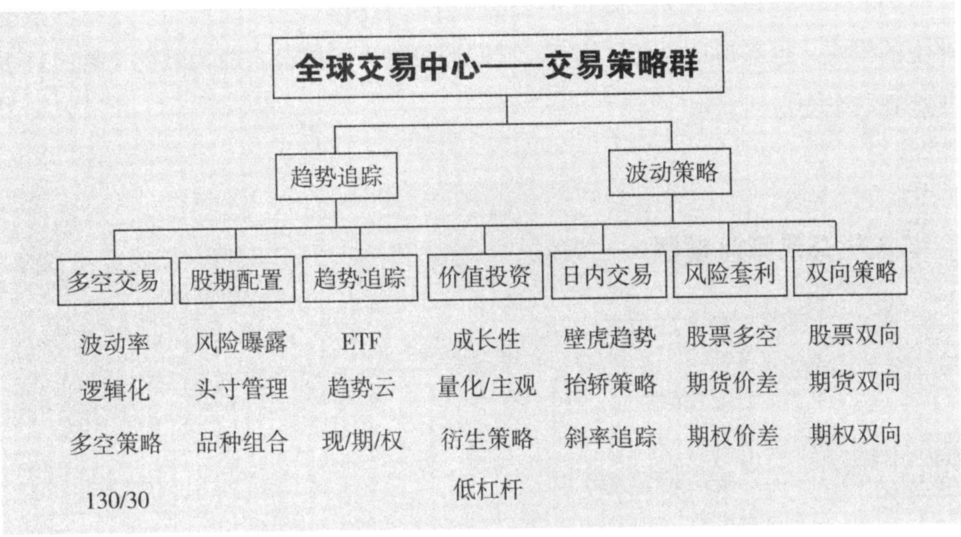

图3–2–14　交易策略群细项

图3–2–15是趋势追踪模型。这里只是把趋势追踪方式简单地说明一下，基本上脱离不了趋势辨识、追踪趋势、风险管理与仓位构成。

交易策略模型——趋势追踪

1. 百千策略：多头类型筛选、空头类型筛选、中性策略筛选
2. 多维模型：
    - 2.1 价格清洗
    - 2.2 时间结构、市场机会
    - 2.3 市场整合、逻辑条件、信息萃取
    - 2.4 资金配置、风险控制
    - 2.5 策略调整
3. 策略遗传：世代交替过程中，保存最佳策略组合（经验传承）
    - 3.1 交易，选择权（期权策略）
    - 3.2 逻辑化操作+选择权策略
    - 3.3 交易，趋势云（一目均衡表）

图3–2–15　趋势追踪模型

在多维模型中，我们可以设定一个或整合两个、三个甚至多维度的交易逻辑，提取投资人认为重要的信息，然后进行交易。

在基础交易技术方面就是笔者一直以来，也是在其他拙作中提出的交易技术，请投资人参考。

图3-2-16是波动模型。这些策略的应用比较单纯，大多是应用在短线交易策略上的模式，也都是日内交易技巧，有时候投资人可以设定成为隔夜交易，最多不会到三个交易日。

交易策略模型——波动

1. 微趋势策略
2. 瀑布策略
3. 极端波动率策略
4. 多重时间轴分布
5. 一目均衡表（平均K线）
6. 斜率操作法

图3-2-16　波动模型

如果时间周期的设定更长一些，例如在股票市场上，可以使用周线做趋势辨识，日线做仓量模式调整，来构建一个比较简单有效的股票策略，也是可以的。如果投资人的资金量较大的话，可以在单一股票操作模式的基础上，组合成多只股票的投资组合模式，如此一来就像是基金公司投资经理人在做的工作了。

意思是说，目前投资经理人不仅受到人工智能的威胁，如果投资人都有自己的交易能力，那么，来自投资人的“无需求”也是一种不可忽视的因子。

图3-2-17是中国市场组合型多空策略。在A股市场、期货市场，还有刚刚兴起的期权市场，目前投资人的习性还是以日内交易或是短线交易为主。说实在的，笔者一直不建议一般的投资人操作T+0策略，但是市场习性不是短时间就可以改变的。

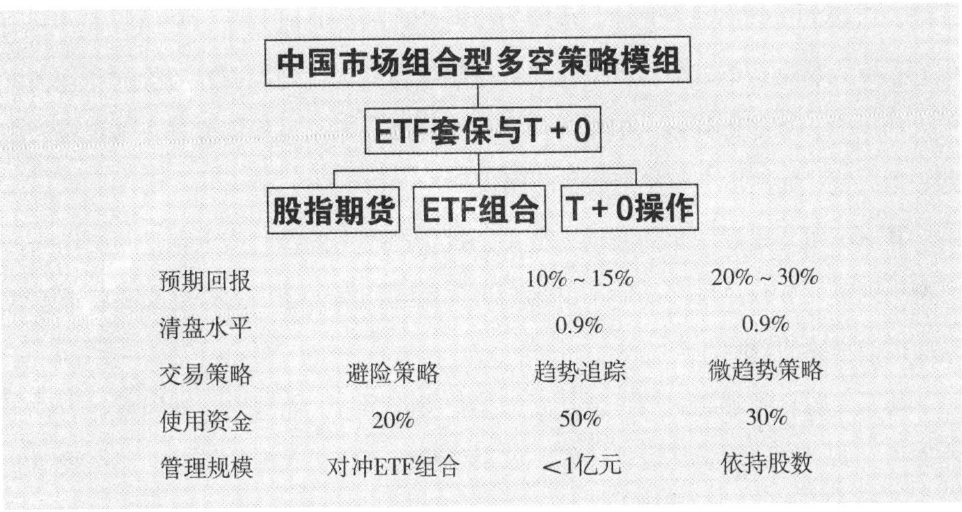

图3-2-17　中国市场组合型多空策略

因此就ETF市场的应用来说，笔者建议没有时间盯盘的一般投资人，可以使用ETF来进行交易，或是理财，ETF很适合无法选股的投资人，操作ETF时只要把择时能力不断精进好、学习好，基本上就可以在股票市场立于不败之地，当然，这还需要长期的训练才行。

图3-2-18是全球规模交易策略群。这些是每一个策略的期待标准，当然这大部分还是要看当时的波动率变化，如果一个策略我们期待能赚到20%，但是一年

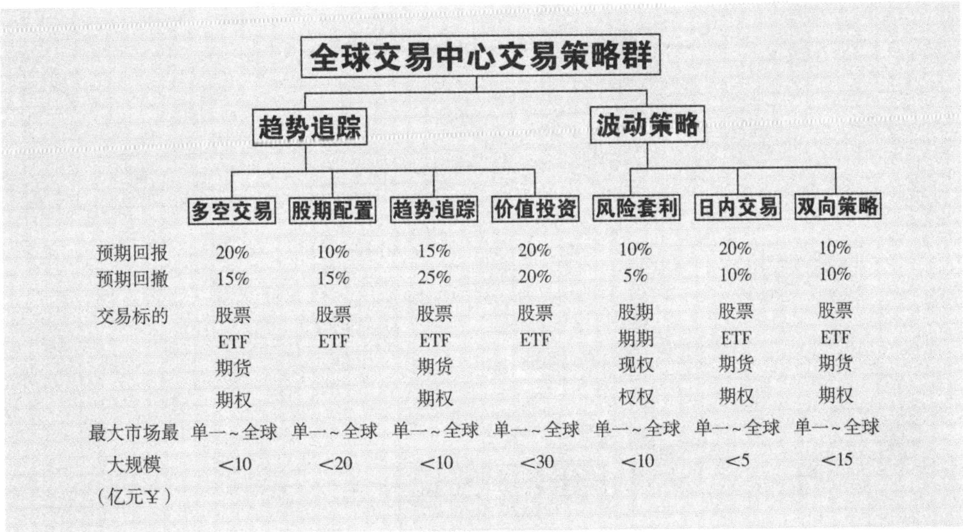

图3-2-18　全球规模交易策略群

下来，市场的波动率只有15%，也就是投资经理的择时能力要非常的厉害，才能赚到投资人所期待的20%。所以，期待报酬越高，也就是投资人要投资经理去冒更大的风险，才能赚到钱。但是为何常常出现前一年某位投资经理人帮投资人赚到一笔大钱，而在后一年又把钱给吐回去了？

其一，可能是后一年的波动率变小，投资经理人的择时能力不足，又因为一时赚不到钱而导致过度交易，不仅无法再度赚到利润，还因为过度交易将成本拉高而把去年赚的钱吐回去。

其二，投资经理赚到钱可能是因为某种特殊因素，而这个特殊因素在后一年消失了。那个特殊因素是运气还好，如果是我们不愿意看到的模式，那么投资人的钱就不是投资人的财富了。

6. 团队合作，利益共享

交易，是一项非常耗费精力与时间的工作。在得到好的绩效时，交易员、操盘人与投资经理肯定想要获得分成，这是理所当然的。但是在交易中心的概念里，团队合作的成果才是成果，如果所有成员都各自为政，不管其他成员是否处在危险状态，或是正在无法获利的泥沼中辛苦不已，这时候若团队成员不顾于他，导致那个处在险境的成员扩大了他自身的交易风险，最后让整个团队无法获利，那么其他的成员就算有获利，也不能提出分成要求，甚至要共同分担责任，

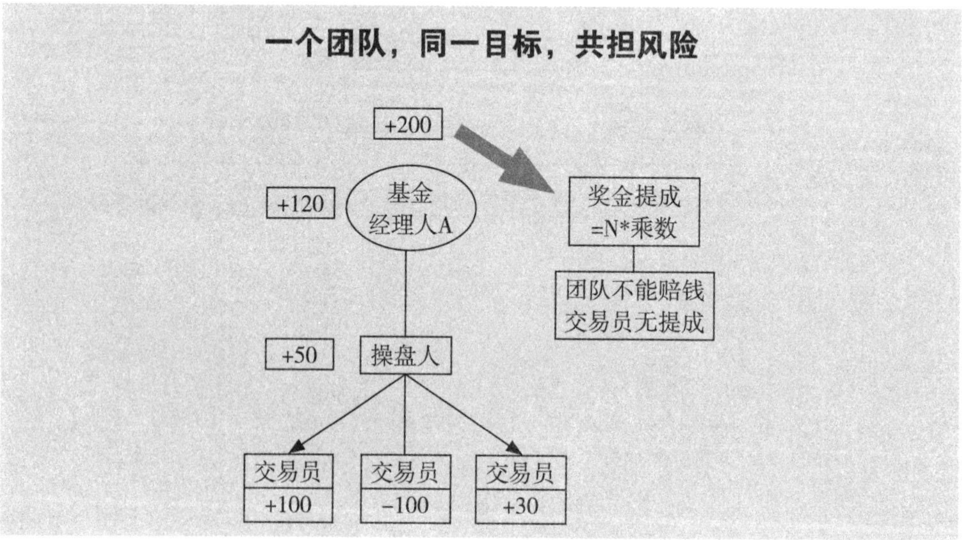

图3-2-19　团队合作、共担风险

笔者知道这是很难办到的，因此，交易中心的扩张，势必要在成员们的坚强能力引导下，才能规避不必要的风险。这也是我们为何如此严格于交易员的筛选标准与执行耐心了。

为何如此？主要是公司经营不能陷于险境，一个交易员的困难要大家共同应对，更何况公司无法经营，那么，交易员们也不能再继续交易。如果交易员有其他不该有的私心，就是团队的不幸了。

努力，是为了与家人欢聚。一个季度到一个好地方与家人欢聚，这是我们辛苦之后的最好报酬。

结　语

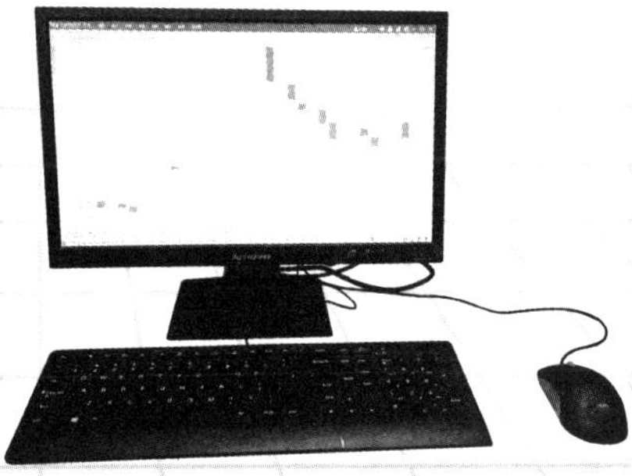

一、终极问题：获利绩效如何来？没了市场怎么办？

针对前者，合理的回答是经济活动与市场波动。这是基金经理人成就的基础，也可以说是核心要素，没有市场上各种波动所产生的机会，资产管理者就失去存在价值。

有人说，如果没有金融市场，只有操盘能力的交易员、操盘人、基金经理人就只能等死！当笔者听到这样的描述时，心中一阵窃喜。为何？因为他们不懂巴菲特！请投资人试想一下，以巴菲特的能力，如果在其他领域中，他的表现会如何？

例如巴菲特成为农夫、渔民、樵夫、矿工、清洁员、司机等，他将会如何经营自己的工作？投资人会认为能成为真正的基金经理人的人，将会如何让自己的人生过得自由自在？

交易绩效来自日复一日尽心、尽力、尽性地管理手上资金。核心逻辑的交易模式就是期待投资人能多练习知行合一的交易习惯，这也是分享本书的重要目的之一。

二、未来优质生活会是积累财富、智慧消费。

这个念头越强烈，笔者就越觉得要把本书的技术跟有兴趣的投资人分享，让投资人可以理解，如果可以长期有效获利，那么A股的赚钱机会就能够成为正面、积极的能量，将来的市场必定在A股市场等金融市场中对全世界产生影响力，不管还要花多少时间，只要趋势不变，结果就不会改变。这是笔者所相信的。

同时，这也是目前看到未来大陆在发展趋势上的可能结果，因为，有一天（笔者能否看到是未知的）人民币与美金的兑换价格也许可以到1：1的汇率水准；笔者认为，中国对世界的开放将带来极大影响，中国的国际地位将与欧美并齐，而在笔者写作此书时，英镑与美元的兑换价格，目前是1∶1.3230；欧元与美元的兑换价格，目前是1∶1.1824，人民币有何道理是现在的1∶6.7呢？

在这个基础上，如果台湾未来的产业以旅游、医疗、养老三个无污染行业为经济发展主轴的话，那么，台湾可以变成真正的美丽宝岛。投资人可以在股市赚到钱之后，去台湾旅游散心，必要的时候接受医疗服务，最后可以在台湾的青山绿水中颐养天年，也是不错的选择。

三、如何发挥本书的操作效益？

操盘技术的精进不会一蹴而就，需要对操盘逻辑的相信与对自我错误的不断修正，需要更长时间的磨炼与对资产管理的热忱。这些都需要持续有效地坚持才行，投资人能坚持多久？这是投资人的选择问题。李小龙曾说：不怕敌人学了一万种招式，就怕敌人一招武功练习了一万次。

目前，全球最有未来性的经济体就是中国市场。曾经是索罗斯助手的罗杰斯表示，现在中国就像1914年的美国，这是他最乐观的看法，不管对与错，都需要时间来证明。但是，A股市场已经是一个不能忽视的存在，MSCI指数把A股股票纳入新兴市场指数之中，就是不可争论的事实。如果投资人看到上证指数与美国

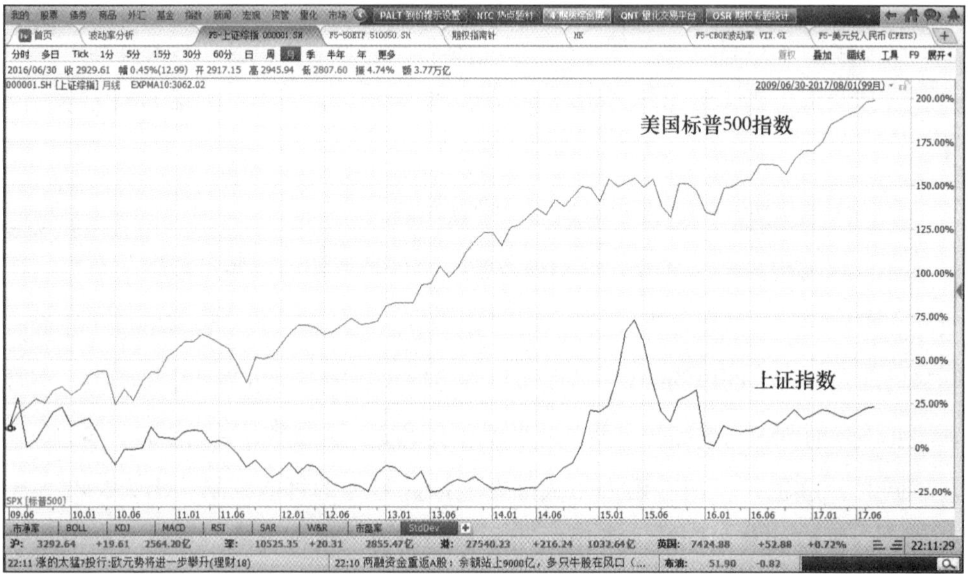

上证指数与美国标普500指数比较图

标普500指数的比较图，就可以理解目前那么多老外大牛看好中国市场的原因，连美国智库都相当乐观地看待中国市场的发展，而投资人何不如此呢？是当局者迷吗？还是老外们搞不清楚状况？这是有趣的问题，也等待历史的解答！

因此，即使很多人在现阶段对中国金融和市场有各自不同的看法，但就从我们资产管理角度思考，笔者认为中国是一个令人无法忘怀的家园，不论投资人如何看待她，都不要跟自己的财富过不去，不要跟自己的历史过不去，这点投资人应该认同吧？

交易的世界，就像人的一生，交易世界是由人类组成的。因此，交易真理不会因为投资人不理解、不使用就会消失。交易真理是客观存在的，我们不可能知道全部，但是我们有必要不断地趋近交易真理，不断地、不停息地趋近交易真理。

愿不断敲门的投资人获得好运！

附录A：交易心理状态要点

（1）交易员爱寻求赚钱智慧，不喜寻求赚钱内线。

（2）寻找伟大的技术指标的行为是浪费时间；明确地执行交易计划、严谨地控制风险分配，可以使“韭菜”成为专业操盘人。

（3）交易员的竞争对手是自己，不是别人；让交易员赔钱的是自己，不是别人；让交易员赚钱的也是自己，不是别人，更不是股票或期货。所以，了解交易者自身的心理状态及情绪变化，就是第一要务。

（4）盘中处在兴奋状态容易增加误判风险，成功的交易员是输赢不形于色。

（5）不要过度交易，要耐心等待趋势形成，若有大波段行情，记得吃到“大鱼身”。

（6）交易简单但不容易。如果你想留在这个行业，就把没有客观存在的虚幻想法扔掉，专注于交易并坚持止损。

（7）别人是在讲述真理，还是在讲大话、讲虚话，交易员必须有独立分辨能力。

（8）建立仓位后，市场与你的仓位方向相反时，第一考虑的是时间止损，然后是趋势误判要止损，最好是认清客观事实，在让你扩大亏损之前就尽快走出泥沼，寻找或等待下个机会。

（9）交易员在建仓、减仓、加仓、平仓的不同阶段也许是枯燥的，就像工厂里的作业员，固定时间、固定动作。而交易员的乐趣，应该不是寻找刺激和冲动后的满足感，而是经过辛苦努力后取得丰厚获利回报时的喜悦。

（10）在想大赚一笔的心态下进行任何的交易，你就死定了，玩德州扑克时，笔者体会非常深刻，因此，对交易起了莫大的警惕作用。

（11）不要只把注意力集中在赚大钱上，常常赚些小钱也不错，因为市场更多时间的波动不大，所以要专注执行交易规则，抓住“大鱼”需要等待机会，同时你要具备抓住“大鱼”的技巧与相应能力。

（12）我们是要赚钱，但不是满足贪婪，贪婪会导致失去控制风险的能力。

（13）赔钱交易员最普遍的问题是，觉得必须一直持有仓位才不会失去机会。

（14）适当的休息对交易才能更敏锐，如果只见树林，不见森林，对趋势就失去追踪能力。

（15）不损害你的资金。这意味着坚持止损及有时远离市场。

（16）快乐交易、交易快乐。赢家做一笔交易就设一个止损金额或时间，明确执行交易计划，接受小额亏损，放大获利时间，让获利能走多远就走多远。

（17）“韭菜”的基本特征是短线仓位常常变成长线仓位，而且还不断增加。

（18）只要交易继续获利，就让它尽情发挥。

（19）交易过后水无痕，尤其是因为运气而赚钱的那次。

（20）在执行止损时不要犹豫不决或不合逻辑。

（21）坦然接受亏损，然后忘掉这笔交易，继续前进。不断归零思绪是一般投资人的基本能力，没有驾驭自己情绪的技巧，就要用钱来买。

（22）做过多少次下单决策，研究过多少张K线图趋势形态，跟获利能力常常成正比。

（23）让交易员犹豫的交易模式就是毒药，不仅浪费金钱，也浪费生命；但是“韭菜”老是喜欢或无奈地陷入犹豫困境。

（24）摊低成本是有钱人的权利，别乱来。如果你像巴菲特一样有钱、有闲，就可以那样操作股票。但期货还是不行，期权更不可以。

（25）机会常有，不要老是毛毛躁躁地进进出出；如果交易员是那样的话，就是“韭菜”一枚。

（26）金融市场是赔钱无限、获利有限的世界，虽然它看起来像是获利无限、风险有限。没有一定的交易稳定能力，不要随着己意一次就以全部规模进场交易。

（27）获利时，可以一次卖出、一次获利；可以分批卖出、分批获利。要落袋为安，逻辑止损模式会是最好的。

（28）赔钱时，一次出清，从头再来。

（29）以守正用奇的方式操作各种时间周期是最合宜的。因为守正才能平和心境，用奇才能有效抓住市场给予的机会。

（30）虽然不容易做到错过止损点就要立即退出交易并且暂时离开市场，包括笔者也不易做到，但我们仍然要不断努力做好这个事情。

（31）突破策略是一种交易模式，但不是唯一的交易系统；理解更多交易系统与获利模式，有助于增加交易员的获利稳定性。

（32）赔光积蓄才学会遵守交易规则的人，仍是幸运的，因为你还没有负债累累。

（33）交易中，每份资产所承担的风险只能是全部资金的一小部分。

（34）交易机会来自波动的频率，而不是概率，对交易规则不可自以为是。不能认清客观事实而固执己见，一样要付出很高的代价。

（35）交易的世界里，盈亏和一个人的交易技术能力有关。所以先承认自己的愚昧、不去逞英雄，就可以跨过第一个门槛，否则代价肯定不低。

（36）市场会强化交易员的坏习惯，如果你不察觉，它会每天缠着你不放。

（37）想要爆仓吗？不遵守正确的交易计划就可以了。

（38）输家（“韭菜”）总是思考这次交易我可以赚多少？赢家却思考这笔交易我可能亏多少？

（39）交易经验与亏损次数到了某个阶段时，交易员会理解到没有人可以准确地说出市场接下来会发生什么事情，而且意识到永远也无法知道自己将会在一笔交易上赚到多少钱。因此，唯一可做的事是决定自己愿意承担多少风险。

（40）交易成功的关键在于关注有多少钱面临风险，而不是能赚多少钱。

附录B：期权交易策略选集

策略	策略情境	各种技术面情境
买进买权	强多	1. 平均线向上、斜率相当陡峭之时。 2. 相对低点上涨突破价格形态后压回，再度往上蹿升之时。 3. 强力低点V形反转之时。
卖出买权	不涨	1. 接近直角三角形或正旗形尾端之时。 2. 指针持续上升或下跌，但价格不涨或不跌，产生价格与指标不同步之时。
买进卖权	强空	1. 平均线向下、斜率相当陡峭之时。 2. 相对高点下跌突破价格形态后反弹，再度往下跌落之时。 3. 强力高点V形反转之时。
卖出卖权	不跌	1. 接近直角三角形或正旗型尾端之时。 2. 指针持续上升或下跌，但价格不涨或不跌，产生价格与指标不同步之时。
合成多头	强多	1. 与买进买权情境相同。 2. 摆荡指标在相对低点呈现反转而上可能，不确定方向是否急涨，先以卖出卖权因应，收取权利金，之后买进买权合成多头仓位。
合成空头	强空	1. 与买进卖权情境相同。 2. 摆荡指标在相对高点呈现反转而下的可能，不确定方向是否急跌，先以卖出买权因应，收取权利金，之后买进卖权合成空头仓位。
买权多头价差	微幅上涨	1. 头肩底刚形成，隐含波动率转为下降之时。 2. 到期前几天跌幅过大之时。
卖权空头价差	微幅下跌	1. 头肩顶刚形成，隐含波动率转为下降之时。 2. 到期前几天涨幅过大之时。

续表

策略	策略情境	各种技术面情境
多头跨式（勒式）	强多又强空	1. 平均线斜率呈现持平。 2. 日线与周线呈现在等腰三角形最尾端之时。 3. 未平仓量明显增加，价格走平许久。
空头跨式（勒式）	强力盘整盘	1. 日线与周线刚刚呈现等腰三角形形态。 2. 长波段上涨或下跌之后，例如平均线呈现一段时间的向上陡峭或向下倾斜状况之后。 3. 隐含波动率持续升高后缓步下降。

附录C：法人机构如何利用期权

模式	策略应用说明
价格变动是波动率套利的根本	价格不是策略运用核心，波动率才是重点。这也是最常用、最简化的手法。其模式有：风险套利、牛市套利、熊市套利、盒式套利、蝶式套利、差期套利、跨式套利以及宽跨式套利。
利用市场不对称机制对冲Beta风险Delta-gamma	Delta-gamma策略是产生风险套利策略的原始来源，因为他们发现现货与选择权既然不是线性关系，那么，其他交易标的也可以使用相同观念进行策略开放，于是风险套利就有了基本框架。
针对无法卖掉的仓位进行风险管理	利用选择权的价格评估公式，例如BS公式。当市场下跌时，有许多仓位是操盘人不能卖掉的，于是避险策略就看上了选择权策略。这时不需要卖出原有仓位，同时可以规避现货仓位所暴露在市场上的所有风险，因此，许多资产管理者很喜欢选择权。 利用买进卖权可以降低市场风险，这是最简化的避险模式，也是最有效益的操作，管理资金量大的基金经理人可利用选择权策略减少基金绩效的波动性。
操盘绩效外的额外、相对稳定的现金收益	就是卖出选择权、收取权利金模式。这是很多台湾投资人曾经的最爱，现在还是有投资人利用这个策略进行交易，在可以获得稳定的额外现金收入的期待中，隐藏许多问题，但是对基金经理人而言，提高基金总体收益的诱惑让他们努力不懈，包括笔者自己。

续表

模式	策略应用说明
当市场无法精准预测时，选择权策略可以改善择时策略效果	第一个想到的是买方策略，看涨了买进买权，看跌了买进卖权，简单而实用，但是要付出时间代价，而且常常代价不小，尤其是当市场波动不大时。当然，在市场呈现震荡格局时，可以构建一个跨式或宽跨式策略，为资金产生正面效益，也是大家不断努力的原因。
新策略、新产品是必要的，但是创新设计不容易	选择权在基金经理人提高绩效时，或投行与银行商品部门进行产品设计时，主要有五种模式可以参考：固定收益+选择权、债券+选择权+相关衍生标的、ETF+选择权+股票、股票选择权+可转债，还有股票+期货+卖方选择权。技巧上有三种：时间剥离、估值参数剥离与仓位比例调整。

在国际上，期权是一个重要的交易工具，会不会使用期权、如何使用期权，在交易能力的认定上有一定的意义。A股市场中的投资人，或是在期货市场中的交易员，还没有真正地把期权这个工具利用起来，这是一个未开发的市场，值得投资人下功夫学习。当然，如果有些投资人认为只要股票操作得宜，就可以不必学习期权操作，这一点虽有遗憾，但也是不能否定的。

附录D：选择权策略应用表

名称	最后使用时机	获利性	风险性	仓位意义
买权多头价差	适合小涨格局	有限	有限	仓位建立初期与进行仓位调整过程皆适合运用。
卖权多头价差				
买权空头价差	适合小跌格局	有限	有限	
卖权空头价差				
买进跨式	适合大涨大跌	无限	有限	盘整期过长，静待喷出行情。
买进勒式				
条式	适合大涨大跌	无限	有限	静待喷出行情，但偏多。
带式				静待喷出行情，但偏空。

续表

名称	最后使用时机	获利性	风险性	仓位意义
卖出跨式	适合盘整格局	无限	无限	长期上涨或下跌，酝酿休息。 由于策略调整不易，不建议在基本仓位架构初期交易上使用。亦即适合在仓位组合上运用。
卖出勒式				
买进蝶式价差	适合小幅度盘整格局	有限	有限	
卖出蝶式价差				
买进兀鹰价差	适合温和上涨	有限	有限	
卖出兀鹰价差	适合温和下跌			
修正买进蝶式	适合温和上涨	有限	有限	
修正卖出蝶式	适合温和下跌			
买权比率价差	适合大幅上涨	有限		盘整偏空。 上方风险无限；下方风险有限。
卖权比率价差	适合大幅下跌	有限		盘整偏多。 下方风险无限；上方风险有限。
买权逆比率	适合大幅上涨	无限	有限	静待喷出行情，但偏多。
卖权逆比率	适合大幅下跌			静待喷出行情，但偏空。

在许多选择权交易策略上，除了趋势分析的交易技巧之外，不同策略有不同的应用灵活性，这个策略灵活性更是投资人要完整驾驭的。

附录E：期权操作建立起始仓位建议表

	偏多格局（↑）	偏空格局（↓）	盘整格局（→）
波动率上升（↑）	1. 买进买权 2. 逆比率买权价差	1. 买进卖权 2. 逆比率卖权价差	1. 多头跨式策略 2. 多头勒式策略
波动率下降（↓）	1. 卖出卖权 2. 比率买权价差	1. 卖出买权 2. 比率卖权价差	1. 空头跨式策略 2. 空头勒式策略
波动率未定（→）	1. 做多期货 2. 多头价差策略	1. 放空期货 2. 空头价差策略	1. 箱形策略 2. 合成仓位

说明：

一般来说，历史波动率或是隐含波动率的变动模式，可利用10日EMA斜率的陡峭程度来判别目前价格趋势是快市还是慢市。

隐含波动率平稳时（斜率走平），可以利用支付权利金的买方策略，进行方向性操作。但要注意，斜率越是陡峭获利性越佳，反之，时间价值消耗，也会带来投资人赚到方向却赔了权利金的窘境。

在隐含波动率变得极高时，可以收取权利金方式，赚取因为时间价值递减的权利金收益。

使用何种策略为佳，没有绝对做法，只有投资人在报酬与风险控制要求前提下，才能得到最佳策略或是最佳结果。

附录F：买进（卖出）买权（卖权）的后续策略表

买进买权的后续策略表

买进买权	偏多格局（↑）	偏空格局（↓）	盘整格局（→）
波动率上升（↑）	编号：BC1 1.维持现状。 2.再加上卖出卖权形成做多期货。	编号：BC2 平掉多单，并转为买进卖权仓位。	编号：BC3 1.买进一口履约价相同买权（形成买跨式）。 2. 买进一口不同履约价买权（形成买勒式）。
波动率下降（↓）	编号：BC4 平掉买进买权，形成卖出买权仓位。	编号：BC5 卖出两口买权，一口平掉原持有仓位，形成卖出买权仓位。	编号：BC6 1. 将原有仓位平仓，再卖出二口履约价相同买权与卖权（形成卖跨式）。 2. 将原有仓位平仓，卖出二口履约价不同买权与卖权（形成卖勒式）。

续表

买进买权	偏多格局（↑）	偏空格局（↓）	盘整格局（→）
波动率未定（→）	编号：BC7 1.卖出履约价较高买权，形成多头价差仓位。 2. 再加上卖出卖权形成做多期货。	编号：BC8 卖出履约价较低买权，形成看空价差。	编号：BC9 平掉仓位。
备注	读者可以使用下列工具进行格局分析参考。 1.平均线：5日EMA或10日EMA。 2.KD指标；日线参数。 3.MACD指标；日线参数。 →确认工具：斜率的陡峭程度。		

卖出买权的后续策略表

卖出买权	偏多格局（↑）	偏空格局（↓）	盘整格局（→）
波动率上升（↑）	编号：SC1 1. 买进二口买权，一口将原来仓位平仓。 2. 买进二口履约价较高买权，形成买权逆比率价差。	编号：SC2 1. 卖出买权平仓，转为买进一口卖权。 2. 再买进一口期货，并买进两口履约价较高之卖权，形成卖权逆比率价差仓位。	编号：SC3 1. 将原有仓位平仓，各买进一口履约价相同买权与卖权（形成买跨式）。 2. 将原有仓位平仓，买进二口不同履约价卖权与买权（形成买勒式）。
波动率下降（↓）	编号：SC4 再加上一口做多期货仓位，形成卖出卖权。	编号：SC5 维持现状。	编号：SC6 1. 卖出一口履约价相同卖权（形成卖跨式）。 2. 卖出一口履约价不同卖权（形成卖勒式）。
波动率未定（→）	编号：SC7 再加上买进一口履约价较低买权，形成多头价差仓位。	编号：SC8 1. 再买进一口履约价较高买权，形成空头价差仓位 2. 买进一口履约价相同卖权，合成一口期货空单。	编号：SC9 平掉仓位。

续表

卖出买权	偏多格局（↑）	偏空格局（↓）	盘整格局（→）
备注	读者可以使用下列工具进行格局分析参考。 1. 平均线：5日EMA或10日EMA。 2. KD指标；日线参数。 3. MACD指标；日线参数。 →确认工具：斜率的陡峭程度。		

买进卖权的后续策略表

买进卖权	偏多格局（↑）	偏空格局（↓）	盘整格局（→）
波动率上升（↑）	编号：BP1 平掉买进卖权，并转为买进一口买权。	编号：BP2 1. 维持现状。 2. 再加上卖出买权形成放空期货仓位。	编号：BP3 1. 买进一口履约价相同卖权（形成买跨式）。 2. 买进一口不同履约价卖权（形成买勒式）。
波动率下降（↓）	编号：BP4 将买进卖权平仓，并转为卖出卖权仓位。	编号：BP5 将买进卖权平仓，并转为卖出买权仓位。	编号：BP6 1. 将原有仓位平仓，再卖出二口履约价相同买权与卖权（形成卖跨式）。 2. 将原有仓位平仓，卖出二口履约价不同买权与卖权（形成卖勒式）。
波动率未定（→）	编号：BP7 卖出履约价较高卖权，形成看多价差仓位。	编号：BP8 1. 卖出履约价较低卖权，形成空头价差。 2. 再加上卖出买权，形成放空期货仓位。	编号：BP9 平掉仓位。
备注	读者可以使用下列工具进行格局分析参考。 1. 平均线：5日EMA或10日EMA。 2. KD指标；日线参数。 3. MACD指标；日线参数。 →确认工具：斜率的陡峭程度。		

卖出卖权的后续策略表

卖出卖权	偏多格局（↑）	偏空格局（↓）	盘整格局（→）
波动率上升（↑）	编号：SP 1 1. 平掉买进卖权仓位，并买进一口买权，转为买进买权仓位。 2. 增加一口期货空单，并买进二口履约价较高买权，形成买权逆比率价差。	编号：SP 2 1. 买进二口卖权，一口平掉原来仓位，转为买进卖权仓位。 2. 买进二口低履约价卖权，形成卖权逆比率价差。	编号：SP 3 1. 将原有仓位平仓，各买进一口履约价相同买权与卖权（形成买跨式）。 2. 将原有仓位平仓，买二口不同履约价场卖权与买权（形成买勒式）。
波动率下降（↓）	编号：SP 4 维持现状。	编号：SP 5 加上一口期货空单，形成卖出买权仓位。	编号：SP 6 1. 卖出一口履约价相同买权（形成卖跨式）。 2. 卖出一口履约价不同买权（形成卖勒式）。
波动率未定（→）	编号：SP7 1. 加上一口履约价较低卖权，形成多头价差仓位。 2. 加上买进一口履约价相同买权，合成期货多单。	编号：SP 8 加上一口履约价较高卖权，形成空头价差仓位。	编号：SP9 平掉仓位。
备注	读者可以使用下列工具进行格局分析参考。 1. 平均线：5日EMA或10日EMA。 2. KD指标；日线参数。 3. MACD指标；日线参数。 →确认工具：斜率的陡峭程度。		

附录G：选择权双向与多重组合策略

组合结果	双向组合策略	多重组合策略
买进期货	=买进买权+卖出卖权	=买进卖权+买进期货+卖出买权+买进期货
卖出期货	=买进卖权+卖出买权	=买进买权+卖出期货+卖出卖权+卖出期货
买进买权	=买进卖权+买进期货	=买进买权+卖出期货+买进买权+卖出卖权

续表

组合结果	双向组合策略	多重组合策略
卖出买权	=卖出卖权+卖出期货	=卖出买权+买进期货+买进卖权+卖出买权
买进卖权	=买进买权+卖出期货	=买进卖权+买进期货+买进卖权+卖出买权
卖出卖权	=卖出买权+买进期货	=卖出卖权+卖出期货+买进买权+卖出卖权

说明：

笔者一直在强调核心逻辑与驾驭它们的灵活性能力，选择权双向与多重组合策略就是其中的一个重要技术能力。

当股票仓位与选择权仓位进行结合时，如何能够在诡谲多变的行情中获利，要点是有不离趋势的策略工具，可以帮助投资人屹立不摇于市场。

仓位调整原本就是一件不容易的事情，但也不是做不到，只是要熟能生巧。还是那句话，被割的“韭菜”，永远只是长出新苗，而不会持续享受辛劳后的喜悦。

附录H：衍生性商品市场格局分析（股票、期货与选择权皆适用）

价格	持仓量	成交量	原因	趋势
↑	↑	↓	新多单进场	多方优势
↑	↑	↑	新多单进场	多方主导
↑	↓	↑	空单平仓出场	空方弃守
↑	↓	↓	空单平仓出场	空方观望
→	↑	↓	多空同步进场	多空势均力敌
→	↑	↑	多空交战激烈	多空同步扩张
→	↓	↑	多空持续出场	多空加速离场
→	↓	↓	多空静待变化	多空观望为主
↓	↓	↑	多单平仓出场	多方弃守
↓	↓	↓	多单平仓出场	多方观望
↓	↑	↓	新空单进场	空方优势
↓	↑	↑	新空单进场	空方主导

对于有期货交易经验的投资人来说，这是很好的观察市场格局的分类整理。

如果投资人能把这个表铭记于心，在交易过程中，随时进行必要的分析与比对目前价格与市场之间的关系，对投资人了解市场目前的多方与空方的优势与劣势，以及在目前的格局下多方可能会做出什么行为，可以有一定的助力。

例如，价格正在持续地往上攻坚，同时持仓量与成交量同步增加，那就表示多方在追价过程中，不惜资金地往上加码，而且愿意把仓位留到明天去看未来的走势，也就是这些多方是有信心持有股票的。

从股票的角度是换手率增加，从期货的角度就是持有隔夜仓信心被强化，那么，市场价格也是应势而涨，对于空方而言，这是一个明确的信号，除非空方也有自己的绝对实力，否则空方应该要回避这样的攻击力道。

后　记

笔者到成都后，不断学习、理解A股的市场特性。在经历2015年的大幅度下跌后，又在2016年初遇到熔断事件的千股跌停，对投资人而言，其受伤程度不轻。从许多大陆朋友的描述中，笔者深深体会到投资人苦于找不到正确、有效交易方法的窘境。当然，这些伤害更是由于投资人自身挣扎于贪婪与恐惧之间，笔者的意思是投资人有必要贪婪，但同时也有必要恐惧，而如何驾驭好两者，就是投资人必要的能力。进一步说，在做交易时如何整合感性上的情绪与理性上的思考，是投资人能否应对市场行情诡谲多变的主要功课。笔者在接受央视的采访时、在与投资人的接触中，也一直强调高强度自我训练的重要性，强调在不花太多成本的情况下学好最高的交易技术与技巧。至于交易方法或交易策略的难度就不是那么高了，从股票市场来说，选择价值投资、量化分析、调仓技术三者合为一体的交易系统，就是投资人要学会并置身其内的基因。

在与许多朋友的聊天过程中，笔者暗暗地有了把核心逻辑介绍给A股投资人的念想。刚好从业华西期货的同事徐涛的夫人东雪女士在出版社工作，由此认识四川人民出版社的江风老师、何朝霞老师和张东升老师。经几次沟通后，笔者决定以重新撰写的方式，把2016年在台湾出版的核心逻辑，以全然不同的实例与模式呈现给大陆投资人。这对笔者而言也是好事一件，因为不断地以各种方式练习核心逻辑，从不同角度检验核心逻辑是必要的，最后不仅投资人得到好处，也是笔者对核心逻辑进行有效的检验机会。核心逻辑已经在美国、欧洲、日本，以及中国台湾的市场检验过，如今能在中国大陆市场通过检验，笔者深感庆幸。

那么如何理解“价值投资、量化分析、调仓技术”的运用呢？

首先，价值投资可以选择高护城河的蓝筹股或是成长股，另外ETF的投资组合也是很好的选择，如此选股问题就解决了。

其次，量化分析分成两块，一块是利用计算机寻找标的投资组合与执行下单交易、风险管理等模组化操作。另一块是假设投资人不会使用计算机编程，故而在少量股票（建议一般投资人控制在20只以内，或者考量到管理时间不足问题，应当是越少越好，笔者目前可以管理到50只）交易模式下，以高度逻辑化操作，也就是以本书所提到的智能化交易模式进行必要的操作。简单地讲就是把投资人的脑袋变成高度理性状态，近似地替代计算机的功能，如此一来，虽然投资人不能大量计算，也能在高度理性、高度逻辑化运作下，形成程序化交易结果，这对投资人也是非常重要、有利的训练，这类训练久了之后，投资人必然可以感受到其间意义。

最后是调仓技术内容，就是本书不断阐述的核心逻辑部分。看完本书的投资人可以知道所谓的极端情景就是在寻找拐点，当然这也不是立马可以确认的，核心逻辑还是跟其他统计工具一样都是事后诸葛，但核心逻辑滞后的时间只是一根K线而已，市场趋势在极端情景之后被确认。当然，如果当下的拐点不是真正的拐点，那么逻辑止损与量化止损就会带领投资人进入等待下一个机会的状态。

就核心逻辑而言，不仅是在股票市场可以发挥必要的功能，在期货市场甚至是期权市场也是很好的应用工具，只是因为市场不同会有不同的调试动作，这一部分可以非常复杂也可以非常简单，要看资金量的大小与资金本身的属性。也就是资金量越大模式会更加复杂，资金的风险曝露（承受）能力越低，那么所必要设计的交易策略就越要使用短周期的工具，当然，交易周期越短，对投资人、交易员、操盘人与投资经理的技术要求就越高。2016年之前的高频交易那么赚钱，其实它的门槛是相当高的，而其缺点就是只能运用在小资金上。不同资金量与不同资金属性，所设计出来的交易策略常常是有截然不同的模型，不改变的是都只能低买高卖才能赚钱，这是亘古不变的。

笔者利用后记，把一些没有说的部分再提一下，事实上，资产管理这种事情是讲不完的，而且它还在随着不同投资人结构、不同市场特性、不同监管模式、不同时代背景改变着面貌，这也是资产管理吸引笔者的地方，投资人永远不会没有事情做，笔者相信只有无聊的市场行情，但不会出现没事可做的资产管理市场。就是这种生龙活虎的市场让笔者永不腻心，其中乐趣、喜悦也就没有结束的时候，因此笔者怎能不用自己的一生来磨这一剑呢？笔者曾对内人说过永不退休，目前仍是这种心情，笔者也相信，只要身体健康状况允许，笔者的工作就不会停止，永不退休不是口号，而是笔者一生的乐趣所在。因此，也希望投资人可以得到相同的乐趣与喜悦，如果投资人在别的工作领域，又能喜欢上资产管理，那么，笔者相信投资人可以拿到第二份薪水。当然，天上不会掉馅饼，很多人向笔者表示对交易有兴趣，但是他（她）投入的时间非常有限，比如在应该练习交易的时候却选择玩游戏；而且让笔者觉得不可思议的是，他（她）想赚钱却不愿意花时间学习。笔者早早讲到必须花许多时间练习，基本时间至少也是1万个小时，如果阳奉阴违，结果就是与交易有缘无分。笔者仅与他做一个朋友就好。这种情境笔者遇到许多次，将来应该不会有太多这种机会，因为笔者会先请他（她）把这本书看完，从对书中内容的交流中，笔者就知道他（她）是否适合一起工作、一起享受交易的美感所带来的乐趣与喜悦。

说句心里话，交易并不是人干的事。交易者应该像精神病患一样有七种特质，精神病学领域世界级权威专家凯文·达顿曾经把精神病态者的独特技能归结为不共情、魅力、专注、坚毅、无畏、正念、行动，而这七点刚好对应成为一个交易员必须要自我训练取得的能力，如果孩提时代没有这种训练、培养，长大后更难以自我要求去努力接近这七种特质。所以，“韭菜”之所以成为“韭菜”，自有其原因。当然，具有上述七种特质不是一件容易的事情，而是非常困难、非常有挑战性的，但是笔者要说的是，目标、目的那么清楚明白，我们就要趋向它，不断靠近它，即使一天一公分也好，将来有一天必能敲到门，然后门会开启，给投资人想要的答案。

期待投资人都能如愿求得想要的答案。

黄怡中

2018年4月12日